D1866095

Mosaik bei
GOLDMANN

Buch

Die Zeremonie des Teetrinkens ist verbunden mit Wärme, Wohlgerüchen und Wohlfühlen. Tees aus duftenden Blättern und Blüten, würzigen Rinden und heilkräftigen Wurzeln können lindern und heilen, entspannen oder beleben, garantieren Schönheit, Gesundheit und Vitalität. Zahlreiche Teerezepte und Teegeschichten aus Orient und Okzident, aus der Alten und der Neuen Welt haben Sylvia Schneider und Gerti Samel in diesem Buch zusammengetragen. Sie stellen längst vergessene Rezepturen für wohlschmeckende Tees und ihre Anwendungsgebiete bei Krankheiten und alltäglichen Beschwerden vor und liefern eine umfangreiche Liste mit Bezugsquellen. Die wunderschönen Fotos entführen in die sinnliche Welt exotischer Kräuter und Gewürze und machen Lust auf eine schöne Tasse Tee.

Autorinnen

Sylvia Schneider ist Ökotrophologin und war leitende Redakteurin des Ressorts Wissenschaft und Medizin bei großen Hamburger Medien. Sie lebt in Eckernförde und ist heute Chefredakteurin von »Gesundheit für Frauen«. Daneben hat sie zahlreiche Bücher für Groß und Klein geschrieben.

Gerti Samel ist Medizinjournalistin und Buchautorin mit Spezialgebiet Naturheilkunde. Als Gründungsmitglied der Frauenzeitschrift »Cosmopolitan« ist sie dort seit vielen Jahren verantwortlich für die Bereiche Gesundheit, Ernährung und Wellness.

Von Sylvia Schneider außerdem bei Mosaik bei Goldmann:

Natürlich schwanger (16261)

Wonnestunden aus 1001 Nacht (16830)

Von Gerti Samel außerdem bei Mosaik bei Goldmann:

Tibetische Medizin (16763)

Sylvia Schneider
Gerti Samel

Tees zum Wohlfühlen

Die besten und wirkungsvollsten Rezepte

Mosaik bei
GOLDMANN

Die Ratschläge in diesem Buch wurden von den Autorinnen und vom Verlag sorgfältig erwogen und geprüft, dennoch kann eine Garantie nicht übernommen werden. Jegliche Haftung der Autorinnen bzw. des Verlags und seiner Beauftragten für Personen-, Sach- und Vermögensschäden ist ausgeschlossen.

Umwelthinweis:
Alle bedruckten Materialien dieses Taschenbuches
sind chlorfrei und umweltschonend.

1. Auflage
Vollständige Taschenbuchausgabe November 2006
Wilhelm Goldmann Verlag, München,
in der Verlagsgruppe Random House GmbH

Dort erschienen unter dem gleichnamigen Titel
und der Nummer 11028
Umschlaggestaltung: Design Team München
Umschlagmotiv: Corbis/Joson
Satz: Uhl+Massopust, Aalen
Druck und Bindung: GGP Media GmbH, Pößneck
BS · Herstellung: Han
Printed in Germany
ISBN 10: 3-442-16864-3
ISBN 13: 978-3-442-16864-4

www.goldmann-verlag.de

Inhalt

Asien

Arabien

Lateinamerika

Europa

Tees zum Wohlfühlen

Die Welt in einer Tasse Himmelstau

»Dieses Getränk ist Tau, der leicht und lind vom Himmel fällt. Ihr nennt es Tee!«

AUS DEN ANNALEN DER SUNG-DYNASTIE

Seine Entdeckung ist Legende: Im Jahr 2737 v. Chr. soll der chinesische Kaiser Shen Nung zufällig auf den Tee gekommen sein. Der Kaiser war so sehr auf Hygiene bedacht, dass er nur heißes Wasser trank. Eines Tages wehte ihm der Zweig eines wild wachsenden Teestrauchs in die Schale. Er trank davon und war erstaunt, wie wohlschmeckend und belebend dieses Getränk war. Seit dieser Zeit wird überall auf der Welt Tee zubereitet – auf die unterschiedlichsten Weisen und mit den unterschiedlichsten Pflanzen.

Tee besitzt magische Kräfte. Er labt die Einsamen und vereint eine Gesellschaft, Tee erfreut in heißen und wärmt in kalten Ländern, Tee und Teegetränke heilen und lindern leichtere und größere Beschwerden von Körper und Seele. Teetrinken ist ein außerordentlich vielseitiger Genuss: Sie können dabei träumen, Ihren Geist schärfen, sich entspannen, die Zeit vergessen und an ihm Körper, Geist und Seele genesen lassen. Die Zeremonie des Teetrinkens ist verbunden mit Wärme, Wohlgerüchen und Wohlfühlen. Die Gehetzten unserer Tage suchen immer öfter Ruhe und Besinnung bei einer Tasse Tee, denn Tee verführt die Sinne. Die Gemeinde der Teetrinker wächst. Schon die Zeremonie des Zubereitens verheißt Muße und Besinnung – meist verbunden mit wohliger Wärme und schönen Düften.

Die Teezubereitung aus den unterschiedlichsten Pflanzen hat nicht nur eine lange Tradition, sondern ist auch ein Weg zur Verinnerlichung, auf dem uns die Weisen des Fernen Ostens, die Heiler des 1001-Nacht-Orients, die Gelehrten des ägyptischen Altertums, die Schamanen der Indianer, die Heilkundigen des Regenwaldes, die weisen Frauen Europas und andere kluge Menschen vorangegangen sind. Tee – so viel steht fest – war nicht nur von Anfang an Labsal, sondern auch Medizin. Und er war stets Lebensphilosophie. Tees aus magischen Kräutern dieser Welt stehen deshalb für einen ganz besonderen Genuss. Sie sind Botschafter ihres Herkunftslandes und erzählen von Geschichte, versunkenen Kulturen, fremden Völkern, vergessenen Bräuchen, Frauenwissen, Erotik und Exotik. Darum wusste auch schon besagter chinesischer Kaiser. Er listete in späteren Jahren die Wirkungen von 365 Heilkräutern auf und kannte ihren gesundheitlichen Nutzen. So galt er als Vater der Heilkunde Chinas und verband den Tee nicht nur mit Genuss, sondern gleichzeitig auch mit Gesundheit.

»Unerforschlich wird es immer bleiben, wie die Menschen auf den Genuss eines heißen Aufgusses von Blättern gewisser Stauden oder der Abkochung gerösteter Samen gekommen sind; es muss eine Ursache geben, welche erklärt, wie er ganzen Nationen zu einem Lebensbedürfnis geworden ist. Noch

weit merkwürdiger ist es gewiss, dass die wohltätigen Wirkungen auf die Gesundheit in beiden Pflanzenstoffen einer und derselben Materie zugeschrieben werden müssen, deren Vorhandensein in zwei Pflanzen, welche verschiedenen Pflanzenfamilien und Weltteilen angehören, die kühnste Phantasie nicht voraussetzen konnte«, staunte schon der Chemiker Justus Liebig in seinem epochemachenden Werk *Die organische Chemie in ihrer Anwendung auf Physiologie und Pathologie* (Braunschweig 1842).

Welch heilende Kraft besitzt Tee, besitzen die tausenderlei Kräuter und Gewürze, aus denen in allen Teilen unserer Erde betörend duftende oder auch bitter schmeckende Getränke zubereitet werden? Kräuter garantieren Gesundheit, Schönheit und Natürlichkeit. Viele ihrer heilenden Wirkungen konnten inzwischen wissenschaftlich nachgewiesen werden.

Erstaunlich auch, wie sich die Tee- und Heilkräuter schon in alten Zeiten über die Welt verbreiteten. So finden sich gleiche oder ähnliche Kräuter auf fast allen Kontinenten. Das spricht für die Bedeutung, die man ihnen immer schon zusprach. Tee, Kräuter und Gewürze kennen keine Grenzen. Ihr wahres Wesen liegt in ihrer Allgegenwärtigkeit.

In diesem Buch finden Sie in dieser Form bislang noch nicht bekannte Rezepturen, Kräuter und Gewürze aus Orient und Okzident, aus der Alten und der Neuen Welt. Denn überall – selbst in den entlegendsten Winkeln unserer Erde – haben sie seit jeher ihre magischen Kräfte entfaltet und die Menschen in ihren Bann gezogen. Akribisch haben wir solche magischen Kräuter und Rezepte aufgespürt, wie sie von Ureinwohnern, Schamanen, Heilkundigen und Ärzten verschiedenster Volksstämme seit Generationen verwendet werden.

Sie wurden einer kritischen Prüfung unterzogen und – wo es nötig erschien – auf unsere heutige Zeit praktisch umgearbeitet. Selbstverständlich haben wir die neuesten wissenschaftlichen Erkenntnisse berücksichtigt. Konkrete Angaben über Krankheiten und Alltagsbeschwerden, über Wirkungen auf Schönheit und Wohlbefinden runden das Bild ab.

Neben den vielen Rezepten finden Sie in diesem Teebuch für magische Stunden zu Hause und in aller Welt auch Interessantes über Geschichte, Sitten und Gebräuche des jeweiligen Herkunftslandes. Das wird Sie hoffentlich dazu anregen, selbst die magischen Kräfte der verschiedenen Tees auszuprobieren und die Welt in einer Tasse Himmelstau zu erfahren.

So bereiten Sie Kräutertees für die Heilanwendung zu

Kaufen Sie Ihre Teezutaten am besten in Apotheke, Reformhaus oder Bio-Laden, dann wissen Sie, dass Sie geprüfte Ware in die Tasse bekommen. Bequem zuzubereiten sind die dort erhältlichen Beuteltees oder tassenfertigen Tees. Für richtige Heiltees lassen Sie sich vom Apotheker Teemischungen empfehlen, die möglichst keinen Zucker enthalten. Wenn Sie Tees zu Heilzwecken trinken wollen, sollten diese ohnehin aus der Apotheke stammen, damit die Dosierung der Heilstoffe stimmt. Dort wird man Ihnen auch sagen, welcher Tee in welcher Mischung und welcher Dosierung am besten gegen Ihre Beschwerden geeignet ist und unter welchen Umständen ein Tee nicht für Sie in Frage kommt. Die Tees aus der Apotheke stammen fast ausschließlich aus kontrolliertem Anbau. Sie sollten besser keinen Tee aus selbst gesammelten Kräutern trinken, es sei denn, sie stammen aus Ihrem eigenen Garten. Pflanzen an Wegrändern sind oft mit Schwermetallen, Parasiten oder Tierkot belastet.

Füllen Sie den Tee aus der Apotheke zu Hause aus der Papiertüte in ein luftdicht zu schließendes und dunkles Gefäß aus Glas oder Metall um, damit die flüchtigen Bestandteile länger erhalten bleiben. Kunststoffgefäße sind ungeeignet, da die ätherischen Öle aus den Pflanzen von der Gefäßwand absorbiert werden können. Je stärker die Pflanzenteile zerkleinert sind, desto kürzer ist ihre Haltbarkeit.

So können Sie Heilkräuter verwenden

Teezubereitungen: In der Kräutermedizin werden Tees meist zur Heilanwendung eingesetzt. Bei einem normalen Kräutertee zum Trinken nimmt man in der Regel ein bis zwei Teelöffel getrocknete oder drei bis vier Teelöffel frische Pflanzenteile auf einen Viertelliter Wasser. Das Kraut wird mit kochendem Wasser übergossen und fünf bis zehn Minuten stehen gelassen, dann abgeseiht. Davon werden zwei bis drei Tassen am Tag getrunken. Alle Kräutertees – egal ob Sie Pfefferminztee zum Durstlöschen oder Lindenblütentee zum Fiebersenken trinken – sollten nicht ununterbrochen eingenommen werden. Denn zum einen verlieren sie dann im Ernstfall ihre Wirkung, und zum anderen sind sie eben wegen ihrer Wirkungen nicht zum Dauergebrauch geeignet. Wenn Sie Kräutertee zur Deckung Ihres Flüssigkeitsbedarfs zu sich nehmen, wechseln Sie deshalb ab und zu das Kraut. Heiltees werden kurmäßig drei bis vier Wochen getrunken. Im Zweifelsfall befragen Sie Ihren Apotheker.

Kräuterwickel: Sie kochen einen etwas stärkeren Tee – etwa vier Esslöffel Kraut auf einen Liter Wasser – und lassen den Tee abkühlen. Tauchen Sie ein Baumwoll- oder ein kleines Handtuch in den Tee, wringen Sie es leicht aus, und geben Sie das Tuch auf die betroffene Stelle, beziehungsweise umwickeln Sie sie damit. Nun wird ein trockenes Leintuch darübergelegt und alles noch mit einem Wolltuch umwickelt.

Aufguss: Hierzu nehmen Sie je nach Pflanze Blätter, Blüten, ganzes Kraut, Früchte oder Samen. Die Pflanzenteile werden mit kochendem Wasser übergossen und nach zehn Minuten abgeseiht. Decken Sie die Abkochung während des Ziehens zu. Der Aufguss sollte so schnell wie möglich verbraucht werden.

Dekokt: Harte Pflanzenteile wie Hölzer, Rinde oder Wurzeln werden einige Minuten in Wasser abgekocht. Dann noch kurze Zeit sieden lassen und abseihen.

Kaltwasserauszug: Diese Zubereitungsmethode verwendet man bei schleimhaltigen Pflanzen. Sie werden meist für etwa zehn Stunden in kaltes Wasser gelegt, damit ihre Wirkstoffe ausziehen können. Dann wird der Tee abgeseiht und vor dem Trinken kurz erwärmt.

Tinktur: Befüllen Sie ein weithalsiges Glas mit frischen Kräutern Ihrer Wahl (je nachdem wozu beziehungsweise wogegen Sie die Tinktur verwenden wollen), und gießen Sie es randvoll mit 38-prozentigem Alkohol. Der Alkohol zieht die Wirkstoffe aus der Pflanze. Kornschnaps eignet sich dafür am besten, Obstler überhaupt nicht. Verschließen Sie das Glas, und lassen Sie es etwa drei Wochen bei Zimmertemperatur stehen. Dann filtern Sie die Tinktur durch Kaffee- oder Teefilter und füllen sie in dunkle Flaschen. Bei Bedarf trinken Sie davon täglich zehn bis 15 Tropfen in einem Schnapsglas voll Wasser oder Tee. Sie können die Tinktur auch äußerlich zum Einreiben verwenden.

Badezusatz: Eine bis zwei Handvoll Kraut brauchen Sie auf einen Liter Wasser. Damit können Sie Kompressen, Waschungen oder Dampfbäder, aber auch ein Vollbad bereiten. Die Wirkung des Bades richtet sich nach dem jeweilig verwendeten Heilkraut.

So bereiten Sie Tee richtig zu

Brühen Sie den Tee immer frisch auf. Denn je länger er steht, umso mehr verliert er an Wirkung und verkeimt. Wenn Sie Tee auf Vorrat kochen, bewahren Sie diesen im Kühlschrank auf. Kalt gewordenen Arzneitee sollten Sie nicht wieder aufwärmen.

Überbrühen Sie den Tee immer mit kochendem Wasser, und lassen Sie ihn mindestens fünf Minuten ziehen, damit eventuell vorhandene Keime abgetötet werden. Dann wird der Tee durch ein Sieb abgeseiht. Decken Sie den Tee ab, während er zieht, sonst gehen die wertvollen ätherischen Öle verloren. Lassen Sie die Flüssigkeit, die sich am Deckel sammelt, in den Tee tropfen, denn sie enthält wirksame Bestandteile der Teemischung.

Rinden-, Hölzer- und Wurzelmischungen werden fünf bis zehn Minuten abgekocht und dann abgeseiht. Schleimstoffbildende Drogen (wie Eibisch oder Isländisch Moos) werden für mehrere Stunden mit kaltem Wasser angesetzt und anschließend abgeseiht. Die empfindlichen Wirkstoffe bleiben so erhalten. Wegen der Verkeimung müssen diese Kaltauszüge vor dem Trinken grundsätzlich erhitzt werden.

Asien

Fernöstliche Kulturgeschichten

Wie die Weisheit Asiens nach Europa kam

Vor etwa dreißig Jahren erreichte die Welle aus Fernost das Abendland – und seitdem prägt sie vieles, was mit Entspannung, ganzheitlicher Gesundheit und Spiritualität zu tun hat. Asien ist überall. In der schicken Sushi-Bar ebenso wie in der McDonald's-Werbung, im lackschwarzen Perücken-und-Kirschmund-Outfit ebenso wie in Bädern aus Sakewein und in der Algenkosmetik. In Feng-Shui-gestylten Wohnungen, metallfreiem Schlaf auf Futon-Matratzen und – in unseren Köpfen. Die asiatische Lebenssicht prägt unser Denken mehr, als wir glauben. Und darüber können wir froh sein.

Seit der Westen im Stress versinkt, suchen wir die Lösungen für ein relaxtes Leben im Osten. Und dort finden wir Dinge, die uns faszinieren: eine Lebenshaltung, die Achtsamkeit und Demut in den Vordergrund stellt. Eine Religiosität, die Ehrfurcht lehrt und Meditation. Leere statt Fülle, Disziplin statt Maßlosigkeit, Dankbarkeit statt Anmaßung. Bescheidenheit statt Gier. Gelassenheit.

Tief in unserm Innern verneigen wir uns vor dem Osten. Du bist, was du isst. Wir haben dieses geflügelte Wort schon so oft vernommen. Es stammt ursprünglich aus Asien, wo Nahrung schon seit Jahrtausenden wichtigstes Heilmittel ist.

Auch Früchte und Gewürze werden in der chinesischen Medizin den fünf Elementen zugeordnet: Kiwi steht für Holz, Granatapfel für Feuer, die Birne symbolisiert die Erde, der Apfel Metall und die Esskastanie das Wasser.

Überhaupt hat es uns die fernöstliche Heilkunde angetan. Fasziniert von den ayurvedischen Traditionen des alten Indien geben wir uns ganzheitlichen Reinigungskuren hin, die nicht nur den Körper von Giften und Schlacken befreien, sondern auch Meditation und Innenschau anbieten.

Auch China ist im Kommen. Tai Chi und Qi Gong, die großen, meditativen Bewegungslehren aus dem Reich der Mitte, werden inzwischen in fast allen Volkshochschulen gelehrt. Immer mehr Ärzte und Heilpraktiker nehmen chinesische Methoden mit in ihr Repertoire auf. Kräuter aus Asien sind der große Renner in Kräuterläden und Asienshops. Japanische Teerituale werden im Museum vorgeführt.

Die japanische Medizin ist bei uns schon seit langem so präsent, dass wir uns dessen kaum mehr bewusst sind. Akupressur, die wohltuende Druckmassage auf verschiedene Meridianpunkte, wurde von japanischen Ärzten entwickelt. In guten Kosmetiksalons gehört die Methode schon zum Allgemeinwissen. Auch Shiatsu, diese ungemein entspannende Körper-Seele-Therapie, bei der aller Stress aus Muskeln, Sehnen und Gehirnwindungen herausgeklopft, -gedehnt, -gestreichelt wird, entstammt dem Reiche Nippons.

Zurzeit scheint uns die Medizin aus Tibet besonders zu faszinieren. Neue Filme über die Geschichte dieses Himalajavolkes öffnen uns für die Botschaften dieses fernen Reichs, in dem der Buddhismus so stark mit der Heilkunst verknüpft ist wie in keinem anderen Land.

Ohnehin ist der Buddhismus zurzeit für viele Westmenschen die Offenbarung. Heitere Gelassenheit macht er uns vor. Wer weiß, vielleicht ist es ja das Lächeln des Buddha, das uns nach Asien blicken lässt.

China

Heilendes Wissen aus dem Reich der Mitte

Die traditionelle chinesische Medizin (TCM) ist das wohl älteste heute noch bestehende Medizinsystem. Es entstand vor über 6000 Jahren. Etwa 200 v. Chr. wurden die Grundsätze im Lehrbuch der inneren Medizin des Gelben Kaisers aufgeschrieben. Die chinesischen Heiler betrachten den Menschen als Teil eines kosmischen, energetischen Gefüges. Von Natur aus ist dieses »universelle Netz« immer bestrebt, ein stabiles Gleichgewicht aufrechtzuerhalten. Befindlichkeitsstörungen und Krankheiten gelten als energetische Entgleisungen, die in ein harmonisches Ganzes zurückgeführt werden sollen.

Die fünf Elemente

Seit Urzeiten ordnen die Chinesen die Erscheinungen der Welt fünf symbolischen Elementen zu: Holz, Feuer, Erde, Metall und Wasser. Alle natürlichen Vorgänge werden durch das Zusammenspiel dieser Urkräfte bestimmt. Auch jede einzelne dieser Kräfte hat einen fördernden und einen hemmenden Einfluss auf eine andere Kraft und wird ihrerseits von einer Kraft gefördert oder gehemmt. Diese auch Wandlungsphasen genannten Interaktionen lassen sich so darstellen: Im positiven, erschaffenden Zyklus kann Holz verbren-

nen und gleichzeitig Feuer erzeugen. Feuer produziert Asche, aus der Erde entsteht. Erde wandelt sich um in Metall, das aus dem Boden entnommen werden kann. Wird Metall durch Feuer erhitzt, so verflüssigt es sich wie Wasser. Wasser wiederum bewirkt, dass Pflanzen wachsen, und aus ihnen entsteht Holz. Bei den negativen Wechselwirkungen unterwerfen Pflanzen (Holz) die Erde, indem sie in sie eindringen und ihr die Nährstoffe rauben. Erde unterwirft Wasser, indem sie es an manchen Stellen aufsaugt oder trübt. Wasser unterwirft Feuer, indem es dieses löscht, und Feuer unterwirft Metall, indem es dieses schmilzt. Metall wiederum schneidet Holz. Die positiven und negativen Wechselwirkungen der fünf Elemente können auch auf den Menschen übertragen werden. Zum Beispiel ordnet die TCM die fünf Elemente den lebenswichtigen Organen, aber auch menschlichen Tönen und Grundgefühlen zu. Auch andere natürliche Phänomene sind in das chinesische Zuordnungssystem einbezogen.

Auf den ersten Blick mögen diese Verbindungen seltsam erscheinen, doch finden sich dazu sogar Parallelen in der psychosomatisch orientierten Medizin des Abendlandes: In der TCM wird die Leber dem Element Holz zugeordnet, zu dem auch Muskeln, Augen und Nägel gehören. Alle diese Körperteile spiegeln auch bei uns die Leberfunktion wider. Die mit der Leber in Verbindung stehenden Gefühle sind Ärger und Depression. Auch westliche Ärzte wissen, dass Menschen mit Leberschwäche oder -krankheiten zu heftigen Wutausbrüchen tendieren, die sich mit depressiven Verstimmungen abwechseln. Wenn es um das Erkennen und Behandeln von psychischen Störungen geht, die körperliche Ursachen haben, ist die chinesische Medizin der abendländischen weit voraus. Um bei unserem Beispiel zu bleiben: TCM-Ärzte können einen Menschen, der an chronischen Depressionen leidet, meist deshalb heilen, weil sie seine Leber behandeln. Bei uns im Westen wissen nur wenige Mediziner, dass Depressionen manchmal ein Anzeichen für Leberstörungen sind.

Yin und Yang

Eine weitere Basis der TCM ist die Idee der polaren Gegensätze von Yin und Yang. Auch hier streben alle chinesischen Therapieverfahren einen Ausgleich zwischen den Energien an. Yin gilt als das ruhende, Yang als das aktive Prinzip. Die Polarisierung ist – ähnlich wie das Fünf-Elemente-System – auf alle Phänomene und Eigenschaften übertragbar.

Die Meridiane

Die Meridiane sind Leitbahnen, die sich durch den ganzen Körper ziehen. Die in ihnen fließende Lebensenergie Qi versorgt die den Meridianen zugeordneten Organe und lässt sie harmonisch funktionieren. Als besonders wichtig gelten der Herzmeridian, der Nieren- und der Lungenmeridian. Nach asiatischem Verständnis können äußere Störungen über die Meridiane in den Körper eindringen, es können sich aber auch Krankheiten der Organe über die Leitbahnen in andere Körperbereiche ausbreiten und dort Symptome hervorrufen. So erklärt sich etwa, dass das so genannte »Magenfeuer« zu Zahnfleischbeschwerden und das »Gallenblasenfeuer« zu Ohrproblemen führen kann.

Die Säulen der chinesischen Medizin

Insgesamt beruht das System der traditionellen chinesischen Medizin auf fünf Säulen:

- Akupunktur und Moxatherapie
- Tuina-Massagen und Chiropraktik
- Bewegungs- und Atemtherapie wie Tai Chi oder Qi Gong
- Diätetik
- Heilkräutertherapie mit mineralischen und tierischen Substanzen

Die chinesische Kräuterkunde ist im Westen noch relativ schwierig zu praktizieren. Sie verwendet zwar durchaus auch in Europa bekannte Pflanzen, wie etwa Brombeere, Katzenminze, Knoblauch oder Wegerich, doch werden meist andere

Pflanzenteile und oftmals auch andere Züchtungen benutzt. Viele nur in China wachsende Kräuter aber sind heute für Laien noch immer sehr schwer zu bekommen. Grund ist das strenge deutsche Arzneimittelgesetz, nach dem auch importierte Arzneien denselben hohen Standard wie die deutschen erfüllen müssen.

Trotzdem sollten Sie beim Kauf von importierten chinesischen Heilmitteln Vorsicht walten lassen. Vor allem die im Internet angebotene Ware stammt oft aus dubiosen Quellen, ist verunreinigt oder enthält gesundheitlich riskante Inhaltsstoffe. Die Gewinnung der tierischen »Rohstoffe« deckt sich zudem fast nie mit unseren ethischen Vorstellungen und Gesetzen zum Tierschutz.

Am besten halten Sie sich an die von uns im Anhang angegebenen Bezugsquellen, die von uns auf Seriosität überprüft wurden.

Manche Importeure sind dazu übergegangen, chinesische Kräuter als Lebensmittel zu deklarieren. Damit fallen sie nicht nur unter einfacher zu handhabende Einfuhrgesetze, diese Einschätzung entspricht gleichzeitig auch einem wichtigen Grundsatz der chinesischen Medizin.

Ein chinesisches Sprichwort sagt: »Das Nahrungsmittel ist Arzneimittel, die Arznei ist Nahrung.« Tatsächlich heißt das chinesische Wort für ein Dekokt (Absud, Abkochung) »Tang« – und das wiederum bedeutet so viel wie Suppe. Bei den chinesischen Heilkräutersuppen und Dekokten werden die Kräuter, Gewürze und Mineralstoffe auf ein Viertel der Ausgangsmenge an Wasser heruntergeköchelt. Teilweise gibt man Reis hinzu, um eine breiartige Heilmahlzeit zu erhalten.

Insgesamt verwenden die Chinesen ihre Kräuterzubereitungen also gleichzeitig als Genuss-, Heil- und Nahrungsmittel.

Dass die chinesische Küche stets bemüht ist, die Nahrungsmittel ganz auf den Einzelnen und dessen körperlich-seelische Verfassung abzustimmen, zeigt folgendes Beispiel: In der Stadt Chengdu gibt es ein Restaurant, in dem die Speisen nur individuell aus ärztlich verordneten Zutaten zubereitet werden. Man übergibt dem Ober das Rezept eines TCM-Arztes, der in der nebenan liegenden Apotheke residiert, und lässt sozusagen dem gegenwärtigen Befinden entsprechend für sich kochen.

Die wichtigsten Kräuter der chinesischen Medizin

Durch jahrtausendelange Beobachtung der Pflanzen und ihrer Wirkung auf den Menschen hat sich die chinesische Pflanzenheilkunde zu einem äußerst komplexen System entwickelt. Die Anwendung der Pflanzen wird im Sinn der Fünf-Elemente-Regeln unter anderem durch ihren Geschmack, Geruch, ihre Farbe und Form sowie ihren Fruchtstand und Wuchsort bestimmt. Aus diesen Kriterien leiten sich das vorherrschende Temperament und die Zuordnung zu den Organen ab. Ein chinesischer Arzt schöpft bei seinen Verschreibungen aus einem Repertoire von über tausend Pflanzen. Hier eine kleine Auswahl:

ASTRAGALUSWURZEL

Astragalus membranaceus

Die chinesische Astragaluswurzel gehört zur Familie der bei uns als Tragant und in China als *huang qi* bekannten Pflanze. Sie wächst vor allem in Nordchina, der Mongolei und der Mandschurei. Astragaluswurzeln, im Chinesischen durch die Eigenschaften »süß, leicht warm« klassifiziert, sind ein wichtiges Energietonikum der chinesischen Medizin. Sie werden hauptsächlich zur Immunstärkung eingesetzt. Ihre Wirkung wird als entwässernd, harntreibend und schweißhemmend beschrieben. Der Absud aus der Astragaluswurzel hat ein sehr breites Heilspektrum. Chinesische Ärzte verwenden ihn bei allen Formen von Energiemangel und Müdigkeit, bei übermäßigem Schwitzen durch so genannte »Leereerkrankungen«, bei Gesichtsödemen, Abszessen und sogar bei Diabetes und Gebärmuttervorfall.

BOCKSDORN

Lycium chinense

Der chinesische Bocksdorn, in seiner Heimat *di gu pi* genannt, ist ein in China und Japan verbreitetes und sehr häufig verwendetes Nachtschattengewächs. Gesammelt werden die Wurzelschalen der Pflanze (*di gu pi*) und die Früchte (*gou qi zi*) zu jeweils unterschiedlichen Heilzwecken. Die Wurzelschalen des Bocksdorn werden Lungen und Nieren zugeordnet und vom Wesen her als süß, indifferent und kalt beschrieben. Man verwendet sie bei Erkrankungen durch »Hitzeüberschuss in den Lungen« wie Asthma, Husten und blutigem Auswurf. Die Früchte der Pflanze werden Leber und Nieren zugeordnet und gelten als Leber- und Nierentonikum. Anwendungsgebiete sind Yin-Leere der Leber, erkennbar durch verschwommenes Sehen, Schwindel und Kopfschmerz, und Yin-Leere der Nieren, erkennbar durch Spermatorrhö, den Abgang von Sperma ohne sexuelle Erregung.

CHINESISCHE ENGELWURZ

Angelica sinensis

Dang gui, wie dieser Doldenblütler auf Chinesisch heißt, wächst wild in ganz Zentralchina. Die unserer Schafgarbe ähnliche Pflanze ist eine der wichtigsten chinesischen Frauenpflanzen, vielleicht sogar das Traditionstherapeutikum für Frauen schlechthin, wenngleich es auch bei Männern eingesetzt wird. Verwendet wird die von ihrem Wesen her als süß, scharf und warm eingestufte Pflanzenwurzel. Sie hat eine Affinität zu Leber und Milz. Die Chinesische Engelwurz reguliert alle Störungen im Hormonhaushalt, die sich auf den Zyklus auswirken, sie beruhigt die Fortpflanzungsorgane und kann Funktionsstörungen beeinflussen. Chinesische Ärzte verordnen Engelwurz im rohen Zustand zur Entspannung des Uterus, etwa bei Regelschmerzen. Mit Wasser zubereitet, stimuliert die Wurzel die Uteruskontraktionen und regt die Durchblutung an. Dieser Effekt hilft bei ausbleibender Regelblutung. Auch nach der Entbindung lindert und heilt die Engelwurz. Darüber hinaus ist die Wurzel ein ausgezeichnetes Bluttonikum und wirkt kreislaufstärkend, schmerzstillend, beruhigend und leicht abführend.

CHRYSANTHEME

Chrysanthemum morifolium

Diese in China gelbblühende Heilpflanze ist mit unserer in Blumengärten gezüchteten Zierblume verwandt, aber nicht identisch. Von der chinesischen Chrysantheme, *ju hua* genannt, werden die Blüten verwendet. Man sagt ihnen süße, bittere und leicht kalte Eigenschaften und eine Verbindung zu Lunge und Leber nach. Die Pflanze soll das Fieber senken, die Sehkraft verbessern, entgiftend, abkühlend, beruhigend und blutdrucksenkend wirken. Man setzt sie bei Kopfschmerzen und so genannten »Windhitze«-Krankheiten ein, auch bei Schwellungen und Augenschmerzen. Mit einem Aufguss aus Chrysanthemenblüten kann man die Augen bei Bindehautentzündung baden.

GINSENG

Panax

Ginseng, die Wurzel mit der menschlichen Gestalt, ist eines der ältesten Stärkungsmittel der Welt. Die Chinesen schwören seit 5000 Jahren auf die Kraft der »königlichen« Wurzel als Krönung aller Heilmittel. Seit Ludwig XIV. wird Ginseng auch bei uns gegen Erschöpfung, Schwäche und zur Verlängerung des Lebens eingesetzt.

Es gibt verschiedene Panax-Arten, zum Beispiel den in den USA angebauten *Panax quinquefolius* oder den chinesischen *Panax notoginseng*. Die teuerste, wertvollste und beste jedoch ist *Panax ginseng*, bekannt als Koreanischer oder Chinesischer Ginseng. Er wird im Nordosten Chinas (Mandschurei) und in Korea kultiviert. Die Wurzel des *Panax ginseng* ist auch bei uns im Westen ein gut untersuchtes und wissenschaftlich anerkanntes pflanzliches Heilmittel, das nachweislich die Immunkräfte stärkt. *Panax ginseng* enthält Steroidbestandteile, die den menschlichen Sexualhormonen ähnlich sind.

Um die Ginsengwurzel gedeihen zu lassen, ist aufwendige,

lange Pflege der Pflanze erforderlich. Erst nach etwa sechs Jahren kann die Wurzel »geerntet« werden. In Asien ist Ginseng nicht nur die am meisten verwendete Heilpflanze, sondern auch Genussmittel und fester Bestandteil der Nahrung. Er wird als Gewürz verwendet, als Tee getrunken, Wurzelstücke werden stundenlang zerkaut. In Europa kennt man Ginseng meist nur als pulverisierte Wurzel in Form von Kapseln, Pulver oder als Tonikum.

Alle diese Darreichungsformen dienen der Stärkung von Potenz und Vitalität, wirken gegen Arterienverkalkung und allgemein gegen Alterserscheinungen. Von ihrer Wirkung her am interessantesten sind jedoch die konzentrierten Extrakte oder Extraktpulver, weil sich damit ein höherer Wirkstoffgehalt erzielen lässt. Reiner Ginsengextrakt ist ein zähflüssiger Sirup, der entweder pur eingenommen oder mit heißem Wasser aufgegossen als Tee getrunken wird.

Extraktpulver oder Ginsenggranulat haben einen besonders intensiven Geschmack. Man sollte sie als Tee zubereiten und eventuell mit Honig süßen.

Warnung: Während der Schwangerschaft und bei Bluthochdruck sollte man hohe Dosierungen und die langfristige Einnahme von Ginseng vermeiden. Ganz allgemein ist während einer Ginsengtherapie vom Genuss anderer anregender Genussmittel wie zum Beispiel Tee, Kaffee oder Cola abzuraten.

KASSIE

Cassia tora

Diese Pflanze heißt auf Chinesisch *jue ming zi* und wächst in Südchina, Indochina, Indien und Südostasien. Man verwendet den Samen, dem süße, bittere und salzige sowie leicht kalte Eigenschaften zugeordnet werden. Die Kassie wird mit den Organen Leber und Gallenblase in Verbindung gebracht. Ihre Wirkweise bezieht sich dementsprechend auf Krankheiten, die direkt oder indirekt auf eine Störung dieser beiden Organe zurückzuführen sind – allen voran geschwollene oder entzündete Augen aufgrund von Leberentzündungen und übermäßige Lichtempfindlichkeit. Moderne Ärzte setzen *Cassia tora* auch zur Behandlung von Bluthochdruck und bei zu hohem Cholesterinspiegel ein. Am bekanntesten ist die Kassie aber als pflanzliches Laxativum, das bei chronischer Verstopfung häufig verordnet wird. Bei uns ist diese Pflanze unter dem Namen Sennesstrauch bekannt. Die Sennesblätter und -samen sind die darmwirksamen Bestandteile vieler Abführmittel. Sie werden auch einigen chinesischen Schlankheitstees (siehe Ning-Hong-Schlankheitstee, Seite 36) zugesetzt, um die Verdauung anzuregen und den Stoffwechsel zu fördern.

PFINGSTROSE

Paeonia

Die bei uns zur Zierpflanze degradierte Pfingstrose ist die wichtigste chinesische Heilpflanze. Sie gilt als Symbol der chinesischen Medizin. Man verwendet vor allem zwei Arten: die rot- und weißblühende *Paeonia lactiflora*, die auch den Namen Chinesische Päonie trägt, und die *Paeonia suffruticosa* oder auch Strauchpäonie. Die chinesische Medizin verwendet von der Pfingstrose nur die Wurzeln oder die Wurzelrinde. Die Wurzel der rotblühenden *Paeonia lactiflora*, die auf Chinesisch *chi shao yao* heißt, soll das Blut kühlen, Blutstauungen lösen und Schmerzen lindern. Man sagt ihr blutdrucksenkende, entzündungshemmende, antibakterielle und krampflösende Wirkung nach. In China setzt man diese Pfingstrosenwurzel zusammen mit anderen Kräutern sehr erfolgreich zur Behandlung von Ekzemen bei Kindern ein. Die Wurzel der weißblühenden Schwester der Sorte *P. lactiflora*, auf Chinesisch *bai shao yao*, ist bei Leberfunktionsstörungen und als Frauentonikum bei Menstruationsbeschwerden angezeigt. Der mit Süßholzwurzel gemischte Absud verschönt angeblich die Haut: 20 Gramm *bai shao yao* mit 5 Gramm Süßholzwurzel 15 Minuten lang in 500 Milliliter Wasser auf kleiner Flamme köcheln und täglich zwei Tassen davon trinken.

Von der dritten medizinisch wirksamen Art, der Strauchpäonie, genannt *mu dan pi*, wird nur die Wurzelrinde verwendet. Ihre Wirkung soll antibakteriell, blutdrucksenkend, entzündungshemmend und kreislaufanregend sein. Diese Sorte ist aufgrund ihrer »blutkühlenden« Wirkung gut bei fiebrigen Zuständen und wegen ihrer antibakteriellen Eigenschaften bei eitrigen Hautentzündungen wirksam.

SCHISANDRAFRÜCHTE

Schisandra chinensis

Die getrockneten Früchte des in Japan und China wachsenden Schisandrabaums (chinesisch *wu wei zi*) haben gute Wirkung auf den Stoffwechsel und helfen, den Blutdruck zu regulieren. Auch bei Husten und chronischem Asthma wird ein Absud der Schisandrafrüchte verordnet. Wenn im Organismus zu viel Flüssigkeit vorhanden ist, wirkt das Mittel dehydrierend, bei einem Defizit an Flüssigkeit hingegen befeuchtend auf Organe und Schleimhäute.

Die besten chinesischen Teerezepte für Schönheit, Gesundheit und Wohlbefinden

Die seit kurzem auch in Deutschland erhältlichen Ning-Hong-Heiltees sind in China sehr berühmt wegen ihrer umfassenden Wirkung. Es gibt zwei Varianten. Beide enthalten etwa zur Häfte den berühmten Ning-Hong-Tee, der von chinesischen Teespezialisten als der beste Schwarztee Chinas eingeschätzt wird. Versandadressen finden Sie im hinteren Teil des Buches.

Ning-Hong-Männertee

Der Name »Männertee« ist in diesem Fall etwas irreführend, denn dieses hochgelobte Stärkungsmittel ist genauso gut für Frauen geeignet. Ein echter Vitalitätsschub geht von diesem Tee aus, und seine Toxizität ist nachweislich geringer als bei handelsüblichem Schwarztee. Im Einzelnen soll er die Nieren und die (männliche) Yang-Energie stärken. Bei Männern kann diese aktivierte Nierenkraft (laut chinesischer Medizin Sitz der Lebensenergie) sogar die Potenz und die Fruchtbarkeit steigern. Eine klinische Studie aus China hat ergeben, dass 76 Prozent der Probanden schon nach fünf Tagen des Teegenusses eine um das Zweifache erhöhte Spermienzahl aufwiesen.

In 100 g Teemischung sind enthalten:
43 g Ning-Hong-Tee
22 g Austernextrakt
15 g Chinesischer Bocksdorn
20 g Longanefrucht

Zubereitung und Anwendung: Jeder Teebeutel reicht für drei Tassen Tee und wird insgesamt dreimal aufgegossen. Beim ersten Aufguss werden 20 Prozent der Inhaltsstoffe gelöst, beim zweiten 60 und beim dritten Aufguss 20 Prozent. Und so geht es im Einzelnen: Einen Teebeutel in eine Tasse legen und mit Wasser übergießen. Fünf Minuten ziehen lassen, dann die Tasse austrinken. Gleich danach denselben Teebeutel nochmals in die Tasse geben, wieder aufgießen, fünf Minuten ziehen lassen und trinken. Danach das Gleiche noch mal. Trinken Sie dreimal täglich vor den Mahlzeiten drei Tassen, also insgesamt neun Tassen am Tag.

Ning-Hong-Schlankheitstee

Auch von diesem Diättee hört man Beeindruckendes aus dem Reich der Mitte: Etwa tausend übergewichtige Chinesen aus

Die Energiewurzel Ginseng ist das Lebenselixier der Asiaten.
Hier die allerbeste Sorte: roter Thai-Ginseng.

drei verschiedenen Krankenhäusern haben ihn über einen längeren Zeitraum hinweg dreimal täglich getrunken. 95 Prozent der Probanden hatten bei fleisch- und zuckerarmer, ansonsten aber normaler Kost bald deutlich an Gewicht verloren. Auch im Einzelnen sind die Wirkungen untersucht und belegt: Der Ning-Hong-Schlankheitstee soll bei regelmäßiger Anwendung die Verdauung fördern, Sodbrennen und schlechten Atem beseitigen; außerdem setzt man ihn gern bei Bluthochdruck ein, bei hohem Cholesterinspiegel, Diabetes und Erkrankungen der Herzkranzgefäße – alles übrigens Beschwerden, die häufig mit Übergewicht in Verbindung stehen. Man kann den Tee im Rahmen einer Schlankheitskur zu sich nehmen oder einfach so trinken.

Pro 100 g Teemischung sind enthalten:
56 g Ning-Hong-Tee
18 g Kassie
12 g Kamille
9 g Azarole
3 g Luchango
2 g Süßholz

Zubereitung und Anwendung: Genau wie den Männertee überbrüht man auch hier jeden Teebeutel dreimal. Die drei Tassen werden vor den Mahlzeiten hintereinander weggetrunken. Insgesamt nimmt man also neun Tassen am Tag zu sich.

Zu diesem Rezept: Der Ning-Hong-Schlankheitstee hat schon mehrfach auf internationaler Ebene Preise als erstklassiges Diätprodukt erhalten.

Grüne Heiltees

Die drei folgenden Rezepte wirken teilweise ähnlich wie die Ning-Hong-Tees. Statt des schwarzen wird hier aber grüner Tee verwendet.

Ladys Schönheitstee

Chinesinnen schwören auf das jahrhundertealte klassische Schönheitsmittel für Frauen. Man sagt dem Schönheitstee nach, dass er die Durchblutung der Kapillaren im Gesicht verbessert und dadurch die Haut frischer, jünger und rosiger erscheinen lässt. Auch die Funktion der Nieren soll angeregt werden. Frauen in den Wechseljahren profitieren ganz besonders von dieser Rezeptur, weil sie hormonähnliche Bestandteile enthält, die bei Frauen jeden Alters die Libido stärken.

In 100 g Teemischung sind enthalten:
39,9 g Longjing-Grüntee
10 g Chinesischer Bocksdorn
50,1 g gemahlene Lotuskerne

Zubereitung und Anwendung: Anders als der Ning Hong wird der Grüntee nur einmal aufgegossen. Einen Teebeutel pro Tasse mit heißem Wasser übergießen, etwa fünf Minuten ziehen lassen und dann trinken. Um eine deutliche Wirkung zu erreichen, kann man den Tee problemlos über längere Zeit hinweg täglich trinken. Die Chinesinnen nehmen ihn frühmorgens nach dem Aufstehen und nach jeder Mahlzeit zu sich. Je nach Bedarf kann man zwischen drei und sechs Tassen am Tag trinken.

Zu diesem Tee: Der Name Longjing bezeichnet das Anbaugebiet des grünen Tees. In diesem Fall stammt er aus der Provinz Zhejiang, deren Hauptstadt Hang Zhou ist.

Schwarzer-Drachen-Männertee

Auch dieser Tee ist ein Vitalizer für Männer und Frauen. Wenn Sie schwarzen Tee nicht gut vertragen, ist er eine sanfte Alternative.

In 100 g Teemischung sind enthalten:
46,5 g Schwarzdrachen
13,3 g Kamille
40,2 g grüne Bohnen

Zubereitung und Anwendung: Auch der grüne Männertee wird nur einmal aufgegossen. Einen Teebeutel pro Tasse mit heißem Wasser übergießen und etwa fünf Minuten ziehen lassen. Trinken Sie von diesem Energiespender nach Belieben zwischen drei und vier Tassen am Tag, und zwar jeweils eine nach den Mahlzeiten und eventuell abends eine vor dem Schlafengehen.

Grüner Diättee

Den folgenden Schlankheitstee kann man als alleiniges Mittel zur Gewichtsregulierung ausprobieren oder zusätzlich als Begleitmaßnahme zu einer Diät trinken. Die Kassie, bei uns auch als Sennesstrauch bekannt, ist eine chinesische Heilpflanze, von deren Samen die Hauptwirkung dieses Tees ausgeht. Kassiasamen wirkt stark anregend auf den Darm. Insgesamt bewirkt der Diättee eine schnellere Verbrennung der Nahrung im Körper. Leute, die ihn getrunken haben, berichten, sie hätten normal gegessen und trotzdem langsam, aber kontinuierlich ihr Übergewicht abbauen können. Der in der Zutatenliste angegebene Jasmintee ist ein mit Jasminblüten versetzter Grüntee.

Pro 100 g Teemischung:
49,6 g Jasmintee
16,6 g Strawkassia
33,8 g gemahlene grüne Bohnen

Zubereitung und Anwendung: Jeder Teebeutel wird einmal mit kochend heißem Wasser übergossen und soll bis zu fünf Minuten ziehen. Trinken Sie ein bis zwei Tassen vor jeder Mahlzeit, also insgesamt drei bis sechs Tassen pro Tag.

Tee aus Ginsengextrakt

Der Tee aus der immunstärkenden »Energiewurzel« Ginseng ist eine der größten Bereicherungen aus der chinesischen Medizin. Neben wertvollen Vitaminen, Fettsäuren und Mineralstoffen führen wir uns damit vor allem die kostbaren Ginsengoide zu, die eine besondere Eigenschaft haben: Sie setzen ganz individuell an den Schwachstellen des Körpers an. Da die Wirksamkeit des Ginseng mit der Konzentration der Wirkstoffe steht und fällt, lohnt es sich, die hochkonzentrierten und entsprechend teuren Extrakte zu verwenden.

3 g Extraktgranulat oder 1 g Sirupextrakt
1 Tasse Wasser

Zubereitung und Anwendung: Das Granulat oder den Sirup in eine Tasse geben und mit heißem Wasser übergießen. Zur Gesunderhaltung und Stärkung der allgemeinen Immunabwehr reicht eine Tasse am Tag vor einer Mahlzeit. In Stress-Situationen kann man kurzfristig auf die doppelte Dosis erhöhen. Wenn Ihnen der intensive Ginsenggeschmack zu stark ist, können Sie durchaus etwas süßen.

Zu diesem Rezept: Verwechseln Sie Ginsengextrakt nicht mit Ginsengtee, der auch als Instanttee in Pulverform angeboten wird. Der pulverisierte Instanttee ist wesentlich preisgünstiger, doch dafür enthält er meist nur geringe Anteile aus Ginsengextrakt oder -granulat und wird mit Trauben- oder Milchzucker gestreckt. Diese Instanttees sind entsprechend schwach wirksam. Sie können aber begleitend zu einer anderen Ginsengzubereitung (Kapseln oder Tonika) getrunken werden.

Fruchtbarkeitstee für Frauen

Viele Frauen mit unregelmäßigem Zyklus haben Probleme, Kinder zu bekommen. Für sie ist dieser Tee gedacht. Er reguliert den Monatszyklus, stärkt und harmonisiert die Sexualorgane und erhöht insgesamt den Energiepegel.

Frauenmantel
Falsches Einkorn
Chinesische Engelwurz
Ingwer
Wilde Yamswurzel
Himbeerblätter
Süßholz

Zubereitung und Anwendung: Die sechs erstgenannten Kräuter zu gleichen Teilen mischen. Diese Mischung ergibt die eine Hälfte, die zweite Hälfte besteht aus Süßholz. Alles vermengen und einen Teelöffel der Gesamtmischung mit 100 Milliliter Wasser übergießen. Diese Tagesmenge trinken Sie über den ganzen Tag verteilt, und zwar über mehrere Monate hinweg, bis Ihr Zyklus sich normalisiert hat.

Zu diesem Rezept: Einige der genannten Kräuter enthalten pflanzliche Östrogene, die man seit Jahrhunderten zur Stärkung der Fortpflanzungsorgane einsetzt. Aus der wilden Yamswurzel wurde noch bis vor zwanzig Jahren ein Hormonstoff zur Herstellung der Pille gewonnen. Die Wurzel wird traditionell gegen Menstruationsbeschwerden und bei Problemen mit den Eierstöcken und der Gebärmutter eingesetzt. Falsches Einkorn hat ähnliche Wirkungen, vor allem auf die Eierstöcke. Es hilft besonders bei Formen der Unfruchtbarkeit, die mit einer Störung der Follikelproduktion in den Eierstöcken zusammenhängen.

Die Rezepte des chinesischen Professors

Alle folgenden Teerezepte wurden vom Präsidenten der Chinesischen Naturheilkunde Akademie e. V. Prof. Dietmar Kummer speziell für dieses Buch ausgearbeitet. Prof. Kummer, seit 1990 Professor für chinesische Medizin, ist Dozent der Universität Peking und Dr. h. c. der Universität Nanning. Die in Kulmbach ansässige Chinesische Naturheilkunde Akademie ist die deutsche europäische Außenstelle der TCM-Universität Peking und Guangxi.

Die in den Rezepten empfohlenen chinesischen Fertigprodukte sind unter der angegebenen Pharmazentralnummer in Apotheken oder über einen chinesischen Versand (Adresse im hinteren Teil des Buches) zu beziehen.

Der Tee der hundertjährigen Chinesen

Im Barmagebiet, im Süden Chinas, gibt es sehr viele Hundertjährige. Auch ist die Krebsrate dort äußerst gering. Was auch immer die Ursache dafür sein mag – der Jia-Gu-Lan-Tee, eine spezielle Grünteeart, wird dort täglich getrunken. Ein Geheimtipp für Gesundheitsbewusste:

1 TL Jia-Gu-Lan-Tee pro Tasse Wasser

Zubereitung und Anwendung: Der Tee wird wie jeder Grüntee mit nicht mehr kochendem Wasser (60 bis 80 Grad) übergossen und nach Belieben über den ganzen Tag verteilt getrunken. Man sagt ihm nach, dass er den Cholesterinspiegel senkt und die Bildung freier Radikale im Körper verhindert. Gesteigert wird die Wirkung dieses Jungbrunnens, wenn man zusätzlich den chinesischen »Wuchaseng-Extrakt« (Pharmazentralnummer 6165156) zu sich nimmt.

Jinhua-Jasmintee

Echter Jasmintee wie dieser ist eine kleine chinesische Kostbarkeit, die »Tee der Advokaten« genannt wird. Es handelt sich um halbfermentierten Tee, dem zur Verfeinerung des Geschmacks frische, echte Jasminblüten beigemischt werden. Ein äußerst wohlriechendes und wohlschmeckendes Getränk für den täglichen Genuss, den die Chinesen zur allgemeinen Gesunderhaltung trinken. Basis sind die zarten Spitzen des grünen Tees.

2 TL Jinhua-Jasmintee
auf eine Kanne heißes Wasser
evtl. etwas »Ginseng-Extrakt«

Zubereitung und Anwendung: Zwei gehäufte Teelöffel der fertigen Jinhua-Mischung (Pharmazentralnummer 8698394) mit einer Kanne nicht mehr kochendem Wasser übergießen und zehn Minuten ziehen lassen. Um etwas für die geistige Fitness zu tun, gibt man vor dem Servieren in jede Tasse ¼ Pipette »Ginseng-Extrakt« (Pharmazentralnummer 2524256). Morgens, mittags und abends eine Tasse von diesem Gemisch ist ein hervorragendes Mittel zur Anregung von Gedächtnis und Vitalität.

Krafttee für Männer

Die chinesische Medizin kennt viele Ursachen männlicher Impotenz. Hängt sie mit einer Nieren-Yang-Schwäche zusammen, ist dieses Rezept das richtige.

10 g grüne Apfelsinenschalen (Citrus reticulata)
3 g Psoralea corilifolia
5 g Lyciumfrüchte (Lycium chinense)
5 g Petersiliensamen · 300 ml Wasser

Zubereitung und Anwendung: Alle Zutaten in dem Wasser langsam zum Kochen bringen und 20 Minuten lang köcheln lassen, bis sich die Füssigkeitsmenge auf einen Restsud von 100 Milliliter reduziert hat. Diese Arzneisuppe abgießen und vormittags schluckweise trinken. Am Nachmittag wird der gleiche Vorgang mit dem gleichen Absud wiederholt: Wieder von 300 auf 100 Milliliter herunterköcheln und trinken. Der doppelt aufgekochte Absud darf am nächsten Tag aber nicht mehr verwendet werden.

Zusätzlich empfiehlt es sich, morgens und abends vor dem Schlafengehen je zwei Esslöffel der chinesischen Fertigtinktur »Haima Bu Jiu« (Pharmazentralnummer 7275154) drei Monate lang zu nehmen.

Schönheitstee der Kaiserinnen von China

Die Legende besagt, dass die Kaiserinnen von China diese Teesuppe mit roten Datteln zu sich nahmen, um einen strahlend schönen Teint zu bekommen. Die enthaltene Angelikawurzel harmonisiert den Unterleib, die Datteln machen die Haut rosig und der Jinhua-Jasmintee entwässert.

5 g Jinhua-Jasmintee
10 g chinesische rote Datteln
(entspricht 2 bis 3 Stück)
10 g chinesische Engelwurz (Angelica sinensis)
5 g Lyciumfrüchte
300 ml kaltes Wasser

Zubereitung und Anwendung: Alle Zutaten mit dem kalten Wasser in einen Topf geben und 20 Minuten köcheln lassen, bis der Sud auf 100 Milliliter reduziert ist. Schluckweise trinken. Abends den Sud nochmals aufbrühen und ebenfalls schluckweise trinken.

Achtung: Der doppelte Absud in dieser so genannten Arzneisuppe darf nicht über Nacht aufgehoben, sondern muss jeden Tag neu zubereitet werden. Sechs Wochen lang täglich getrunken, entfaltet dieses Getränk die beste Wirkung. Um den Effekt zu verstärken, kann man einen Teelöffel des chinesischen Frauentonikums »Dang Gui Bei Qi Jiu« (Pharmazentralnummer 1418894) pro Tasse hinzugeben.

Tee gegen Schlaflosigkeit

In der Vorstellung der traditionellen chinesischen Medizin ist ausreichender Schlaf die Voraussetzung, um Yin und Yang im Gleichgewicht zu halten. Dieser Tee hilft bei Schlaflosigkeit aufgrund von Überarbeitung, was nach Meinung der Chinesen zu Depressionen, Drogen- und Alkoholmissbrauch und zu schweren Fiebererkrankungen führen kann.

12 g Radix Rehmanniae glutinosae
6 g Cornifrüchte (Fructus Corni officinalis)
6 g Dioscoreae oppositae
6 g Selectorium Poriae cocos
6 g Cortex Moutan radix
6 g Rhizoma Alismatis orientalis
300 ml Wasser

Zubereitung und Anwendung: Alle Zutaten in einem Topf kurz aufkochen und dann 20 Minuten einköcheln und dabei auf 100 bis 150 Milliliter Flüssigkeit reduzieren lassen. Schluckweise morgens und abends trinken. Auch dieser Absud darf nicht über Nacht aufgehoben werden. Zusätzlich hilft der Saft aus der chinesischen Maulbeere (Pharmazentralnummer 7614260). Abends ein Teelöffel davon genossen, und es wird wirklich eine gute Nacht.

Männertee gegen Haarausfall

Auch die Chinesen wissen, dass man die Veranlagung zu Haarausfall nicht ändern kann. Möglich ist aber immerhin eine Stärkung des Haarbodens. Aus Sicht der TCM werden die Haare von der Niere versorgt, so wie die Milz für das Blut zuständig ist. Dieses Rezept unterstützt die Ernährung des Blutes.

10 g Knöterichwurzel
3 g Brennnesselsamen oder
getrocknete Brennnessel
1 TL Taiga-Ginseng
(Pharmazentralnummer 7364113)
5 g Lyciumfrüchte
5 g pulverisierte Hygienal Eucommia
300 ml Wasser

Zubereitung und Anwendung: Bereiten Sie aus allen Zutaten eine Arzneisuppe. Alle Zutaten 20 Minuten lang köcheln lassen und die Flüssigkeit auf etwa 100 Milliliter reduzieren. Abends den gleichen Vorgang nochmals wiederholen. Am nächsten Tag muss ein neuer Absud zubereitet werden. Sinnvoll ist eine Einnahme der Teesuppe über mindestens sechs Wochen. Wer seinen Haaren darüber hinaus Gutes tun will, kann während der Teekur noch das chinesische Tonikum »Qi Zi Bu Ji« (Pharmazentralnummer 7275177) nehmen, das ebenfalls wichtige Nährstoffe für Haar und Kopfhaut enthält. Für die zusätzliche äußerliche Behandlung empfiehlt sich die Kräutertinktur »Hairoka Liniment« (Pharmazentralnummer 4641368). Ihre Wirkstoffe helfen vor allem bei der in Europa häufigen, so genannten seborrhoischen Glatzenbildung.

Lichttee gegen depressive Verstimmungen

Seelentiefs interpretieren die Chinesen als Qi-Stagnation, die den Geist beeinträchtigt. Eine häufige Form sei Blutmangel, entstanden durch Grübeln und Sorgen, unbegründete Verdächtigungen, Schlafstörungen und Gereiztheit. Dagegen hilft der folgende Heiltrunk, der allerdings zusammen mit weiteren Mitteln gegen depressive Tiefs genommen werden sollte.

10 g Radix Rehmanniae glutinosae conquitae
9 g Radix Paeoniae lactiflorae
6 g Radix Angelica sinensis
3 g Radix Ligustrici chuanxiong
300 ml Wasser

Zubereitung und Anwendung: Alle Zutaten kurz aufkochen, 20 Minuten auf die Hälfte der Flüssigkeit herunterköcheln lassen und schluckweise warm trinken. Den Absud abends ein zweites Mal nach dem gleichen Muster aufkochen, danach wegschütten. Zusätzlich zu diesem Tee hilft das chinesische Tonikum »Bei Qi Nao Zao Jiu« (Pharmazentralnummer 2236528). Man nimmt davon morgens und nachmittags je zwei Teelöffel über drei Monate hinweg. Die enthaltenen Substanzen verstärken auf optimale Weise die Wirkung des Tees.

Zu diesem Rezept: Wer häufig unter Stimmungstiefs leidet, sollte auf jeden Fall einen Arzt konsultieren. Die hier aufgeführte Selbstbehandlung kann unterstützend zu einer ärztlichen Therapie erfolgen. Wie eingangs erwähnt, kennt auch die chinesische Medizin wirksame Behandlungen gegen Depressionen.

Japan

Grüner Tee und Zen-Kultur

Die traditionelle Heilkunde Japans, die seit vielen Jahrhunderten und bis heute praktiziert wird, hat sich aus der chinesischen Medizin entwickelt. Sie nennt sich Kanpo. Wörtlich übersetzt bedeutet dies »die chinesische Methode«.

Im 5. Jahrhundert n. Chr., heißt es, wurden koreanische Ärzte an den japanischen Kaiserhof berufen, um dort die chinesische Medizin zu lehren. 562 n. Chr. brachte der chinesische Arzt Zhi Cong aus dem Königreich Wu die Kunst der Akupunktur und der Moxibustion nach Japan. Die systematische Eingliederung chinesischen Heilwissens begann aber erst im Jahr 623. Damals kehrten zwei japanische Mönche namens Enichi und Fukuin, die fünfzehn Jahre in China die chinesische Medizin studiert hatten, nach Japan zurück und lehrten diese Methode.

In den folgenden Jahrhunderten hat sich die japanisierte chinesische Medizin fast notgedrungen zu einer eigenen Form entwickelt: Aus Mangel an bestimmten chinesischen Kräutern waren viele Ärzte gezwungen, Ersatzstoffe zu verwenden und zu manchen Praktiken ihrer eigenen, alten Urmedizin zurückzukehren. So passte sich die chinesische Medizin an die Bedürfnisse und Lebensumstände der Japaner an.

Einflüsse aus Europa

Im 16. und 17. Jahrhundert, als sich das Kanpo etabliert hatte, kamen die ersten christlichen Missionare aus Spanien ins Land. Die »südlichen Barbaren« (*nanbanjin*) führten nicht nur ihren Glauben ein, sie missionierten auch die japanische Medizin. Nachdem Kanpo jahrhundertelang nur den Adligen und Bessergestellten zugänglich gewesen war, behandelten die westlichen Mönche mit ihrer »kosmopolitischen Medizin«, wie sie genannt wurde, nun plötzlich alle Bevölkerungsgruppen. Dieses war die wichtigste Leistung des Westens in Japan. Heute ist die kosmopolitische die offiziell dominierende Medizin in Japan, die auch vom Staat unterstützt wird. Trotzdem hat sich Kanpo als zweitwichtigstes Heilsystem behaupten können.

Kanpo-Spezialitäten

Im Gegensatz zur westlichen Medizin, die sofort wirkt, wird die sanfte Kraft des Kanpo erst sichtbar, wenn die Selbstheilungskräfte des Körpers versagen und der Gesundheitszustand sich verschlechtert. Eine Kanpo-Spezialität ist die gut entwickelte, manuelle Technik zur Diagnose und gleichzeitigen Behandlung von Krankheiten. Die Ärzte gehen davon aus, dass durch Druck auf die verschiedenen Bereiche des Bauchs gestörte Organe zugleich erkannt und behandelt werden können. Wenn sich eine Zone des Bauchs schwach anfühlt, nimmt man an, dass das damit in Verbindung stehende Organ geschwächt ist.

Die bei uns bekannteste japanische Behandlungstechnik

des Kanpo ist das Shiatsu, eine spezielle Form der Akupressur-Massage. Ziel dieser sanften, entspannenden und doch sehr wirksamen Ganzheitstherapie ist die Auflösung von Energieblockaden, um einen harmonischen Energiefluss durch die Meridiane zu erreichen. Beim Shiatsu drückt der Behandler Muskeln und Sehnen und erreicht über die Meridiane bestimmte Organe. Kopfschmerzen können zum Beispiel durch Drücken des Yin-Tan-Punkts zwischen den Augenbrauen und durch Behandlung der Verdauungsorgane gelindert werden, die aus Sicht japanischer Mediziner Verursacher von Kopfschmerzen sind.

Die Kräuterheilkunde des Kanpo erlaubt sich deutliche Abweichungen von der chinesischen Lehre. So legen die japanischen Kanpo-Mediziner größeren Wert auf die Reinheit der Zutaten und entwickeln ganz eigene Rezepturen. Im Gegensatz zur traditionellen chinesischen Medizin (TCM), wo die Rezepte häufig extrem hoch dosiert werden, hat Kanpo die Dosierungen gezielt minimiert – und fährt gut damit. Auch die Zahl der verwendeten Kräuter sowie die mineralischen oder tierischen Zutaten sind deutlich geringer als in der TCM. Moderne japanische Kanpo-Ärzte verwenden nur noch etwa 150 Roharzneien. Die Rezepturen daraus sind immer maßgeschneidert, also individuell und nur in Verbindung miteinander und bei dem speziellen Patienten wirksam. Sie werden auch während der Behandlung immer wieder angepasst.

Eine weitere Eigenentwicklung des Kanpo ist die Makrobiotik. Diese Ernährungslehre teilt alle Nahrungsmittel in Yin- und Yang-Klassen ein und sucht die Ausgewogenheit der Nährstoffe. Die makrobiotische Ernährungspyramide schreibt vor, dass 50 Prozent der Nahrung aus Getreide, 25 Prozent aus

Früchten und 10 Prozent aus pflanzlichem sowie tierischem Eiweiß bestehen sollen, der Rest verteilt sich auf Sojaprodukte und Genussmittel.

Heute sind auch die japanischen Ärzte davon überzeugt, dass es durchaus möglich ist, Teile der westlichen Medizin in die traditionelle japanische zu integrieren und umgekehrt.

In dem Bemühen, eine Brücke zwischen Ost und West zu schlagen, bilden sich deswegen viele japanische Ärzte in beiden Disziplinen aus und lassen diese Kenntnisse in die Untersuchung und Bewertung der Symptome einfließen. Auch wenn der Begriff Kanpo inzwischen oft nur für die Kräutertherapie verwendet wird, ist damit eigentlich das ganze Medizinsystem gemeint.

Japanische Heilkräuter aus der traditionellen Kanpo-Medizin

Die in Japan verwendeten Heilkräuter sind zum großen Teil im Land selbst, aber auch in anderen Regionen des Fernen Ostens sowie in Europa heimisch. Durch den Kontakt mit der chinesischen Medizin ist jedoch häufig die Art der Anwendung unterschiedlich.

DAIKON

Raphanus sativus

Daikon bedeutet »lange Wurzel« und meint den langen, weißen Rettich. Geriebener, frischer Rettich ist eine hervorragende Unterstützung der Verdauung. In japanischen Restaurants wird Rettich traditionell zusammen mit Sushi serviert, um einer Eiweißübersättigung vorzubeugen. Nach dem Essen nimmt man einfach einen Teelöffel frisch geriebenen Rettich ein, auf den man einige Tropfen Tamarisauce träufelt.

KUZU

Pueraria lobata/hirsuta

Die wilde Kuzupflanze ist ein Weinstock. Die aus den Wurzeln gewonnene Stärke dient in Japan seit dem 13. Jahrhundert als Heilmittel und zum Kochen. Der lehmige, schneeweiße Kuzupuder entsteht durch mühsames Zersägen, Zerhacken und Zermahlen der Wurzeln. Kuzu ist in vielen japanischen Heilrezepturen gegen Darmschwäche und Verdauungsprobleme oder Erschöpfung und Erkältung enthalten und nebenbei das gesundheitlich wertvollste und begehrteste Bindemittel. Es ist basenüberschüssig, enthält viele Vitamine und Mineralstoffe und wirkt dadurch sehr positiv auf das gesamte Verdauungssystem. Saures Aufstoßen und Sodbrennen zum Beispiel können schnell mit einer Tasse in Wasser aufgekochtem Kuzu verschwinden: Ein Esslöffel Kuzupulver erst in etwas kaltem Wasser auflösen und in einem Topf unter fleißigem Rühren mit 200 Milliliter Wasser zum Kochen bringen. Am Siedepunkt dickt Kuzu ein und wird glasig. Um den geschmacklosen Brei etwas aufzupeppen, reichen einige Tropfen Sojasauce. Kuzu gibt es in Deutschland in Reformhäusern und Bioläden zu kaufen.

LOTUSWURZEL

Nelumbrium nuciferum

Auch die Wurzel der Lotuspflanze wird gleichzeitig zum Heilen und zum Kochen verwendet. In der japanischen Küche ist das Wurzelfleisch wegen seiner dekorativen Lochmusterung beliebt und wird gern als Beilage Gemüsegerichten beigefügt. In der Kanpo-Medizin verwendet man die Lotuswurzel bei Schleimansammlungen im Atemtrakt, etwa bei Husten, Bronchitis und Asthma sowie bei Stirn- und Nasennebenhöhlenentzündungen. Dies geht zum Beispiel so: Eine Lotuswurzel in Scheiben schneiden oder die Scheiben von eingeweichter, getrockneter Lotuswurzel verwenden. Mit etwas Wasser etwa 20 Minuten kochen. Etwas Tamari-Sojasauce hinzufügen und weitere zehn Minuten kochen, dann trinken. In Japanläden gibt es Lotuswurzel als Tiefkühlprodukt, getrocknet, pulverisiert oder als Dosenware.

PFIRSICH

Prunus persica

Anders als bei uns ist der *momo* in Japan nicht nur ein Obst zum Essen, sondern auch eine Heilpflanze. Die Blätter des Baums, dem wir den schmackhaften Pfirsich verdanken, ergeben einen lindernden Schleim, den man zur Stärkung eines geschädigten Verdauungstrakts verwendet. Pfirsichblätter werden bei Gastritis verordnet, aber auch bei Bronchitis und Keuchhusten. Die Blätter enthalten ein zyanogenes Glykosid, das in erster Linie beruhigend und reizlindernd wirkt, aber auch diuretisch, auswurffördernd und beruhigend bei Brechreiz.

SHISO

Perilla frutescens

Shiso, auf Deutsch »purpurnes Blatt«, stammt aus der Familie der Minzen. Die Perillapflanze wächst sehr schnell. Ihre tatsächlich purpurnen Blätter werden traditionell beim Einlegen der berühmten Umeboshi-Pflaume verwendet, unter anderem aufgrund des darin enthaltenen Perilla-Aldehyds, das viel stärker konserviert als synthetische Mittel. Shisoblätter enthalten viel Chlorophyll, Vitamine, Kalzium, Eisen und Phosphor. In der japanischen Kräutermedizin werden die Blätter auch zur Beruhigung des Nervensystems, zur Urinbildung, zur Stimulation von Schweißabsonderung, bei schwacher Verdauung, Erkältung und Husten verwendet. Die zusammen mit der Umeboshi gepökelten Shisoblätter ergeben einen heilsamen Tee bei durch Fisch entstandener Nahrungsmittelvergiftung: Die Blätter in Wasser einweichen und in Tee kochen.

TEESTRAUCH

Camellia sinensis

Tee ist auf der ganzen Welt als anregendes Genussmittel bekannt. Seine Bedeutung als Heilkraut wird dabei leider kaum gewürdigt. Die Teepflanze *Camellia sinensis* ist ein adstringierendes, schleimlösendes und verdauungsförderndes pflanzliches Heilmittel.

Man unterscheidet drei Herstellungsarten aus den Blättern der gleichen Pflanze: die vollständige Fermentation, aus der schwarzer Tee hervorgeht, die teilweise Fermentation für den gelben oder auch Oolong-Tee und den nicht fermentierten und deshalb gesundheitlich wertvollsten grünen Tee, der die meisten Heilstoffe enthält. In Japan wird ausschließlich grüner Tee produziert.

Grüner Tee enthält neben dem Teein reichlich Fluoride, die bekanntlich die Gefahr von Karies verringern, außerdem große Mengen kostbarer Katechine. Diese Antioxidanzien

können im Organismus die gefürchteten freien Radikale abfangen, die an der Entwicklung von Krebs und Arteriosklerose beteiligt sein sollen.

Hinweis: Alle Teesorten sind oft stark mit Pestiziden belastet. Vor allem wenn Sie viel Tee trinken, empfiehlt es sich, beim Kauf auf ökologische Erzeugung zu achten.

UME

Prunus ume

Diese auf dem Umebaum wachsende Aprikosenart hat in Japan besondere Bedeutung. Aus den unreifen, im grünen Stadium ungenießbaren Früchten wird eine Vielzahl von Produkten mit bemerkenswerten medizinischen Wirkungen hergestellt. Am bekanntesten ist die Umeboshi – die getrocknete Ume, die zusammen mit Meersalz und Shisoblättern in Fässern monate- oder jahrelang eingepökelt wird. Umeboshi ist ein hochgepriesenes Allheilmittel. Es wird in Japan, China und Korea als Heil- und Nahrungsmittel verwendet. Umeboshi wird unter anderem empfohlen bei Nahrungsmittelvergiftung, Wasseransammlung, Durchfall und Verstopfung, zu viel oder zu wenig Magensaft, Reisekrankheit und Kopfweh, Müdigkeit, Blutübersäuerung, Leber- und Alterskrankheiten sowie zur Steigerung der Lebenskraft. Nachgewiesen ist die antiseptische Wirkung gegen Ruhrkeime, Staphylokokken und Tuberkulose! Tipp bei Magen-Darm-Problemen oder einer drohenden Nahrungsmittelvergiftung: einfach eine Umeboshi in Banchatee einweichen und essen.

Die großen Teespezialitäten aus dem Land des Lächelns

Reistee

Es gibt im Grunde keine Situation und keinen Menschen, für die oder den dieses japanische Universalgetränk nicht geeignet wäre. Die Japaner trinken ihren Reistee gern im Sommer als erfrischendes Getränk, das die Körpertemperatur reguliert. Aber er ist auch ein echtes Heilmittel: Er hilft jedem Kranken und ist besonders wohltuend bei Darmträgheit, Durchfall und Kopfschmerzen.

Das Mischungsverhältnis beträgt
11 Teile Wasser
1 Teil Reis
1 Prise Meersalz
einige Tropfen Tamari

Zubereitung und Anwendung: Den gewaschenen Reis ohne Fett in einer Pfanne rösten und dabei ständig wenden, bis er eine goldgelbe Farbe annimmt. Nach Belieben elf Teile Wasser und einen Teil Reis zum Kochen bringen und dann bei kleiner Flamme ohne Deckel etwa 20 Minuten köcheln lassen. Am Schluss eine Prise Meersalz hinzugeben. Nun den Reis in ein Baumwolltuch wickeln, auswringen und die Flüssigkeit durchsieben. Vor dem Servieren geben Sie ein bis zwei Tropfen Tamari in die Tasse, um den Geschmack abzurunden.

Gerösteter Gerstentee

Auch Mugisha, der Gerstentee, ist ein klassischer Erfrischungstee für den Sommer. Wenn man zu viel Fleisch gegessen hat, kann er sogar die tierischen Fette binden. Statt der Gerste können Sie ebenso gut Weizen verwenden.

10 Teile Wasser
1 Teil Gerste oder Weizen

Zubereitung und Anwendung: Ähnlich wie beim Reistee wird auch das Getreide erst geröstet (etwa zehn Minuten), dann kurz aufgekocht und bei wenig Hitzezufuhr 15 Minuten lang geköchelt. Als Erfrischungsgetränk wird Mugisha kalt getrunken.

Shiitaketee

Der auf Eichenholz wachsende Shiitakepilz ist ein äußerst wohlschmeckendes japanisches Heil- und Nahrungsmittel, das man inzwischen auch bei uns frisch auf vielen Wochenmärkten kaufen kann.

Der Tee aus diesem hochwertigen Pilz hilft allen yangbetonten Menschen, vor allem solchen mit hohem Cholesterinspiegel und Bluthochdruck; außerdem wirkt er ausgleichend nach einem zu salzigen Essen. Auch die oft schlecht arbeitenden Nieren der Hypertoniker freuen sich bei seinem Genuss, und gestresste Nerven können sich damit leichter entspannen.

1 Pilz
2 Tassen Wasser
1 Prise Meersalz

Zubereitung und Anwendung: Den Pilz in Viertel schneiden und zusammen mit Wasser und Salz zum Kochen bringen. Danach bei kleiner Flamme so lange weiterkochen, bis sich die ursprüngliche Wassermenge auf die Hälfte reduziert hat. Von dieser Tasse nur die Hälfte trinken, den Rest etwas später.

Zu diesem Rezept: Shiitaketee ist nicht für zarte, yinbetonte Menschen geeignet, die schnell frieren und leicht kalte Hände und Füße bekommen. Er ist zu »yinig«. Robuste Yang-Temperamente hingegen erfahren durch Shiitake wohltuenden Ausgleich.

Mu-Tee

Dieser vitalisierende, aufbauende Regenerationstee ist eine Spezialität aus der japanischen Makrobiotik. George Oshawa, der Gründer dieser Ernährungslehre, komponierte ihn ursprünglich aus sechzehn verschiedenen Pflanzen, unter anderem so exotischen wie der japanischen Pfingstrosenwurzel, der Meerbrennnessel, der Bitterdistel, der Süßholz- und Ingwerwurzel oder dem chinesischen Fingerhut. Da die meisten dieser Zutaten im Westen schwer zu erhalten sind, gibt es in Bio-Supermärkten Mu-Fertigtees nach Dr. Oshawa, die allerdings weniger Pflanzen enthalten.

1 Teebeutel Mu-Tee
3 Tassen Wasser

Zubereitung und Anwendung: Ansonsten gesunde Menschen, die nur ihre Müdigkeit vertreiben wollen, öffnen den Teebeutel und kochen den Inhalt etwa zwölf Minuten lang in einem

Topf mit etwa drei Tassen Wasser. Menschen mit Verdauungsproblemen, Husten oder Menstruationskrämpfen sollten die Kochzeit auf 30 Minuten verlängern, bis die Hälfte der Flüssigkeit verkocht ist. Dies ist gleichzeitig die heilsame Tagesdosis.

Rettichtee

Ein sehr starkes Rezept, das weder für Kinder noch für schwache, zarte Naturen geeignet ist. Gesunde, kräftige Menschen jedoch, die erkältet sind und Fieber bekommen oder unbekömmliche Nahrung gegessen haben, profitieren davon. Der Rettich bringt den Organismus garantiert zum heilsamen Schwitzen und wirkt fiebersenkend. Die Japaner trinken ihn auch bei Fleisch-, Fisch- oder Muschelvergiftung.

2–3 EL frisch geriebener Rettich oder Daikon
¼ TL frisch geriebener Ingwer
1 EL Sojasauce
3 Tassen heißer Banchatee

Zubereitung und Anwendung: Mischen Sie Rettich, Ingwer und Sojasauce, und gießen Sie den Banchatee darüber. Gut umrühren und sofort möglichst alles austrinken. Danach ins Bett unter eine warme Decke legen. Der Rettichtee sollte nur einmal täglich getrunken werden.

Lotuswurzeltee

Frische Lotuswurzeln wären als Zutat für diesen Tee zwar optimal, sind bei uns aber eine Seltenheit. Deshalb tun es auch getrocknete, tiefgefrorene oder pulverisierte Wurzeln. Dieser Tee ist ein sehr altes japanisches Heilmittel gegen alle Verschleimungen der Atemwege – von Husten über Bronchitis bis hin zu Stirnhöhlenentzündungen oder zugeschwollenen Nasennebenhöhlen. Selbst bei Keuchhusten soll der Lotustee wirken. Stillende japanische Mütter trinken ihn, um ihren an Keuchhusten leidenden Babys die Wirkstoffe über die Muttermilch zuzuführen.

10 g getrocknete Lotuswurzel
1 g Ingwerpulver
1 Prise Meersalz
1 Tasse Wasser

Zubereitung und Anwendung: Die Lotuswurzel etwa 13 Minuten lang in der Menge einer Tasse Wasser bei kleiner Hitze köcheln lassen, dann den Ingwer und das Salz hinzufügen – fertig.

Schwarzer Bohnentee

Wer zu viel Süßes und zu wenig Ballaststoffe isst, bekommt mitunter Verdauungsprobleme. In diesem Fall hilft der Tee aus schwarzen Sojabohnen.

1 EL schwarze Sojabohnen
2 l Wasser
1 Prise Sojasauce

Zubereitung und Anwendung: Die Sojabohnen waschen und in einem Topf mit dem Wasser aufkochen lassen. So lange auf kleiner Flamme weiterköcheln, bis die Wassermenge sich auf die Hälfte reduziert hat. Salzen und die Bohnen absieben. Von diesem Tee können Sie bei akuter Darmträgheit dreimal am Tag eine Tasse trinken. Er soll auch überstrapazierte Nerven beruhigen.

Kuzu-Teevariationen

Dieses geleeartige Getränk aus der Speisestärke Kuzu hat schon Millionen von Menschen bei Sodbrennen, saurem Aufstoßen und anderen Magenproblemen geholfen. Sogar bei Kopfschmerzen und fiebrigen Erkältungen löst Kuzu-Tee das Problem über den Verdauungsapparat.

1 TL Kuzu-Pulver
1 große Tasse Wasser
Sojasauce

Zubereitung und Anwendung: Das Pulver in zwei Esslöffeln kaltem Wasser auflösen und dann unter kräftigem Rühren eine Tasse mit kochendem Wasser dazuschütten. Auf dem Siedepunkt beginnt das Kuzu zu gelieren und glasig zu werden. Um den etwas faden Geschmack zu verbessern, genügen ein paar Tropfen Sojasauce.

Zu diesem Rezept: Die Kanpo-Medizin kennt viele Variationen dieses Basisrezepts mit Kuzu. Statt der ganzen Tasse Wasser kann man auch zur Hälfte den Saft eines frisch gepressten Apfels verwenden, um zum Beispiel den Appetit zu stimulieren oder kleine Zappelphilippe zu beruhigen. Beim Umeboshi-Kuzu wird das zerstoßene Fleisch einer Umeboshi zusammen mit dem in kaltem Wasser aufgelösten Kuzu in zwei Tassen Wasser eingerührt und zum Kochen gebracht. Ein paar Tropfen Ingwersaft werden dann hinzugefügt. Wenn die Masse glasig wird, etwas Sojasauce hineinrühren und das Ganze sofort verzehren. Dieses schmackhafte Kuzu-Rezept bringt Energie bei Schwächezuständen und wirkt ganz hervorragend bei allen Magen- und Darmbeschwerden. Bei Durchfall können Sie ohne Bedenken zwei bis drei Tassen am Tag trinken.

Der Teepilz Kombucha

Das zweitausend Jahre alte Gärgetränk Kombucha steht zur Zeit in ganz Europa hoch im Kurs. Der asiatische Kombucha-Pilz, aus dem der gleichnamige Tee gebraut wird, ist ein traditionelles fernöstliches Mittel gegen Stoffwechselbeschwerden jeder Art. Kombucha-Tee schmeckt sehr erfrischend und erinnert im Geschmack ein wenig an Cidre. Er wird nach Belieben mit Grün-, Schwarz-, Mate- oder Kräutertee und Zucker angesetzt. Während des etwa zehntägigen Gärungsprozesses gibt der Pilz viele wertvolle Stoffe in die Flüssigkeit ab, allem voran eine Menge wichtiger Vitamine, Mineralien, Enzyme und Hefen und sogar ein wenig Koffein.

Die Liste der Heilwirkungen des Kombucha ist beeindruckend: Der Teepilz wirkt entgiftend und entschlackend, aktiviert den Stoffwechsel, vitalisiert und saniert die Darmflora, hemmt Viren und Bakterien und steigert die Leistung von Körper und Geist.

Regelmäßig genossen, so die Legende, soll der Teepilz nicht nur verjüngen, sondern sogar unsterblich machen!

Für 1 l Kombucha-Tee:
1 l Wasser
7–8 EL Zucker
1–2 TL Schwarz- oder Grüntee oder
2 TL Kräutertee (nach Belieben)

1 einwandfreier Kombucha-Pilz mit fertig vergorener Flüssigkeit für den ersten Ansatz
1 Baumwolltuch
1 Gummiring
1 Sieb
1 Trichter
1 Kochtopf aus Edelstahl oder Eisen (nicht aus Aluminium oder Kupfer)

Zubereitung und Anwendung: Das Wasser im Topf erhitzen und während des Erwärmens den Zucker hineingeben und umrühren. Den Topf mit dem kochenden Wasser vom Herd nehmen und die Teekräuter zufügen. Der Tee soll zugedeckt 15 Minuten lang ziehen. Danach abseihen und den Tee abkühlen lassen, bis er lauwarm ist. Nun die Flüssigkeit, in der der Pilz schwimmt, in ein großes Glas geben. Der Boden soll etwa drei Finger hoch bedeckt sein. Den Tee hineinschütten und den Kombucha-Pilz hineinlegen. Die Öffnung des Gärgefäßes mit einem Baumwolltuch abdecken und mit dem Gummiring fixieren. Nun braucht der Pilz einen ruhigen, warmen Ort mit viel frischer Luft, aber ohne direkte Sonnenbestrahlung. Der Kombucha-Tee ist nach acht bis zehn Tagen fertig vergoren. Nehmen Sie den Pilz mit sauberen Händen heraus, spülen Sie ihn unter fließend kaltem Wasser ab, und legen Sie ihn kurz beiseite. Ihr Kombucha-Getränk sieben Sie nun in einen Krug. Er wird im Kühlschrank aufbewahrt. Nun beginnt ein neuer Gärungsprozess. Das Glas zum Ansetzen des Pilzes muss vorher jedoch gründlich mit heißem Wasser ausgespült werden.

Trinken Sie von Ihrem Kombucha-Tee nicht zu viel! Morgens empfiehlt sich auf nüchternen Magen etwa ein achtel Liter (ein kleines Glas), mittags nach dem Essen die gleiche Menge und abends nach dem Essen oder vor dem Schlafengehen noch mal ein kleines Glas. Kinder sollten nicht mehr als einen Viertelliter täglich trinken. Wie bei jedem Naturheilmittel braucht man auch bei der Kombucha-Kur eine Pause. Zur Regeneration der Darmflora oder bei chronischen Leiden empfiehlt sich eine jeweils halbjährliche Kur mit anschließender zweimonatiger Pause.

Zu diesem Rezept: Wenn Sie Kombucha zunächst nur einmal probieren wollen, empfiehlt es sich, ein Fertiggetränk zu kaufen. Man bekommt es direkt vom Kombucha-Lieferanten oder in Reformhäusern und Naturkostläden. Zuckerkranke können dort auch einen Kombucha-Extrakt für Diabetiker beziehen. Ein weiteres interessantes Kombucha-Produkt sind die Kombucha-Tropfen nach Dr. Sklenar, die alle Wirkstoffe in hochdosierter Form enthalten. Man kann sie sehr gut auf Reisen verwenden.

Grüner Tee – das Nationalgetränk Japans

Japaner werden den grünen Tee immer dem schwarzen vorziehen. Ihr Nationalgetränk ist nach Wasser das beliebteste Getränk der Welt – ein Heil- und Genussmittel zugleich. Grüner Tee macht wacher und fördert die Konzentration, putscht aber nicht auf. Die ideale Nervennahrung also für Geistesarbeiter, aber auch für solche, die meditieren.

In Japan hat sich mit der Verbreitung des Zen-Buddhismus auch das Trinken des Grüntees verbreitet. Bis heute ist er ein wichtiger Bestandteil der buddhistischen Zen-Zeremonien.

Die japanische Teezeremonie

Chanoyu heißt eigentlich »heißes Wasser für Tee«, ist aber auch das Wort für die Teezeremonie. Bei diesem japanischen Ritual kommt sehr anschaulich die Lebenskunst des Tao zum Ausdruck. In Japan kann man den *cha-do*, den Teeweg, in Hunderten von Teeschulen lernen. Einzige Bedingung ist die Reisstrohmatte als Unterlage für die Knie. Mit Bedächtigkeit, Achtsamkeit und viel Liebe zum Detail wird nun in Form einer Zeremonie, für die man sich jahrelang ausbilden und üben muss – ein bei uns im Westen belangloser, alltäglicher Akt –, das Zubereiten, Servieren und Trinken von Tee zur meditativen Handlung. Nirgendwo kommt die Lehre des Zen-Buddhismus so deutlich zum Ausdruck: In Liebe, Dankbarkeit und vollkommenem Aufgehen in der Handlung gibt man bei jedem Handgriff sein Bestes und ist in Gedanken ausschließlich bei dem, was man gerade tut. Wenn die Gäste Platz genommen haben, bringt der Gastgeber das Teegerät, manchmal auch ein Weihrauchgefäß. Nach einer kurzen Rast der Gäste und einer Mundspülung zeigen fünf Gongschläge an, dass es Zeit ist, an die Plätze zurückzukehren. Nun präsentiert die Teemeisterin oder der Teemeister die Teeschale aus Ton, in der sich ein Bambuspinsel, ein Tuch und der Teelöffel befinden. Alle Handgriffe sind genau festgelegt: Das Falten des Tuchs, das Halten des Wasserschöpfers, das Ausspülen der Schale mit heißem Wasser, das Öffnen der Teedeckelbüchse, das Abklopfen des Teelöffels. Auch für die Zutaten gibt es klare Regeln: Reines Wasser wird aufgekocht, Teeblätter des Mattcha-Tees (s. S. 71) werden in einem Steinmörser zerkleinert und zu Pulver verarbeitet. Der pulverisierte Mattcha-Tee wird sodann mit einem Bambuslöffel, dem *cha-shaku* in die Tasse gegeben und mit Wasser übergossen, das nach dem Abkochen auf 50 bis 60 Grad abgekühlt ist. Der Bambusbesen, *chasen,* dient zum Umrühren des Teepulvers. Danach folgen der Akt des Zusammentuns und des Sich-entfalten-Lassens, das Umfüllen und das Servieren in ehrfürchtiger Weise mit der damit verbundenen Achtung für die Gäste. Nun wird nach bestimmten Regeln eingeschenkt. Nach gegenseitigen dankbaren Verbeugungen nimmt der Gast die Teeschale und stellt sie auf die linke Handfläche. Auch dieses vorsichtige Drehen der Schale vor dem Trinken, die Demut und Dankbarkeit dem Tee und dem Gastgeber gegenüber sind Teile des Rituals. Es lehrt uns, allen Dingen – Pflanzen, Menschen und auch dem Augenblick – Achtung, Ehrerbietung, Dankbarkeit und Demut entgegenzubringen.

Die wichtigsten Grünteesorten in Japan

Mattcha: Diese edlen, im Schatten wachsenden Teeblätter werden bei der japanischen Teezeremonie verwendet. Matsu bedeutet »das äußerste Ende der Blätter oder Bäume«, *cha* heißt Tee. Man nimmt dafür die Zweige der jüngsten Blätter. Kurz vor dem Verkauf oder der Verwendung wird Mattcha in einer Steinmühle zu feinem Pulver gemahlen, das man in einer Teeschale mit auf 60 Grad abgekühltem Wasser übergießt und mit einem Bambusbesen schaumig rührt (siehe auch »Die japanische Teezeremonie«, Seite 70).

Sencha: Der meistgetrunkene Japantee. Die Blätter werden 30 Sekunden lang gedämpft und dann unter Heißluft getrocknet. Sie sehen aus wie Gras. Senchatee schmeckt leicht bitter und hat eine goldgelbe Farbe. Es gibt ihn in den Qualitätsstufen Superior, Medium und Low.

Gyokuro: Auf Deutsch bedeutet dieser Name »edle Tautropfen«. Es handelt sich um die beste und teuerste Sorte. Das berühmte Aroma des Gyokuro entsteht, weil nur im Mai geerntet wird und nur die zartesten Blätter verwendet werden. Ein kräftiger, goldgrüner Tee. Man gießt ihn mit bis auf 60 Grad abgekühltem Wasser auf.

Bancha: Die niedrigste Qualitätsstufe. Sie wird aus den älteren Blättern des Busches nach dem ersten Schnitt hergestellt. Blätter aus dem ersten Jahr verwendet man für den Ichi-nen Bancha, aus dem zweiten Jahr für den Ni-nen Bancha. Es gibt auch gerösteten Bancha, den Honjicha. Genmaicha wiederum ist Banchatee, dem zur Hälfte geröstete Vollreiskörner beigemischt sind. Bancha regt die Verdauung an.

Kukicha: Gilt in Japan als schlechteste Teesorte, ist aber die gesündeste. Er enthält die Zweige des Teestrauchs, aber keine Blätter. Ein anderer Name dafür ist Zweigtee. Er enthält fast kein Teein und ist deshalb auch für Kinder geeignet. Er muss zehn Minuten in einem Teekessel vor sich hin köcheln und hat gute Heilwirkung bei Blasen- und Nierenleiden, Neurasthenie und Müdigkeit.

Die sieben Regeln zur Zubereitung des grünen Tees

1. Anwärmen: Teekanne mit heißem Wasser füllen und kurz vor dem Eingießen des Tees weggießen.
2. Dosieren: Pro Tasse rechnet man einen gestrichenen Teelöffel. Ab vier oder fünf Tassen gilt: ein Teelöffel zusätzlich für die Kanne.
3. Abgekochtes, auf 60 bis 70 Grad abgekühltes Wasser über die Teeblätter gießen.
   Wichtig: Verwenden Sie möglichst kalkarmes Wasser. Es sollte weniger als zehn deutsche Härtegrade (dH) aufweisen, sonst kann sich der Geschmack des Tees nur ungenügend entfalten.
4. Ziehen lassen: einfachere Sorten nur eine Minute, bessere maximal drei Minuten. Noch längeres Ziehen (vier bis sechs Minuten) macht das Aroma kräftiger und leicht bitter, minimiert aber die anregende Wirkung.
5. Eingießen. Die einzelnen Tassen werden zunächst mit wenig Tee gefüllt, dann gießt man der Reihe nach auf.
6. Trinken: Kenner trinken Grüntee pur. Erlaubt sind aber etwas Zucker und ein Minzeblatt.
7. Mehrmals aufgießen: Die Teeblätter in der Kanne können mindestens zweimal aufgegossen werden. Beim zweiten oder dritten Aufguss lässt man ihn aber nur halb so lang ziehen wie beim ersten.

It's tea-time – besondere Rezepte aus grünem Tee

Grüner Eistee

Ein erfrischendes Sommergetränk für Jung und Alt in West und Ost.

Für ½ l Tee:
2–3 TL Grüntee nach Wahl
¼ Zimtstange
1 TL Honig
½ TL Zitronensaft
einige Tropfen Angostura-Bitter
½ l Wasser

Zubereitung und Anwendung: Den Grüntee und die Zimtstange mit nicht mehr kochendem Wasser übergießen, ziehen lassen und nach etwa drei Minuten absieben, dann den Honig, den Zitronensaft und das Angostura hinzugeben, umrühren und kalt stellen.

Grünteekekse

Wenn Sie einmal etwas Besonderes zum Tee servieren wollen: Grünteekekse sind ein geschmacklich idealer Begleiter, weil sie das Aroma des Tees harmonisch ergänzen.

350 g Weizenmehl
3 TL Backpulver
1 TL Salz
60 g brauner Zucker
50 g Butter
2 Eier
100 ml starker Grüntee
(aus etwa 3 g Grüntee)

Zubereitung und Anwendung: Das Mehl mit dem Backpulver, dem Salz und 50 Gramm Zucker mischen, dann die Butter und die mit dem Tee verquirlten Eier dazugeben (etwas Tee zum Bepinseln aufheben) und zu einem glatten Teig rühren. Den Teig etwa einen Zentimeter dick ausrollen und Quadrate von sechs bis acht Zentimetern ausschneiden, die man locker zu einem Dreieck zusammenklappt. Die Teigstücke auf ein mit Backpapier ausgelegtes Blech legen, dann mit Grüntee bepinseln und den Rest des braunen Zuckers daraufstreuen. Im auf 180 °C vorgeheizten Backofen etwa 25 Minuten lang backen und noch warm zum Tee reichen.

Tamari-Bancha

Eine für Europäer ungewöhnliche, aber besonders gesunde Variante: Hier wird Grüntee einmal mit salzigem Geschmack kombiniert. Die Japaner trinken den *sho-ban,* wie der Tee auch genannt wird, zur allgemeinen Stärkung und Erfrischung. Beide Bestandteile, nämlich Sojasauce und Banchatee, wirken auch gegen die bei uns so häufige Übersäuerung des Blutes. Ein Segen ist der *sho-ban* für Menschen, die häufig einen sauren Magen und entsprechende Magenbeschwerden haben. Selbst bei Bauchschmerzen und Blähungen soll das Rezept helfen.

1 Tasse heißen Banchatee
1–2 TL Tamari-Sojasauce
evtl. eine Prise Ingwerpulver

Zubereitung und Anwendung: Die Tamari-Sojasauce in eine Tasse geben und mit heißem Banchatee auffüllen, umrühren und sofort trinken. Sie können am Tag ohne Bedenken zwei Tassen trinken, nach spätestens vier Tagen sollten Sie jedoch eine Pause einlegen. Wenn Sie speziell Magen- und Darmprobleme behandeln wollen, empfiehlt sich zusätzlich eine Prise Ingwerpulver.

Indien

Die köstlichen Heilmittel des Ayurveda

Der Begriff Ayurveda entstammt dem Sanskrit und setzt sich aus den Silben *ayur* (Leben) und *veda* (Wissen) zusammen. Die etwa 2500 v. Chr. entstandene indische Volksmedizin versteht sich also als das Wissen vom Leben. Neben der Erhaltung und Förderung von Gesundheit, die nach ihrem Verständnis in der Verantwortung des Einzelnen liegt, versucht die ayurvedische Lehre, ein spirituelles Bewusstsein zu fördern und zur Suche nach dem tieferen Sinn des Lebens anzuregen. Krankheit wird als Unausgewogenheit betrachtet. Um das Gleichgewicht wiederherzustellen, wird der ganze Mensch auf geistiger, körperlicher und seelischer Ebene behandelt. Ayurvedische Medizin setzt Kräuter und bestimmte Nahrungsmittel ein, die Behandlung umfasst aber auch Massagen mit pflanzlichen Ölen und heißem, stark duftendem Weihrauch. Auch die Farblehre ist Teil des Ayurveda, außerdem betrachtet man Meditation und körperliche Betätigung als »Heilmittel« im ganzheitlichen Sinn.

Die drei Doshas

Grundlage der ayurvedischen Lehre ist die Idee der drei »Unvollkommenheiten«, der Doshas: Vata, Pitta und Kapha. Der

Vata-Typ entspricht in etwa dem Melancholiker, Pitta dem Choleriker, Kapha dem Phlegmatiker. Alle drei Doshas leiten sich aus den fünf Naturelementen Erde, Wasser, Feuer, Luft und Raum (Äther) ab. Luft und Äther führen zu Vata (Wind), Feuer produziert Pitta (Feuer oder Galle), Erde und Wasser machen Kapha (Schleim). So wird zum Beispiel ein gesundheitliches Problem, das auf übermäßigen Schleim zurückzuführen ist, wie etwa Husten oder Wasseransammlung im Gewebe, mit warmer, leichter und trockener Nahrung, einer Fastenkur und der Vermeidung kalter Getränke kuriert.

Die verschiedenen Geschmacksrichtungen

Eine wichtige Rolle spielt in der ayurvedischen Medizin der Geschmack der Heilkräuter und Nahrungsmittel. Man unterscheidet insgesamt sechs Geschmacksrichtungen: neben süß und salzig auch noch scharf, sauer, zusammenziehend (adstringierend) und bitter. Diese Geschmacksrichtungen führen im Körper zu einer Vermehrung oder Verringerung der drei Doshas. Einseitige Nahrungsaufnahme führt zu Ungleichgewicht und Krankheit, deshalb sollte die optimale Ernährung aus einer Mischung aller Geschmacksrichtungen bestehen. Bei Störungen wiederum muss man Substanzen mit bestimmten Geschmacksrichtungen vermehrt zuführen, um wieder die richtige Balance herzustellen.

Die Einteilung der Nahrungsmittel

Zu den süßen Nahrungsmitteln gehören zum Beispiel Süßkartoffeln, Reis und Cashewnüsse. Diese auch als *madhura* bezeichnete Geschmacksrichtung fördert angeblich die Bildung von Körpersäften, etwa von Samenflüssigkeit und Milch. Als sinnvoll gelten diese Nahrungsmittel bei pittabezogenen Problemen, wie etwa Vergiftungserscheinungen. Menschen mit einer Überbetonung von Kapha hingegen, die zu Erkältung und rheumatischen Beschwerden neigen, sollten diese Nahrungsmittel eher meiden.

Die sauren Nahrungsmittel *(amla)*, wie Zitrone und Spinat, verringern Vata und erhöhen Kapha und Pitta. Sie stimulieren die Verdauung und stärken bei Schwäche.

Salzig heißt in der Ayurvedasprache *lavana.* Zu dieser Geschmacksrichtung zählen Mineralsalze oder Seetang. Beide erhöhen Pitta und Kapha. Salz hält Flüssigkeit im Körper zurück und bindet Toxine. Man isst diese Nahrungsmittel zur Lösung von Schleim.

Als scharfer oder *katu*-Geschmack gelten Meerrettich, Basilikum und Nelken, die Vata und Pitta erhöhen und Kapha verringern. Diese Mittel stimulieren und wärmen und werden bei Erkältung, Lethargie und Depression verwendet.

Von bitterem Geschmack, auch *tikta* genannt, sind Chicorée, Gelbwurzel und Artischocke: Sie erhöhen das Vata und verringern Pitta und Kapha. Ihre Wirkung: Sie stimulieren die Verdauung, absorbieren Schleim und entziehen dem Körper dadurch die »Feuergifte«. Gut wirken Nahrungsmittel dieser Geschmacksrichtung bei Fieber und Hautkrankheiten.

Adstringierende Mittel (*kasaya*-Geschmack) sind zum Beispiel Salbei, Heidelbeeren und getrocknete Erdbeerblätter. Sie gelten als leicht, kalt und trocken, erhöhen das Vata und verringern Pitta und Kapha. Man nimmt diese Mittel bei Durchfall und zu starker Menstruation.

Die Lehre von den Chakren

Die Chakrenlehre spielt auch im Ayurveda eine wichtige Rolle. Das Wort *chakra* bedeutet so viel wie Rad oder Energiewirbel. Gemeint ist damit ein feinstoffliches Kraftzentrum, das alle wichtigen Körperfunktionen, Organe und Drüsen steuert. Insgesamt hat der menschliche Körper sieben solcher Energiezentren. Chakren werden in der ayurvedischen Medizin stimuliert, indem man bestimmte Kräuter oder deren ätherische Öle direkt an den Energiezentren anbringt oder andere Kräuter innerlich anwendet.

Harmonisieren lassen sich die Chakren durch die vielfältigen Behandlungsformen des Ayurveda: Massagen, Ernährung, Bewegung und Entspannung, aber eben auch mit Farben, Gesängen und Reinigungsritualen. Auch immunstärkende Pflanzen wie Ashwagandha, Shatavari oder Guduchi können die Lebenskraft stärken. In der westlichen Medizin wird *ojas* mit dem Immunsystem oder den Selbstheilungskräften des Körpers assoziiert.

Hier die einzelnen Chakren und die Organe und Kräuter, die ihnen zugeordnet werden:

- Scheitelchakra – Organ: Epiphyse;
  Kräuter: Gotu kola, Muskat
- Stirnchakra – Organ: Hypophyse;
  Kräuter: Sandelbaum, Alant
- Halschakra – Organ: Schilddrüse;
  Kräuter: Nelke, Eisenkraut
- Herzchakra – Organ: Thymusdrüse, Herz;
  Kräuter: Safran, Rose

Die ganze Fülle indischer Gewürze auf einen Blick: Sternanis, Süßholz, Kardamom, Piment, schwarzer Pfeffer, Nelken und vieles mehr.

- Solarplexuschakra – Organ: Leber, Nebenniere; Kräuter: Gelbwurzel, Zitronenmelisse
- Sakralchakra – Organ: Hoden, Eierstöcke; Kräuter: Koriander, Fenchel
- Wurzelchakra – Organ: Uterus, Prostata; Kräuter: Ashwagandha, Haritaki

Wenn alle diese sich schnell drehenden Energiewirbel fein aufeinander abgestimmt sind, kann die Lebensenergie (*ojas*) frei durch den Körper fließen. Wird einer der Energiewirbel langsamer und behindert oder blockiert den Fluss der Energie, entsteht Krankheit, und Alterung oder körperlicher Verfall werden beschleunigt. Ein solcher Prozess kann sich schon durch Unwohlsein oder eine Befindlichkeitsstörung bemerkbar machen.

Die wichtigsten Kräuter und Gewürze der ayurvedischen Medizin

ASHWAGANDHA

Withania omnifera

Im Deutschen ist Ashwagandha als Winterkirsche bekannt. Die Pflanze gilt als sehr wichtiges Heilmittel der ayurvedischen Medizin. Indische Ärzte schätzen sie, ähnlich wie die Chinesen ihren Ginseng, wobei Ashwagandha aber wesentlich preiswerter zu haben ist. Wie auch beim Ginseng, wird vor allem die immunstärkende, aufbauende Kraft des Ashwagandha gerühmt, und auch hier verwendet man ausschließlich die Wurzel der Pflanze. Als bekanntes allgemeines Aphrodisiakum und Verjüngungsmittel hilft es bei Erschöpfung und Gewebeschwäche.

Schwächliche Kinder, ältere Menschen und von langer Krankheit genesende Menschen profitieren von der vitalisierenden Kraft der Pflanze, aber auch Menschen, die unter Stress, Überarbeitung und nervöser Erschöpfung leiden und schlecht schlafen.

Weitere Anwendungsgebiete sind Konzentrationsschwäche, Rheumatismus, Hautprobleme, Anämie, Muskelschwund, Rückenprobleme und sogar multiple Sklerose. Getrunken wird Ashwagandha meist als mit Honig gesüßter Milchabsud. Besonders in dieser Zubereitung soll die Wurzel den Alterungsprozess verzögern und die Stoffwechselvorgänge im Körper anregen. Auf den Geist wirkt die Pflanze beruhigend und befreiend. Eine besondere Verbindung aber hat Ashwagandha zu den weiblichen und männlichen Fortpflanzungsorganen. Frauen nehmen dieses natürliche Stärkungsmittel zur besseren Empfängnisbereitschaft und in der Schwangerschaft, um den Embryo zu stabilisieren. Männern hilft das Aphrodisiakum bei sexueller Schwäche, bei Zeugungsunfähigkeit aufgrund zu geringer Spermienzahl und bei Impotenz.

BOCKSHORNKLEE

Trigonella foenum-graecum

Der bei uns auch als Griechisch Heu bekannte Bockshornklee gehört zu den ältesten weltweit bekannten Heilkräutern. Der Ayurveda empfiehlt die Blätter und den Samen des *methi* genannten Bockshornklees. Die Blätter werden getrocknet und in Butterfett (Ghee) geröstet, dann zermahlen und als

Gewürz benutzt. Der Samen ist ein Tonikum bei Schwäche, Stress-Symptomen und nach Krankheit. Die sehr angenehm schmeckenden Sprossen helfen bei Problemen mit der Verdauung, bei Leberschwäche und Energiemangel.

Ein Rezept für angegriffene Nerven: Einen Teelöffel der Samen zusammen mit einer Tasse Milch aufkochen, abseihen und trinken.

INGWER

Zingiber officinale

Die Heilwirkung von Ingwer ist geradezu legendär und wird in vielen Medizinkulturen weltweit geschätzt. So ist die Wurzelknolle nicht nur Bestandteil der indischen, sondern auch der chinesischen Volksheilkunde. Auch im Westen benutzt man Ingwer seit über zweitausend Jahren zu Heilzwecken. Heute wird die aus Ostasien stammende Heilwurzel in tropischen Gebieten wie Westindien oder Westafrika angebaut. Durch ihre heißen und trockenen Eigenschaften ist die Ingwerwurzel ein gutes Mittel zur Erwärmung des Magens und bei Erkältungen. Weitere Wirkungen: kreislaufanregend, entspannend auf die peripheren Blutgefäße, schweißtreibend, schleim- und krampflösend, entblähend, antiseptisch. Die westliche Medizin nutzt Ingwer seit einigen Jahren als sanftes Naturheilmittel gegen Übelkeit, zum Beispiel zu Beginn der Schwangerschaft und speziell gegen Reisekrankheit. Hierzu werden aus der getrockneten Wurzel Kapseln hergestellt. In der chinesischen Medizin benutzt man Ingwer, um die Giftigkeit mancher Kräuter zu mildern.

KARDAMOM

Elettaria cardamomum

Die Königin der Gewürze stammt aus Sri Lanka, Burma und Indien. In der ayurvedischen Küche benutzt man Kardamom meist zusammen mit Nelken, Ingwer, Gelbwurzel und Zimt. Diese Gewürzkombination findet sich in vielen ayurvedischen Tees. Der wunderbare Duft der Kardamomfrucht, der uns an Weihnachtsgebäck erinnert, verleiht geistige Klarheit und Freude, und als Gewürz regt Kardamom in erster Linie die Verdauung an, hilft gegen Blähungen und Appetitmangel und kräftigt das Herz. Nach dem Essen pur gekaut, fördern die Samen die Verarbeitung der Speisen und sorgen für frischen Atem. Die ayurvedische Medizin nutzt die aromatische Kapsel auch zur Behandlung verschleimter Bronchien und Nasennebenhöhlen. In den arabischen Ländern und in Indien kocht man Kaffee und Schwarztee zusammen mit Kardamom auf, um die negativen Begleiterscheinungen des Koffeins zu reduzieren und eine aromatische Geschmacksnuance hinzuzufügen.

LANGKORNPFEFFER

Piper longum

Diese Gewürzpflanze stammt aus Südindien und Sri Lanka und hat den Sanskritnamen *pipali.* Im Aroma ist der Langkornpfeffer dem Ingwer ähnlich. Die ayurvedische Küche verwendet *pipali* in Gemüsegerichten, Chutneys und Salaten mit kühlenden Eigenschaften – zum Beispiel aus Gurken. Aus medizinischer Sicht regt Langkornpfeffer die Verdauung an und reduziert *ama,* die schädlichen Schlackenstoffe im Körper. Langkornpfeffer wird in der Ayurvedamedizin auch eingesetzt, um Kapha und Vata auszugleichen und um bei Bronchialkatarrh den Schleim zu lösen.

MANDELN

Amygdali amarae semen und *A. dulcis semen*

Wie der botanische Name andeutet, unterscheidet man zwischen Süß- und Bittermandeln. Der Mandelbaum (*Amygdalus communis*) wächst auch in Indien. Sowohl aus der europäischen wie auch aus der ayurvedischen Küche sind Mandeln kaum wegzudenken. Die süße Sorte ist ein Klassiker als Zutat bei Süßspeisen, Kuchen und Gebäck; doch auch in Salatsaucen und Gemüsegerichten sind sie ein ausgezeichnetes Highlight. Gewürzwirkung haben aber nur die Bittermandeln. Mandelöl enthält allerdings giftige Blausäure und darf deshalb nur sparsam verwendet werden. Aus medizinischer Sicht sind Mandeln eine ausgezeichnete Nervennahrung. Ayurvedische Ärzte setzen sie ein, um Vata zu beruhigen und die psychische Belastbarkeit zu erhöhen. Bei nervenstärkenden Körpermassagen ist Mandelöl ein gutes Hautöl.

NELKEN

Eugenia caryophyllata

Zu der Zeit, als Gewürze in Europa noch unerschwinglich teuer waren, galten die Nelken als Wunderheilmittel. Nelken sind die von Hand gepflückten und anschließend getrockneten Blütenknospen des Nelkenbaums (*Syzygium aromaticum*), der ursprünglich auf den Molukken wuchs, dann aber nach China und Indien exportiert wurde. Heute wird der immergrüne, bis zu zehn Meter hohe Baum in vielen tropischen Ländern kultiviert. Ihr aromatischer Duft und ihr feurigwürziger Geschmack macht Nelken in vielen Küchen der Welt zum besonderen Würzmittel. Hervorragend kombinieren lassen sie sich übrigens mit Kümmel, Basilikum, Kardamom, Paprika und Ingwer. Eine besondere Bedeutung hat das ätherische Nelkenöl. Das darin enthaltene Eugenol hat stark antiseptische und schmerzstillende Wirkung und wird in der Zahnheilkunde eingesetzt.

SCHWARZER PFEFFER

Piper nigrum

In seiner indischen Heimat wurde der schwarze Pfeffer schon vor über dreitausend Jahren erwähnt. Ursprünglich in den feuchtwarmen Wäldern Asiens beheimatet, wächst die Pfefferpflanze heute hauptsächlich in Indien, auf Sri Lanka, in Südostasien, aber auch in Brasilien. Der immergrüne Kletterstrauch rankt sich bis in eine Höhe von neun Metern empor. Aus den Blüten entwickeln sich die einsamigen Beerenfrüchte. Ganz, zerstoßen, grob oder fein gemahlen werden Pfefferkörner heute in fast allen Ländern der Erde in Küche und Heilkunde verwendet. Die feurige Wirkung des schwarzen Pfeffers fördert in erster Linie die Verdauung. In ayurvedischen Medikamenten wird schwarzer Pfeffer gerne zusammen mit Ingwer und Langkornpfeffer eingesetzt. Im Ayurvedischen heißt diese Gewürzmischung *trikatu* – dreifache Schärfe.

SENFKÖRNER

Semen sinapis alba und *nigra*

Es gibt weißen und schwarzen Senf. Alle Sorten werden als Gewürz und zur Erzeugung von Senf verwendet. Ganze Senfkörner fügt man zum Beispiel Essiggemüse zu. Hauptsächlich aber kommen sie gemahlen zur Anwendung – größtenteils für die verschiedenen Senfsorten, aber auch zusammen mit Essig für appetitanregende und verdauungsfördernde Produkte, mit denen viele Wurst- und Fleischsorten gewürzt werden. Schwarzer Senf ist schärfer als weißer. In der Naturheilkunde nutzt man beide Sorten als stark hautreizende Einreibemittel bei rheumatischen Beschwerden.

SHATAVARI
Asparagus racemosus
Für Frauen ist Shatavari eines der wichtigsten Verjüngungsmittel der ayurvedischen Heilkunde. Zu diesem Zweck wird aus der Wurzel der Pflanze zusammen mit Ghee, Rohrzucker und Honig ein Milchsud hergestellt. Die beruhigende, gleichzeitig stärkende, harn- und milchtreibende sowie schleimlösende Wirkung der Wurzel beeinflusst vor allem die weiblichen Sexualorgane.

Seit vielen Jahrhunderten setzt man Shatavari bei allen Frauenbeschwerden ein – von Libidoschwäche über Unfruchtbarkeit bis hin zu Hormonstörungen oder mangelndem Milchfluss beim Stillen. Wegen ihrer hormonanregenden Substanzen ist die Shatavariwurzel auch ein hervorragendes pflanzliches Heilmittel gegen Wechseljahrsbeschwerden. Schon der Name – Shatavari bedeutet: »die hundert Männer besitzt« – lässt ahnen, dass die Wirkung der Pflanze vor allem den Unterleib betrifft.

Beim Mann wirkt die indische »Liebeswurzel«, indem sie angeblich die Samenproduktion anregt. Shatavari hilft aber auch bei Gastritis und Magengeschwüren, übermäßiger Säureproduktion sowie Durchfall und Ruhr. Auch Schleimhautreizungen in den Harn- und Atemwegen reagieren positiv auf Shatavari-Wirkstoffe. Weil sie so nährstoffreich ist und zugleich entgiftet, wird die Pflanze darüber hinaus in der Rekonvaleszenz und bei Fieber verwendet.

Die wohlschmeckendsten Teerezepte aus dem Ayurveda

Flower-Power-Yogitee

Zwar ist dieser klassische Yogitee nach uralten ayurvedischen Prinzipien zusammengestellt, entwickelt wurde er aber in Kalifornien zu Beginn der Flower-Power-Bewegung. Erfinder ist der indische Yogi Bhajan, ein spiritueller Lehrer, der damals als Yogadozent an der kalifornischen Universität unterrichtete. Yogi Bhajan ersann die Mixtur 1967 speziell für die von Indien inspirierten amerikanischen Blumenkinder, die reihenweise anfingen, Yoga zu praktizieren. Anfangs wurde der »Tee vom Yogi« vor allem in den Yogazentren getrunken, die damals wie Pilze aus dem Boden schossen. Da die Blumenkinder der sechziger und siebziger Jahre fast alle Drogenerfahrung hatten, trägt die Rezeptur auch diesem Umstand Rechnung: Sie hat neben einer stark kräftigenden auch eine entgiftende Wirkung.

Heute gibt es den inzwischen patentierten Yogitee in allen Reformhäusern und Naturkostläden fertig gemixt zu kaufen (Versandadressen im hinteren Teil des Buches). Man kann ihn aber nach wie vor auch selbst herstellen.

Für 1 Tasse:
Samen von 4 grünen Kardamomkapseln
4 ganze, schwarze Pfefferkörner
3 ganze Nelkenköpfe
½ Zimtstange
1 Scheibe Ingwerwurzel
1 Prise schwarzen Tee
280 ml Wasser
1 Schuss Milch

Zubereitung und Anwendung: Die Gewürze in einer Steinschüssel mit einem Mörser zermahlen und in einen Topf geben. 280 Milliliter heißes Wasser hineingießen und 20 Minuten lang kochen lassen. Dann eine kleine Prise schwarzen Tee und einen guten Schuss Milch hinzufügen und das Ganze kurz aufkochen. Mit etwas Honig oder Rohrohrzucker süßen. Dieses Originalrezept schmeckt nicht nur gut, es stärkt auch die Nerven und hellt die Stimmung auf. Trotzdem bleibt man mit den Füßen auf dem Boden. Trinken Sie den Tee, wenn Sie sich müde oder depressiv fühlen oder wenn sich eine Erkältung ankündigt. Insgesamt ist der Yogitee ein ausgesprochen energiespendender und immunstärkender Wintertee. Nach einer durchzechten Nacht hilft er, die Gifte schneller auszuscheiden.

Zu diesem Rezept: Im alten Indien ist der Yogitee ein klassischer Gewürztee. Schwarzer Tee war kein Bestandteil dieses Volksgetränks. Yogi Bhajan fügte jedoch eine Prise Schwarztee als Katalysator hinzu: Der abkühlende schwarze Tee mildert die erhitzende Wirkung der Gewürze; schwarzer Pfeffer reinigt das Blut, Kardamom kurbelt die Verdauung an, und Milch nimmt den Gewürzen die Schärfe.

Im Mittelalter, als weder Heizung noch elektrisches Licht die Wintermonate erwärmen oder erhellen konnten, waren die feurigen Gewürze aus dem Fernen Osten hochbegehrte Mittel gegen die verbreitete Winterdepression. Im kalten Mitteleuropa wusste man sehr gut, dass die unter orientalischer Sonne gereiften Gewürze glückliche Zustände evozieren. Nicht umsonst wurden sie mit purem Gold aufgewogen. Auch Kolumbus wollte bei seiner Entdeckungsreise nach Amerika ja ursprünglich nach Indien, um genau diese Gewürze zu beschaffen. Bis heute ist die antidepressive Wirkung der Zutaten des Yogitees ein fester Bestandteil der winterlich-traditionellen Nürnberger »Leb-«kuchen.

Goldene Milch

Dieses goldgelbe Milchgetränk ist ein wahrer Segen für alle Yogaübenden, die vom Dehnen und Strecken der Sehnen immer wieder Gelenkschmerzen bekommen. Menschen, die wegen ihrer Beschwerden schon ihr geliebtes Yoga aufgeben wollten, konnten mit Hilfe ihrer »Golden milk« weitermachen.

Für ½ l Getränk:
1 EL Gelbwurzelpulver (Kurkuma)
½ l Milch
¼ l Wasser

Zubereitung und Anwendung: Das Gelbwurzelpulver wird in einen Topf mit einem Viertelliter kochendem Wasser gegeben und acht Minuten lang geköchelt.

Achtung: Bei dieser Prozedur entsteht leicht eine dicke

Paste, die anbrennen kann. Sie sollten sich also nicht von der Kochstelle entfernen und immer wieder mit einem Schneebesen umrühren. Danach einen halben Liter Milch dazugeben und unter weiterem Umrühren alles nochmals kurz aufkochen. Am Schluss mit Honig oder Rohrohrzucker süßen. Trinken Sie die Goldene Milch an Tagen, an denen Sie Ihre Übungen machen. Auch wenn Sie keine Schmerzen haben, ist dieses Getränk ein ausgezeichneter Gelenkschutz.

Zu diesem Rezept: Golden-Milk-Tee wirkt Wunder bei allen Beschwerden durch zu stark beanspruchte Gelenke. Auch professionelle Balletttänzerinnen und -tänzer oder Artisten und Akrobaten sollten ihn probieren. Die durch das Kochen vorverdaute Gelbwurzel kann in dieser Form sehr gut vom Körper aufgenommen werden.

Ingwer-Frauentee

Ein äußerst heilsames Universalgetränk für alle weiblichen Unterleibsorgane und den Darm, aber auch für gestresste Nerven und zur Anregung des Kreislaufs.

1 daumengroße Ingwerknolle
½ l Wasser
ca. ¼ l Milch

Zubereitung und Anwendung: Die Ingwerknolle dünn schälen und entweder in kleine Stücke schneiden oder raspeln. Zusammen mit dem Wasser kurz aufkochen und etwa 20 Minuten lang auf kleiner Flamme köcheln lassen. Nun je nach Geschmack bis zu einem Viertelliter Milch dazugeben. Damit sich die Milch gut mit dem Tee verbindet, das Ganze nochmals kurz aufkochen und am Schluss mit Rohrohrzucker süßen. Ingwertee trinkt man in kleinen Schlucken den ganzen Tag über – im Grunde immer dann, wenn man ihn braucht. Morgens und nach dem Essen regt er die Verdauung an, an kalten Winternachmittagen wärmt er auf und schützt vor Erkältung. Viele Frauen wenden den Tee nach Fehlgeburten oder Unterleibsoperationen kurmäßig an, um die Heilung der Gebärmutter zu fördern.

Zu diesem Rezept: Die kreislaufanregende und durchblutungsfördernde Wirkung des Ingwertees hilft gegen viele Beschwerden der Geschlechts- und Verdauungsorgane. Bei Blähungen kann man der Mischung eine Prise Zimt hinzufügen. Mäßigung und geringere Dosen Ingwer sind allerdings bei Magengeschwüren angesagt, wenn der Magen schon übermäßig angeregt ist. Auch zu Beginn der Schwangerschaft sollten Sie mit Ingwer wegen seiner durchblutungsfördernden Wirkung auf den Unterleib vorsichtig sein. In Maßen getrunken, ist er allerdings ein gutes Heilmittel bei morgendlicher Übelkeit.

Jalaa Jeera

Die Bezeichnung dieses Tees spricht sich »Dschallah Dschierah« aus, und er ist ein äußerst wirkungsvoller ayurvedischer Schlankheitstee. Die Zutatenmischung baut aber nicht nur überschüssiges Fett im Körper ab, sondern hat auch eine sehr stark reinigende Wirkung auf den ganzen Organismus. Im Gegensatz zu vielen chinesischen »Weight-loss-Tees« enthält Jalaa Jeera keine Sennesfrüchte oder -blätter, hat also nicht die stark abführende Wirkung auf den Darm. Gleichwohl rei-

nigen die Zutaten aber die Darmschleimhäute und regen damit die Darmfunktion an. Auch die Reinheit der Haut soll sich durch den Genuss dieses Tees verbessern. Obendrein ist er eine reichhaltige Vitamin-C-Quelle.

Für 1 ½ l Tee:
½ – ¾ Tasse frische oder getrocknete Minzeblätter
450 g Cuminsamen (Kreuzkümmel)
30 g frische oder gefrorene Tamarinde
½ TL Steinsalz (auch Black Salt)
8 Zitronen aus biologischem Anbau
1 TL frisch gemahlener schwarzer Pfeffer
1 ½ l Wasser

Zubereitung und Anwendung: Die Zitronen vierteln und alle Zutaten in einem Topf mit dem Wasser zum Kochen bringen.

Das Ganze auf kleinster Flamme etwa vier bis fünf Stunden lang vor sich hin köcheln lassen. Die lange Kochzeit wird benötigt, um den Extrakt aus dem Cuminsamen zu lösen. Danach die Kräuter absieben, aber nicht wegwerfen. Die Gewürze können für weitere Teeaufgüsse verwendet werden. Nur die Zitronen sollten dafür jeweils neu ersetzt werden. Den Jalaa Jeera kann man heiß oder kalt trinken und bis zu einer Woche im Kühlschrank aufbewahren. Um abzunehmen, sollte man zwei bis drei Tassen davon über den Tag verteilt trinken. Gut eignet sich der Tee auch als Zusatz während einer Schlankheitsdiät.

Krafttrunk für Männer

In Indien ist dieses Rezept als »Potency Potion« bekannt, als potenzsteigerndes Mittel also, das die Sexualenergie ausgleicht und bei Impotenz wirken soll. Insgesamt tut das wohlschmeckende Milchgetränk aber dem ganzen Nervensystem des Mannes gut.

Für 1 Tasse:
6 geschälte Mandeln
3 zerkleinerte Kardamomsamen
½ TL Honig
1 Tasse Milch

Zubereitung und Anwendung: Alle Zutaten in einen Mixer geben und so lange rühren, bis alles cremig ist. Damit die Wirkstoffe gut und vollständig vom Körper aufgenommen und verarbeitet werden können, sollte man nach diesem Potenztrunk vier Stunden lang nichts essen. Trinken Sie eine Tasse davon bei Bedarf.

Carob Delight

Die »Delights« (deutsch: Freude oder Entzücken) der ayurvedischen Küche sind geschmackliche Köstlichkeiten, die zugleich den Körper auf ganz gesunde Weise nähren, stärken und pflegen. Der Geschmack dieses Carob Delights ist ebenso ausgewogen wie die Zutaten. Dieses ausgesprochen leckere Getränk schmeckt Kindern ebenso gut wie Erwachsenen.

Für 3–4 Personen:
8–10 ganze, grüne Kardamomsamen
2 Tassen Wasser
2 ½ Tassen Milch
¼ Tasse Karobpulver
etwas Honig oder Rohrohrzucker

Zubereitung und Anwendung: Die Kardamomsamen werden mit dem Mörser zerstampft und dann in dem Wasser zehn Minuten gekocht. Nun geben Sie etwa ein Viertel des Kardamomwassers in eine Tasse und vermischen es mit dem Karobpulver zu einer Paste. Geben Sie erst das verbleibende Kardamomwasser hinzu und dann die Milch. Bringen Sie das Ganze zum Kochen. Lassen Sie es abkühlen, und sieben Sie es dann ab. Mit Honig oder Rohrohrzucker süßen.

Zu diesem Rezept: Dieses Rezept entstammt der Tradition der Golden-Temple-Mahlzeiten. Der Goldene Tempel, das Heiligtum der Sikhs, steht in der nordindischen Stadt Amritsar im Staat Punjab. Es ist Tradition, dass vor den Toren dieses Tempels ein *langar* verteilt wird – ein kostenloses Essen für die Armen. Etwa zehntausend Mahlzeiten werden dort jeden Tag ausgegeben. Inspiriert von den Rezepten des *langar*, haben in den siebziger und achtziger Jahren im Zuge der großen Indienwelle in Amerika und Europa einige Golden-Temple-Restaurants eröffnet, in denen nicht nur Speisen, sondern auch Tee für die Armen verteilt wurde.

Ayurveda-Rash-Tee

Dies ist ein ganz besonderer Gewürz- und Bergkräutertee aus dem nepalesischen Teil des Himalaja. Die Einheimischen trinken den *rash* als wärmendes, stärkendes Getränk besonders in den kalten Monaten. Bestandteile sind zum Beispiel Zucker-

gras, die Rinde der Himalajazeder und des Zimtbaums, Gewürznelken, Kardamom, Malven, Moosrosenblüten und das weiße Basilienkraut. Die Mischung gibt es fertig zu kaufen.

½ l Wasser
½ l Milch
1 TL Ayurveda Rash

Zubereitung und Anwendung: Das Wasser mit der Milch in einem Topf zum Kochen bringen, dann den Ayurveda Rash hinzufügen. Etwa fünf bis zehn Minuten köcheln lassen, dann absieben. Nach Belieben mit Honig oder Rohrohrzucker süßen. Trinken Sie den Tee im Winter, zum Beispiel nach einem langen Spaziergang.

Dattelmilch

Dieses sehr nährende, aufbauende Vitalgetränk wird nicht nur von den Indern, sondern auch in Arabien geschätzt. Von Datteln sagt man, dass sie die Jugend erhalten.

6 frische Datteln
250 ml Milch

Zubereitung und Anwendung: Die Datteln halbieren und entkernen. Anschließend mit der Milch etwa 20 Minuten lang leicht simmern lassen, dann durch ein Sieb abgießen. Trinken Sie eine Tasse nach Bedarf.

Tibet

Heilkraft und Philosophie vom Dach der Welt

Die tibetische Medizin ist eines der ältesten ganzheitlichen Medizinsysteme der Welt. Der Wissensschatz von den Schneebergen, dem magischen Dach der Welt, fasziniert seit einigen Jahren nicht nur die wachsende Anhängerschar des Buddhismus in aller Welt, sondern auch die Ärzte, Pflanzen- und Arzneiforscher des Abendlandes.

Dem als Gottkönig verehrten religiösen Oberhaupt Tibets, dem 14. Dalai Lama, ist es zu verdanken, dass das alte Wissen des Himalajavolkes nicht völlig untergegangen ist. Als die chinesische Volksbefreiungsarmee im Oktober 1950 unter Mao Tse-tung in Tibet einfiel, wurde mit den alten Klosteruniversitäten über Jahrtausende gesammeltes und dokumentiertes Material vernichtet. Doch der 14. Dalai Lama floh im Jahr 1959 ins nordindische Exil nach Dharamsala und mit ihm etwa 90 000 Tibeter, die sich zum größten Teil in Indien oder Nepal niederließen. Damit konnte ein großer Teil des tibetischen Heilwissens gerettet und in der Welt verbreitet werden. Schon 1961, zwei Jahre nach seiner Flucht, gründete der 14. Dalai Lama in Dharamsala eine Medizinschule, das Tibetan Medical and Astrological Institute. Das heutige Men-tsee-Khang umfasst neben den Lehranstalten auch ein Krankenhaus, eine Heilambulanz, eine Apotheke und eine Manufaktur zur Herstellung tibetischer Arzneimittel. Es unterhält Filialen in ganz Indien und Nepal. Eine tibetische Zweigstelle des Men-tsee-Khang mit ständig anwesendem tibetischem Arzt und angeschlossener Apotheke gibt es sogar in Amsterdam.

Auch im chinesisch besetzten Tibet hat sich in den letzten Jahren ein Wandel vollzogen. Durch ihre belegte Wirksamkeit scheint die tibetische Medizin für die regierende chinesische Staatsmacht wieder akzeptabel geworden zu sein. So gelang es einem der großen zeitgenössischen Gelehrten der tibetischen Medizin, Professor Khenpo Troru Tsenam, eines der wenigen nicht zerstörten Institute, das Astro-Medizinische Institut (Men-tsee-Khang) im tibetischen Lhasa, wieder aufzubauen und zu neuer Blüte zu führen. Heute ist das Men-tsee-Khang ein großes Lehrkrankenhaus mit angeschlossener Produktionsstätte für tibetische Medikamente. Allerdings wird in China der Lehrplan der angehenden Ärzte staatlich genau überwacht und die akademische Freiheit stark eingeschränkt.

Der Umsicht der großen buddhistischen Mönchsärzte wie Troru Tsenam und Tenzin Choedrak ist es auch zu verdanken, dass sich das alte tibetische Heilwissen inzwischen auf intelligente Weise den modernen Anforderungen angepasst hat. Die Herstellung von Tees und Kräuterpillen beschränkt sich heute nicht mehr auf die großen Heilzentren in Tibet und Indien. In der Schweiz, wo die meisten Exiltibeter Europas leben, werden seit vielen Jahren sehr erfolgreich die ersten standardisierten tibetischen Kräuterpillen hergestellt. Mit einer Zulassung dieser Medikamente in Deutschland ist wegen der strengen Arzneimittelgesetze leider nicht zu rechnen. Doch mit ärztlicher Verordnung ist es möglich, die tibetischen Medikamente über internationale Apotheken zu beziehen.

Das Sammeln pflanzlicher Heilmittel ist für die Tibeter ein religiöser Akt. Die hier gezeigten Butterteeschalen enthalten Wurzeln, Baumfrüchte und Heilsteine, die zu Pillen und Tees verarbeitet werden.

Buddhistische Religion und Heilkunst

In ihrer heutigen Form geht die tibetische Medizin weitgehend auf das 7. Jahrhundert zurück. Damals heiratete der 32. tibetische König Song Tsen Gampo (617–649 n. Chr.) eine chinesische Prinzessin namens Wencheng und eine nepalesische namens Bhrikuti. Beide hingen dem Buddhismus an und bekehrten ihren König zu dieser Religion. Mit dem Buddhismus kam auch die Naturheilkunde nach Tibet und ersetzte mehr und mehr die von Schamanismus und Aberglauben geprägte Urmedizin und -religion, das Bön.

Während der Regierungszeit von Tsen Gampo fand auch der erste große Kongress über tibetische Medizin statt, zu dem Ärzte und Gelehrte aus Indien und China, aus der Mongolei, Nepal, Turkistan, Persien und sogar aus dem fernen Griechenland eingeladen waren. Mit der Zeit entwickelte sich eine Synthese aus der ayurvedischen Tradition Indiens, den therapeutischen Methoden Chinas und dem Unani-System Persiens. Die daraus entstandene eigenständige, neue Heilkunde ist die heutige tibetische Medizin.

Wie die europäischen Klöster des Mittelalters waren auch die buddhistischen Klöster die großen Zentren der Gelehrsamkeit. Hier wurde nicht nur Religion, sondern auch Medizin studiert und praktiziert. Inzwischen weiß man jedoch, dass die tibetische Medizin auch wirkt, wenn Arzt und Patient keine Buddhisten sind.

Seit dem 17. Jahrhundert haben sich Inhalt und Form der tibetischen Medizin nur unwesentlich verändert. Ihr großer Förderer war damals der 5. Dalai Lama (1617–1682). Zu seiner Zeit entstanden die berühmten 79 Rollbilder, auf denen das gesamte Heilwissen für die Nachwelt aufgezeichnet ist. Diese detaillierten Medizinbilder sind bis heute wichtiger Bestandteil der tibetischen Medizinausbildung.

Die drei Gifte des Geistes

Als primäre Ursache von Leid versteht die tibetische Medizin die drei Geistesgifte:

Gier, alle menschlichen Gefühle vom Begehren bis zu besitzergreifender, sexueller Leidenschaft.

Hass, Zorn oder Aggressivität, von Frustration bis zu glühendem Hass.

Verblendung oder Unwissenheit, von geistiger Dumpfheit bis zum Ichwahn und dem Nichterkennen der dem Geist innewohnenden Reinheit.

Die drei geistigen Gifte finden sich auch auf körperlicher Ebene wieder – in Form der drei Körpersäfte: Wind (*loong*), Galle (*tripa*) und Schleim (*begen*). Die Lehre von den »drei Körpersäften« ist die Basis der tibetischen Medizin, wobei die Säfte eine rein symbolische Bedeutung auf vielen Ebenen haben. Sie gelten auch als die »drei Seinsprinzipien«. Dem Prinzip Luft werden der Geist, das Denken und alle geistigen und körperlichen Bewegungen zugeordnet. Galle entspricht dem Wollen und dem energetischen und dynamischen Wesen der Lebensvorgänge. Schleim wird gleichgesetzt mit dem Fühlen und der Materie. Erst das Gleichgewicht dieser Energien sichert die Funktion der sieben Grundgewebe des menschlichen Organismus: Lymphe, Blut, Zeugungsflüssigkeit, Muskeln, Fettgewebe, Knochen und Knochenmark.

Die Ursachen von Krankheit

Neben den drei primären geistigen Giften gibt es in der tibetischen Medizinlehre noch sekundäre Krankheitsursachen. Zu ihnen zählen:

- falsches (zu exzessives oder unterdrücktes) Verhalten von Körper, Sprache und Geist;
- falsche Ernährung durch nicht dem Typ entsprechende Nahrung (die tibetische Medizin unterscheidet sieben Menschen- und Ernährungstypen);
- Klima und Umwelt. Beiden Faktoren soll der Mensch sein Verhalten anpassen. Zum Beispiel soll er sich nicht in umweltverschmutzten Gebieten aufhalten und sich nicht schädlichen Strahlen aussetzen;
- astrologische Einflüsse. Die krankmachenden Einflüsse, aber auch die vorbeugenden und heilenden Maßnahmen sind nach Meinung der Tibeter astrologischen Einflüssen unterworfen;
- schlechtes Karma. Da der Glaube an die Wiedergeburt eine der Grundsäulen des Buddhismus ist, spielt auch das Karma eine zentrale Rolle. In der tibetischen Medizin glaubt man an karmisch bedingte Krankheiten, wobei Karma als Ansammlung von Verdiensten verstanden wird – im positiven wie im negativen Sinn.

Die Einordnung nach den sieben Typen

Der Idee folgend, dass der Anteil der drei Körpersäfte in jedem Menschen verschieden ist, ordnet die tibetische Medizin anhand der Biotypologieanalyse jeden Menschen einem von sieben Typen zu. Nach dieser Zugehörigkeit werden die nötigen Maßnahmen zu Gesunderhaltung und Behandlung vorgenommen. Die sieben Typen sind 1. Loong, 2. Tripa, 3. Begen, 4. Loong/Tripa, 5. Loong/Begen, 6. Tripa/Begen, 7. Loong/Tripa/Begen.

Tibetische Diagnose

Die Diagnose kommt in der tibetischen Medizin ganz ohne technische Hilfsmittel aus, erfordert aber ein geschultes Fingerspitzengefühl vonseiten des Arztes. Insgesamt umfasst die Diagnose vier Teile, wobei die Puls- und Urindiagnose die wichtigsten sind:

- die visuelle Diagnose von Zunge, Urin, Ohrenvenen sowie durch den Allgemeineindruck;
- die Pulsdiagnose. Sie kann zum einen Krankheiten diagnostizieren und zum anderen gesunde Menschen ihrem Typ zuordnen und damit mögliche gesundheitliche Schwachstellen prognostizieren;
- die Befragung nach der individuellen Kranken- und Familiengeschichte;
- die körperliche Untersuchung speziell und allgemein.

Der ganzheitliche Ansatz in der tibetischen Medizin

Das Ziel jeder tibetischen Therapie ist die Gesundheit von Körper und Geist. Man geht immer davon aus, dass jede Störung im mentalen Bereich auch die Körperebene beeinflusst und umgekehrt. Im Sinn dieser Ganzheitlichkeit werden die Behandlungsmethoden in drei Gruppen eingeteilt:

1. Externe Methoden
Zu ihnen gehören Akupunktur, Chug-Nye-Massagen, Aderlass, Moxibustion, Schröpfen, Mineralbäder, Räucherung, Kum-Nye-Übungen, Yantra-Yoga, analytische Meditation und Kalt-Wasserfall-Therapie.

2. Interne Methoden
Hierzu zählen Kräutertees und -pillen, Abführ-, Brech- und Schnupfmittel, Inhalationen, Klistiere, Fasten, Diät und Verhaltensregeln.

3. Spirituelle Methoden
Sie umfassen religiöses Leben, Mantras und Rezitation von Gebeten, Tum-mo-Yoga-Meditation, spirituelle Meditation, Visualisierungstechniken, spirituelles Handauflegen, Chakren- und Farbtherapie, körperliche Niederwerfung bei Pilgerreisen und die Umschreitung heiliger Stätten.

Die wichtigsten Heilpflanzen aus der tibetischen Medizin

Die Tibeter bezeichnen ihr Land gern als das Land der Heilmittel. In der Tat ist das riesige Himalajagebiet mit der tibetischen Hochebene für die Vielfalt und Qualität seiner Heilpflanzen berühmt.

Im alten Tibet kannte man etwa 2200 Heilpflanzen und ihre Unterarten. Heute sind von diesen Pflanzen noch etwa 150 in Gebrauch, aus denen man etwa 200 verschiedene Arzneimittel herstellt.

Tibetische Vielstoffgemische

Anders als in Europa, wo Heiltees häufig nur aus einer einzigen Pflanzenart zubereitet werden, handelt es sich bei den Mitteln der tibetischen Medizin um so genannte Vielstoffgemische. Sie enthalten bis zu hundert Einzelsubstanzen, darunter auch Steine, Metalle und Mineralien. Die dem zugrunde liegende Idee ist, dass die primäre Wirkung der Hauptdroge durch die sekundären Zutaten »gezähmt, korrigiert und ausgerichtet« werden müsse. Manche Pflanzen in diesen Mixturen werden nur beigemischt, um die Nebenwirkungen anderer Substanzen zu reduzieren oder aufzuheben.

Die Zusammensetzung der Heilpflanzen erfolgt nach ihrem Geschmack (süß, sauer, salzig, bitter, scharf und adstringierend) und ihrer Wirkung. Manche heilen »heiße«, andere »kalte« Krankheiten. Weitere Kriterien sind die Wirkungen auf spezielle Körpersäfte. Die folgenden Pflanzen werden in der tibetischen Medizin nach den Kriterien der »Vier Tantras« klassifiziert.

ALPENSCHARTE

Saussurea costus

Dieses Kraut aus der Familie der Asteraceae mit seinem bis zu zwei Meter hohen, unverzweigten Stengel trägt den tibetischen Namen *ru-rta*. Es wächst in Indien, Pakistan und China in Höhen zwischen 2500 und 4000 Metern, vor allem auf den feuchten Hängen des nördlichen Himalaja. Die tibetische Heilkunde verwendet nur die Wurzel. Im *Tantra der Erklärungen* wird die Alpenscharte zu den Arzneimitteln zur Senkung von Fieber in Verbindung mit Wind gezählt.

Sie lindert Blähungen, hilft bei Lungenkrankheiten und Diphtherie, aber auch bei Abszessen im Kehlbereich und bei »überschüssigem Wachstum des Fleisches«. Untersuchungen haben diese Anwendungsbereiche bestätigt. Das in den Wurzeln der Alpenscharte enthaltene Alkaloid Saussurin hat tatsächlich eine entspannende Wirkung auf die Muskulatur der Bronchien und des Gastrointestinaltrakts. Tibetische Mütter massieren den Nabel ihrer Babys mit Butter und Alpenscharte.

BELBAUM, BENGALISCHE QUITTE

Aegle marmelos

Dieser kleine bis mittelgroße Laubbaum mit seinen langen, scharfen Dornen ist im westlichen Himalaja und in den Wäldern der Coromandel-Ghats heimisch, wird inzwischen aber auch in Ostindien und auf den Sundainseln kultiviert. Die Früchte heißen in Tibet *bil-ba.* Sie sind kugelig bis oval, zwischen fünf und zwölf Zentimeter groß und außen gelbgrün oder gelbbraun. In der tibetischen Medizin werden die reifen und unreifen Früchte, die Blätter, die Wurzeln und die Blüten verwendet. Der Belbaum zählt zu den Arzneipflanzen, die Diarrhö zum Stillstand bringen. In der ayurvedischen Medizin behandelt man mit den unreifen Früchten chronischen Durchfall und Dysenterie, die ohne Fieber verläuft. Die frischen, reifen Früchte hingegen wirken bei Verstopfung.

HEDYCHWURZEL

Hedychium spicatum

Die Pflanze ist bis zu einen Meter hoch und ursprünglich in China und Indo-Malaysia beheimatet, man findet sie aber auch im subtropischen und temperierten Himalaja auf 1500 bis 2100 Metern Höhe, im Punjab und in Nepal. Die tibetische Medizin verwendet die unterirdischen Teile, wobei die fleischigen Rhizome vorher getrocknet werden.

KAMPFERBAUM
Cinnamomum camphora
Der immergrüne Kampferbaum ist in den Hartlaubwäldern Chinas zu Hause. Er kann bis zu vierzig Meter hoch werden und einen enormen Stammumfang entwickeln. An seinen knorrigen Ästen trägt er länglich-ovale Blätter. Das in der europäischen Aromatherapie häufig verwendete ätherische Kampferöl wird durch Wasserdampfdestillation und anschließende Sublimation aus dem Holz des Kampferbaums gewonnen. Die europäische Naturheilkunde verwendet Kampferöl gegen Erkältungen und zur Desinfektion. Die tibetische Medizin setzt Kampfer ähnlich ein. Als eines der kühlendsten Mittel der tibetischen Heilkunde wird es benutzt, um voll entwickeltes Fieber, besonders chronisches und »tiefsitzendes«, zu behandeln. Kampfer ist auch die Grundlage für ein Pulver zur Beruhigung der Galle.

MYROBALANENBAUM
Terminalia chebula
Dieser mittelgroße Laubbaum wächst in vielen asiatischen Regionen – in Malaysia ebenso wie in Nordindien zwischen Kangra und Bengal oder im Hochland von Dacca. Auffallend sind die hängenden, zwei bis vier Zentimeter langen, meist elliptischen oder eiförmigen, schwarzen oder gelben Früchte. Diese Früchte des *a-ru-ra* genannten Myrobalanenbaums haben in

der tibetischen Medizin eine zentrale Bedeutung. Zusätzlich zu ihren heilenden Eigenschaften wird ihnen auch eine lebensverlängernde Wirkung nachgesagt. Symbolisiert wird diese Bedeutung auf den Abbildungen des Buddha Shakyamuni, der in Emanation des Meisters der Heilmittel stets Myrobalanen darreicht.

In den alten tibetischen Medizinschriften wird zwischen acht Fruchtarten unterschieden: »siegreiches«, »furchtloses«, »Nektar-«, »bereicherndes«, »trockenes«, »kleines schwarzes«, »goldfarbenes« und »schnabelförmiges« Myrobalan.

Das »siegreiche« Myrobalan symbolisiert das vollkommene Allheilmittel, ist allerdings inzwischen ausgestorben. Es vereinte in sich alle Geschmacksrichtungen und war in der Lage, alle aus Wind, Galle und Schleim entstehenden sowie alle heißen und kalten Krankheiten zu heilen. Am nächsten kommt dieser Varietät wohl das »goldfarbene« Myrobalan. Die anderen Sorten vereinen nur fünf Geschmacksrichtungen (salzig fehlt) und heilen nur die Krankheiten von Wind, Galle und Schleim. Das »furchtlose« Myrobalan ist schwarz, länglich und wird für Augenleiden empfohlen. Die Frucht des »Nektar«-Myrobalans ist gelb, hat dickes Fleisch und verhilft Ausgezehrten, Gewicht zuzunehmen. Die Frucht des »bereichernden« Myrobalans hat die Form einer Vase und wird bei Wunden empfohlen. Die Frucht des »trockenen« Myrobalans hat dünnes Fleisch und viele Falten. Sie heilt bei Kindern Gallenkrankheiten. Die »schnabelförmige« Myrobalanfrucht ist länglich und spitz und gilt als Abführmittel. Das »kleine schwarze« Myrobalan schließlich hat keine Körner und ähnelt in seinen medizinischen Eigenschaften dem »Nektar-« Myrobalan.

Neben diesem wichtigen Myrobalanenbaum gibt es noch zwei weitere Myrobalangewächse: Das *Myrobalan belerica* und das *Myrobalan emblica.*

In den überlieferten tibetischen Rezepturen werden die Früchte aller drei Arten häufig in einem Atemzug als »die drei Früchte« (*bras-gsum*) bezeichnet. Diese Kombination hat eine Entsprechung in der ayurvedischen Medizin, wo sie *triphala* heißt. Empfohlen wird sie in beiden Medizinkulturen zur inneren Reinigung. Aus den »drei Früchten« stellen tibetische Heiler auch eine medizinische Butter zur Beruhigung bei »Windstörungen« her.

NIEMBAUM

Azadirachta indica

Der Niembaum, in Ostindien und Malaysia heimisch, gilt als einer der wichtigsten Bäume Indiens. Der heilige Baum der

Hindu wird oft in Gärten angepflanzt und ist ein großer, stattlicher, immergrüner, spärlich belaubter Baum mit eineinhalb Zentimeter langen Steinfrüchten. Die Inder nutzen von diesem »Wunderbaum« sämtliche Teile und stellen daraus Düngemittel, Insektizide, Färbemittel, Wachs, Schmiermittel, Seife und vieles andere her. Für medizinische Zwecke werden Blätter, Blüten, Stamm- und Wurzelrinde sowie die Früchte verwendet. In Indien werden die Produkte des Niembaums als Anthelminticum, als Fieber- und Bittermittel angewendet. Auch die europäische Naturheilkunde hat inzwischen die Kraft des Niembaums entdeckt und empfiehlt die daraus gewonnenen Extrakte unter anderem als natürliches Insektizid. Die tibetische Medizin rechnet den Niembaum zu den bitteren Arzneien, die bei heißen und warmen Krankheiten eingesetzt werden – zum Beispiel bei Gallestörungen, Augenkrankheiten, allen fiebrigen Erkrankungen, Appetitverlust, Hautkrankheiten und sogar bei »dämonischer Besessenheit«. Besonders gut soll der Niembaum bei »Fieber der Knochen« wirken. Seine obersten Blätter lindern Gallestörungen und heilen Wunden.

ROTES SANDELHOLZ

Pterocarpus santalinus

Auch dieser bis zu siebeneinhalb Meter hohe Baum mit seinem extrem harten, dunkelpurpurfarbenen Kernholz ist in Indien beheimatet. Da die Stammpflanze aber unter Artenschutz steht, werden Sandelholzbäume heute an vielen Orten kultiviert – unter anderem auch auf den Philippinen. Die Arzneimittel werden aus dem von weißem Splintholz umgebenen Kernholz hergestellt. Die tibetische Medizin ordnet rotes Sandelholz den Pflanzen mit adstringierender Wirkung zu, die Krankheiten heißer Natur und Erkrankungen des Blutes lindern. Auch andere Medizinkulturen schätzen Sandelholz, zum Beispiel bei Beschwerden des Magen-Darm-Trakts, als Diuretikum, als Blutreinigungsmittel und bei Husten. Das ätherische Öl aus dem Sandelholz ist eine begehrte Ingredienz in Parfüms mit orientalischer Note.

STINKASANT
Ferula asa-foetida
Von dieser Pflanze verwenden die Tibeter nur das ölige Harz, das durch Einschnitte in die Rhizome und Wurzeln der Pflanze gewonnen wird. Es wird zu kleinen Fladen gepresst. Die tibetische Heilkunde verwendet Stinkasantharz bei Krankheiten durch Kälte, besonders mit »Wind im Herzen«, und bei »Schleimstörungen« in Verbindung mit Wind. Die Heilsubstanz gehört zur Klasse der Arzneimittel, mit denen Störungen durch Mikroorganismen behandelt werden. Damit deckt sich die tibetische mit der ayurvedischen Medizin, die das Mittel als entblähend und appetitanregend einstuft und damit die Verdauung fördert.

Weitere Anwendungsgebiete sowohl bei den Tibetern als auch im Ayurveda sind starke Verstopfung, Koliken, Parasiten und Krankheiten des Magen-Darm-Trakts.

Die magischen Tees aus dem Land der Schneeberge

Das Teetrinken ist eine Lieblingsbeschäftigung der Tibeter, und sie tun es den ganzen Tag. Basis für die meisten tibetischen Volkstees ist Grüntee aus China. Die Stadt Tartsedo an der ehemals tibetisch-chinesischen Grenze war früher Hauptumschlagplatz für die begehrte Ware. Hier wurden die grünen Teeblätter aus China zerstampft und zerkleinert, fermentiert und zu den berühmten tibetischen Teeziegeln gepresst, um Haltbarkeit beim Transport bis tief ins Innere des Himalajastaats zu gewährleisten. Die Yak-Karawanen der tibetischen Teehändler brachten die gepressten Teeziegel über die hohen Pässe nach Tibet. Später wurde Tee in den südlichen Regionen Tibets auch angepflanzt und erfolgreich kultiviert.

Bhö-cha – der klassische tibetische Buttertee

Beim Thema »Tees aus Tibet« denkt jeder zuerst an diesen legendären Buttertee, den die Tibeter seit Jahrhunderten jedem Gast als traditionelles Getränk anbieten. Kein Buch und kein Film über Tibet ohne diesen Buttertee. *Bhö-cha* heißt ganz einfach »tibetischer Tee«. Die berühmt-berüchtigte Besonderheit dabei ist die Zugabe von Butter und Salz. Der Buttertee erinnert eher an eine würzige Suppe als an einen Tee. Doch inzwischen kommen mehr und mehr Tibetreisende auf den Geschmack und schätzen dieses nahrhafte Getränk. Auf jeden Fall ist es ein ideales Stärkungsmittel für alle Menschen, die sich in den über 4000 Meter hohen Regionen des tibetischen Berglandes aufhalten und dort etlichen körperlichen Strapazen ausgesetzt sind. Zeit ist es auch, mit einem Missverständnis aufzuräumen, was diesen Tee betrifft. Es ist verpönt, ranzige Butter dafür zu verwenden! Auch die Tibeter nehmen stets frische Butter.

5 g vom tibetischen Teeziegel
(etwa 1 EL zerriebener Tee)
50 g Butter
1/5 l Vollmilch
eine kräftige Prise Salz (1 gestrichener TL)
1 l kaltes Wasser
Variante: Statt Butter und Milch kann
man auch 1/4 l Sahne verwenden

Zubereitung und Anwendung: Bringen Sie das Stück vom Teeziegel mit dem Wasser zum Kochen, und lassen Sie die Flüssigkeit noch etwa zehn bis 15 Minuten auf kleiner Flamme weiterköcheln. Je länger Sie den Teesud köcheln lassen, desto intensiver wird er im Geschmack, während seine anregende Wirkung abnimmt. Wenn Sie einen anregenden Tee bereiten wollen, nehmen Sie Ihr Teewasser kurz nach dem Aufkochen vom Herd. Als Nächstes gießen Sie den Teesud ab und geben Butter, Milch und Salz hinzu. Nun folgt der wichtigste Teil der Zubereitung. Die Tibeter geben diese Mischung in einen aus Holz gefertigten Mixer, den sie *dogmo* nennen, und stoßen den Tee mehrmals durch diesen Mixer. Der Dogmo kann bis zu einem Meter lang sein und hat einen entsprechend langen Stößel, mit dem man die Teemischung vorsichtig auf und ab stößt. Dieses Mixen erfordert eine gewisse Übung und Geschicklichkeit, weil die Flüssigkeit leicht überschwappt. Im Westen an einen solchen hölzernen Bhö-cha-Dogmo zu kommen, dürfte schwierig sein. Deshalb greifen selbst die hier lebenden Tibeter zu einem Küchenmixgerät.

Cha-dhang-Meditationstee

Wer sich mit dem Buttertee nicht recht anfreunden kann, sollte es einmal mit dieser tibetischen Schwarzteevariation versuchen. Der Cha-dhang wird ohne Butter zubereitet und ist ein anregendes Getränk. Vor allem die buddhistischen Mönche schätzen seine Wirkung, um während ihrer stundenlangen Gebete aufmerksam zu bleiben.

Etwa 2 g vom tibetischen Teeziegel
1 schwach gestrichener TL Salz
1 l kaltes Wasser

Zubereitung und Anwendung: Wie beim Buttertee, nur ohne Butter oder Sahne.

Oh-cha-Milchtee

Oh-cha bedeutet »Milchtee«. In Tibet wird er vor allem von den Nomaden getrunken, die durch die Tierhaltung stets genügend Milch zur Verfügung haben. Eine gute Kombination auch für ältere Kinder.

5 g vom tibetischen Teeziegel
etwa 1/3 l Milch
eine kräftige Prise Salz
1 l kaltes Wasser

Zubereitung und Anwendung: Wie oben, doch mit Milch.

Die tibetischen Gewürz- und Kräutertees des Dr. Shak

Die folgenden Teerezepte wurden von dem tibetischen Arzt Kalsang Shak nach den Prinzipien der tibetischen Medizin zusammengestellt. Shak, ein ausgebildeter Schulmediziner und Naturheilpraktiker, möchte mit seinen Tees die Denkweise der tibetischen Philosophie in den Westen bringen. Er unterhält in Baar in der Schweiz ein Zentrum für östliche Naturheilverfahren. Für seine Freunde und Patienten hat er ein Sortiment von vier verschiedenen Gewürz-Kräutertees entwickelt, die streng im Sinne der tibetischen Medizin kombiniert wurden. Die Tees enthalten bis zu 30 verschiedene Zutaten, die in ihrer Wirkweise genau aufeinander abgestimmt sind. Gemäß der tibetischen Medizinlehre zielen sie darauf ab, die »drei Körpersäfte« zu harmonisieren und damit das Wohlbefinden zu optimieren. Die Zutaten dieser typischen tibetischen »Vielstoffgemische« sind leider zum großen Teil bei uns im Westen nicht zu beziehen. In der Originalmischung kann man die »Gewürz-Kräutertees nach Dr. Kalsang Shak« nur direkt bei ihm bestellen (Versandadresse im hinteren Teil des Buches).

Speziell für die Leser dieses Buches hat Shak eine vereinfachte Version seiner Tees entwickelt. Die Zutaten gibt es in jedem gut sortierten Kräuterladen. Hier also:

Tagestee Tashi-Delek

Tashi-Delek ist ein beliebtes tibetisches Grußwort und heißt so viel wie »Mögest du mit Glück und Frieden gesegnet sein«. Dieser Tee eignet sich für jede Gelegenheit. Er entspricht dem

Grundsatz der »drei Körpersäfte« und der »fünf Elemente« der tibetischen Medizin und wirkt insgesamt harmonisierend und regulierend auf den Organismus. Speziell Menschen, deren Nerven und Seelenleben in der Hektik und Reizüberflutung des modernen Alltags schnell überfordert sind, profitieren von diesem Tagestee. Er schmeckt erfrischend und ist belebend und auch am Arbeitsplatz ein angenehmes Getränk.

Für 1 Tasse (250 ml):
1/4 TL Ingwerwurzelpulver
1/2 TL Süßholzpulver
1 TL Brennnesselblätter
1/4 TL Zitronenmelisseblätter
1 Stück Kardamomsamen (im Mörser zerdrückt)
1 Stück getrocknete Aprikose
250 ml Wasser

Zubereitung und Anwendung: Alle Zutaten mit dem kochenden Wasser übergießen und fünf bis zehn Minuten ziehen lassen. Vor dem Trinken absieben und den Satz ein wenig ausdrücken. Nach Belieben mit Honig oder braunem Zucker süßen.

Lady-Tea »Datsen«

Datsen ist das tibetische Wort für Monatszyklus. Es handelt sich um einen typischen Frauentee mit einem »weiblichen«, vollaromatischen, fruchtigen Geschmack für Mädchen und Frauen jeden Alters. Eine Besonderheit des *Datsen* ist seine ausgleichende Wirkung bei Befindlichkeitsstörungen während der Menstruation.

Für 1 Tasse (250 ml):
1 TL Spargelwurzelpulver
½ TL Löwenzahnwurzel
1 TL getrocknete Stachelbeeren
¼ TL Turmericpulver
1 Messerspitze Safranpulver
5 Stück Szechuanpfeffer
250 ml Wasser

Zubereitung und Anwendung: Alle Zutaten mit dem kochenden Wasser aufgießen und fünf bis zehn Minuten ziehen lassen. Vor dem Trinken absieben und den Satz ein wenig ausdrücken. Nach Belieben mit Honig oder braunem Zucker süßen und nach Bedarf eine Tasse pro Tag trinken.

Digestiftee »Metö«

Metö, die »Hitze des Feuers«, steht in Zusammenhang mit dem Verdauungsfeuer, das in der tibetischen Medizinlehre eine große Bedeutung hat. Ein reibungslos funktionierendes Verdauungssystem ist nach Ansicht tibetischer Ärzte der Schlüssel zu Gesundheit und Wohlbefinden. Der *Metö* besteht aus einer sehr würzigen, prickelnden Gewürz-Kräuter-Mischung mit verdauungsanregender Wirkung.

Für 1 Tasse (250 ml):
1 EL Granatapfelkerne
1 EL zerhackte Hagebuttenfrüchte
¼ TL Ingwerwurzelpulver
250 ml Wasser

Zubereitung und Anwendung: Alle Zutaten mit dem kochenden Wasser übergießen und fünf bis zehn Minuten ziehen lassen. Vor dem Trinken absieben und den Satz ein wenig ausdrücken. Nach Belieben mit Honig oder braunem Zucker süßen. Lassen Sie sich als Nachtischgetränk nach reichhaltigem Essen eine Tasse *Metö* schmecken.

Gönka-Wintertee

Auch die Tibeter kennen *gönka*, den Winter, nur allzu gut. Für diese Jahreszeit mit ihren kalten und nassen Tagen braucht der Mensch Ingredienzen mit wärmenden Eigenschaften. Die folgende Wintermischung sorgt durch ihre Zusammensetzung für die Stärkung des Abwehrsystems und ist damit auch ein guter Erkältungsschutz.

Für 1 Tasse (250 ml):
3 Stück Tamarinde
1 TL geriebene Zitronenschale
1/4 TL Ingwerwurzel
1/4 TL Fenchelsamen
250 ml Wasser

Zubereitung und Anwendung: Alle Zutaten mit dem heißen Wasser übergießen und fünf bis zehn Minuten ziehen lassen. Nach dem Absieben den Satz ein wenig ausdrücken und nach Belieben süßen.

»Sorig« – der Tee aus dem Men-tsee-Khang

Sorig, abgeleitet von *gso-rig*, heißt übersetzt die »Wissenschaft vom Heilen« und meint die tibetische Medizin. Das Rezept dieses wohltuenden Kräutertees kommt direkt aus dem renommiertesten tibetischen Medizinzentrum in Indien, dem Tibetan Medical and Astrological Institute in Dharamsala, das den tibetischen Namen Men-tsee-Khang trägt. Der Sorig-Tee ist ein ganzheitliches Heilmittel bei Husten und Bronchitis, bei Erkältungen und Grippe. Auch zur Förderung des Appetits empfehlen ihn die tibetischen Ärzte. Er hat keine Nebenwirkungen und kann zu jeder beliebigen Tageszeit getrunken werden. Kinder vertragen ihn ebenso wie Erwachsene, Gesunde ebenso wie Kranke.

Sorig-Kräuter-Mischung
1 Tasse Wasser

Zubereitung und Anwendung: Einen Teelöffel der Sorig-Fertigmischung mit einer Tasse Wasser überbrühen und fünf Minuten ziehen lassen. Abseihen und nach Bedarf ein bis drei Tassen pro Tag trinken.

Zu diesem Rezept: Das Men-tsee-Khang wurde 1961 vom 14. Dalai Lama nach seiner Flucht aus Tibet gegründet. Neben der Medizinschule und dem Astrologiebereich gibt es in diesem großen Zentrum sowohl eine Forschungs- als auch eine pharmakologisch-pharmazeutische Abteilung, in der tibetische Pillen, Juwelenpillen, Salben, Räucherstäbchen und Tees unter dem Handelsnamen »Sorig« entwickelt und hergestellt werden.

Arabien

Ex oriente lux

Heilweisen aus dem Morgenland

Wer sich aufmacht, das heilkundliche »Licht aus dem Osten« zu suchen, wird als Erstes auf die ägyptische Medizin stoßen. Sie ist maßgeblich für Medizin und Heilweisen der arabischen Welt. Die ägyptisch-arabische Medizin von einst basierte ebenso wie unsere heutige zum größten Teil auf der griechischen Medizin. Die bekanntesten Ärzte der griechischen Antike waren Hippokrates (468–377 v. Chr.), auf den noch heute die Ärzte ihren Eid schwören, und Galen (131–199 n. Chr.). Sie entwickelten die so genannte Humoraltheorie, eine ganzheitliche medizinische Sichtweise, nach der vier Körpersäfte durch den Menschen fließen – nämlich Blut, Schleim oder Phlegma, schwarze und gelbe Galle. Jeder Körpersaft besitzt eigene Eigenschaften – kalt, trocken, heiß und feucht – und ist einem der vier Elemente zugeordnet:

- Blut ist heiß und feucht und steht in Beziehung mit dem Element Luft.
- Schleim ist feucht und kalt und steht in Beziehung mit dem Wasser.
- Schwarze Galle ist kalt und trocken und steht in Beziehung zur Erde.
- Gelbe Galle ist trocken und heiß, ihr Element ist das Feuer.

Befinden sich alle vier Körpersäfte im Gleichgewicht, dann ist der Mensch nach der Humoraltheorie gesund. Galen ging noch etwas weiter, indem er annahm, jeder Mensch tendiere zu einem bestimmten Ungleichgewicht seiner Körpersäfte, und dieses wiederum bestimme auch sein Temperament. Das relative Gleichgewicht der Körpersäfte kann auch durch äußere Einflüsse gestört werden. Überfluss oder Mangel eines bestimmten Körpersaftes verursache also Krankheit. Zur Heilung muss das ursprüngliche relative Gleichgewicht wiederhergestellt werden. Drogen werden nach dieser Theorie ähnlich eingeteilt und entsprechend verordnet. Um eine Heilung zu erreichen, muss sich aber auch das Leben in Harmonie befinden.

An der umfassenden Ausbildung der arabischen *hakims* – der Weisen oder Philosophen (der Begriff Arzt wurde erst später eingeführt) – hat sich bis heute erstaunlich wenig geändert. Sie wurden vor allem auch geschult, eine auf jeden einzelnen Patienten zugeschnittene Behandlung zu finden. Arme Menschen sollten nach ihrem hippokratischen Behandlungskodex ohne Entgelt therapiert werden. Frauen hingegen stellten bei der Behandlung ein gewisses Problem dar, da es kaum weibliche Ärzte gab; nach dem moslemischen Glauben durften sie nicht von einem Mann untersucht werden, der nicht zu ihrer Familie gehörte. Und wenn es doch dazu kam, musste die Frau hinter einem Schleier oder einem Wandschirm verborgen bleiben. Es verwundert deshalb nicht, dass auf diese Weise kaum richtige Diagnosen gestellt werden konnten und es sich folglich auch nicht lohnte, Frauen behandeln zu lassen. Für Geburten waren Hebammen zuständig, die bei *hakims* ausgebildet wurden.

Überall in der islamischen Welt gab es auch bestens ausgestattete Krankenhäuser mit getrennten Abteilungen für Männer und Frauen – etwa in Bagdad, Damaskus, Kairo und Marrakesch. Medizinische Hochburgen befanden sich in Südpersien und in Alexandria. Trotz der Entfernungen fand ein reger Austausch über die jeweiligen medizinischen Erfahrungen statt. Mit dem Islam kam die arabische Heilkunde auch nach Indien, wo sie den Namen *unani* erhielt und heute noch gelehrt wird. Zu diesem Zeitpunkt gab es dort bereits die ayurvedische Medizin; sie basiert auf einem ähnlichen Prinzip. Beide Heilausrichtungen beeinflussten sich nun gegenseitig.

Da menschliche Körper nicht seziert werden durften, waren chirurgische Eingriffe so gut wie ausgeschlossen. Die arabische Medizin versuchte, mit ihren Mitteln vor allem die körpereigene Abwehr zu stärken. Da man davon ausging, dass die vier Körpersäfte beim Prozess der Verdauung entstünden, kam einer ausgewogenen Ernährung und dem Verdauungssystem eine große Bedeutung zu. Eine Ansicht, die heute mehr und mehr wissenschaftliche Unterstützung findet. Viele *hakims* bezogen auch den Stand von Mond und Sonne in ihre Überlegungen mit ein.

Jede verwendete Droge – sei sie nun pflanzlicher, tierischer oder mineralischer Art – wurde auf das Temperament des Erkrankten und seinen gestörten Fluss der Körpersäfte abgestimmt. Man begann mit milden Mitteln und steigerte sie dann je nach Bedarf. Die Grundlage dafür bot wiederum eine Vorlage eines griechischen Wissenschaftlers. Das fünfbändige Werk des Dioskurides *De Materia Medica* war ins Arabische,

Syrische und Persische übersetzt worden. Von Indien bis Andalusien wurden letztlich in der Medizin die gleichen Lehrbücher benutzt.

Es gab in der Antike einen lebhaften Handel mit Tee- und Heilkräutern. Der griechische Arzt Galen schrieb in Rom über die Heilkräuter, die er verwendete: »… ein Teil wird mir aus Groß-Syrien, anderes aus Palästina, wieder anderes aus Ägypten oder Kappadokien … gebracht …«

Schon zur Pharaonenzeit haben die alten Ägypter eine Vielzahl von Kräutern und Gewürzen für Gesundheit und Schönheit eingesetzt. Auf medizinischem Gebiet hatte bereits das alte Ägypten ein sehr hohes Niveau. Man vermutet, dass dieses Land eines der gesündesten Völker der Antike beherbergte. Seine Medizin bestand wahrscheinlich aus einer Mischung von magischen Beschwörungen und Hausmitteln. Bei den Ägyptern waren nämlich alle Gottheiten auch für die Heilung von Krankheiten zuständig und über die Landesgrenzen hinaus für ihre Heilkraft berühmt.

Wesentliche medizinische Kenntnisse aus pharaonischer Zeit haben wir aus dem *Papyrus Ebers* und etwa zwölf ähnlichen Schriftfunden, die nur in mühsamer Kleinarbeit entziffert werden konnten. Ein großer Teil des ägyptischen Wissens über Heilkräuter wurde uns durch Galen vermittelt, der viele ägyptische Quellen noch selbst einsehen konnte, bevor sie vernichtet wurden oder auf andere Weise für immer verschwanden.

Wirksam ist der Zauber zusammen mit dem Heilmittel,
wirksam ist das Heilmittel zusammen mit dem Zauber.
Papyrus Ebers

Die wichtigsten Pflanzen und Gewürze der arabischen Medizin

Allgemein wird der Einfluss des Orients auf unsere Medizin unterschätzt. Da sie beide auf den griechisch-römischen Schulen beruhen, gibt es viele Gemeinsamkeiten. Zahlreiche uns heute geläufige Pflanzen und Kräuter wurden traditionell im Orient verwendet. Allerdings waren die heute bei uns in der Alternativ- und Hausmedizin so beliebten Aufgüsse und Kräutertees fast gar nicht bekannt. Das liegt sicher auch an den klimatischen und geographischen Bedingungen – fruchtbares Land, ausgedehnte Wüsten, Wassermangel, große Hitze – und der Tatsache, dass viele arabische Stämme Nomaden waren.

Man mischte die Kräuter meist zu medizinischen Tränken mit Bier, Wein oder Met zusammen oder kochte suppenartige Breie, in die man die heilenden Kräuter und Gewürze gab. Eine Art antiker Lutschbonbon waren die so genannten Lecksteine, in denen verriebene Heilpflanzen mit Honig vermischt waren.

Eine der wichtigsten Methoden des alten Ägypten war das Klistier. Die Heilmittelspritzen für den Allerwertesten wurden von speziellen Ärzten – den Hirten des Afters – angemischt und verabreicht. Die Ägypter glaubten, dass ein großer Teil aller Beschwerden vom Essen käme – eine Überzeugung, die heute durch viele wissenschaftliche Untersuchungen gestützt wird. Auch Zäpfchen und Tampons waren bereits bekannt. Bis heute weiß man, dass viele Arzneimittel besser wirken, wenn sie rektal verabreicht werden. Medizinische Salben und Öle, Heilpflaster und Packungen, Gurgelmittel und Niespulver fanden ebenso Verwendung wie Duftstoffe und Räucherungen.

ABSINTH, WERMUT
(dazu gehören auch Beifuß, Eberraute, Estragon)
Artemisia

Zur der Gattung Artemisia gehört eine Reihe von Pflanzen. Wermut, Beifuß und Estragon sind die bekanntesten. Ihren botanischen Namen verdanken sie der Göttin Artemis. In Griechenland wurde sie als Göttin der Jungfrauen verehrt, im Orient als Herrin der Amazonen. Beifuß und Wermut galten als Geschenk der Göttin an die Frauen. Der Beifuß – wahrscheinlich eine der ältesten Heilpflanzen der Menschheit – wurde zur Geburtserleichterung und zum Ausgleich der Regel eingesetzt. Dem Wermut wurde eine blutungsfördernde Wirkung nachgesagt. Aus beiden Pflanzen wusste man aber auch eine Mixtur gegen unerwünschte Schwangerschaft zuzubereiten. Während Beifuß hauptsächlich zur Geburtenkontrolle und zur Linderung von Fußschmerzen eingesetzt wurde, fand Wermut auch noch andere Einsatzbereiche. Man verwendete das Kraut auch gegen Würmer und Schmerzen im Analbereich. Außerdem bereitete man Wermutwein daraus, der unter anderem gegen fieberhafte Erkrankungen half. Seinem bitteren Geschmack hat er es zu verdanken, dass der Wermutstropfen sprichwörtlich wurde.

Im Gegensatz zum Beifuß galt die Eberraute als männliche Heilpflanze, die vor allem Einfluss auf die Liebeslust haben sollte. Das verwandte Kraut Estragon verblieb weitgehend in der Küche.

Wermut enthält viele Bitterstoffe und ein ätherisches Öl, das reich an Thujon ist. Dieser Stoff hat in größeren Mengen berauschende und psychedelische Wirkung und bei konstanter Anwendung verheerende Nebenwirkungen. Absinth ist heute verboten. Normal zubereiteter Wermuttee ist jedoch erlaubt, da er nur geringe Mengen Thujon enthält.

Beifuß sollte vorsichtshalber ausschließlich als Küchenkraut verwendet werden. Schwangere und solche, die es werden wollen, sollten ganz die Finger davon lassen.

Wertmuttee gegen Magen- und Darmverstimmung

Ein halber Teelöffel Wermutkraut aus Apotheke oder Reformhaus mit einer guten Tasse heißem Wasser aufgießen und zehn Minuten ziehen lassen. In kleinen Schlucken trinken. Mehrmals täglich eine Tasse frisch zubereiteten Tee ein halbe

Die bunte Früchte- und Gewürzküche des Orients: Kreuzkümmel, Sternanis, Safran, Kurkuma, Piment, Pfeffer, Nelken, Zimt, Tamarinde und Johannisbrot, im Hintergrund Granatapfel und Jasmin

Stunde vor den Mahlzeiten trinken. Bei Überdosierung kann es zu Erbrechen, Durchfällen und Krämpfen kommen.

Estragontee macht Appetit

Einen Teelöffel getrockneten Estragon aus dem Gewürzbord mit einer Tasse kochendem Wasser aufbrühen. Regelmäßig vor den Mahlzeiten eine Tasse trinken. Bei Bedarf auch öfter.

ANIS

Pimpinelle anisum

Die Heilkräfte des Aniskrauts wurden in äyptischen Schriftstücken erwähnt. Unter anderem soll Anis die Jugendlichkeit erhalten. Das Gewürz wird aus den Samenkörnern gewonnen und ist im Morgenland auch heute noch sehr beliebt. Viele Orientalen kauen nach dem Essen Anissamen, um die Verdauung zu fördern.

Anistee hilft bei Blähungen, Magen- und Darmbeschwerden sowie Bauchkrämpfen: Ein bis zwei Teelöffel Anissamen mit einer Tasse kochendem Wasser übergießen, nach 15 Minuten abseihen, mit Honig süßen und zwei- bis dreimal täglich trinken. Man kann auch etwas frisch gemahlenen Anis mit Milch und Honig verrühren. Anistee galt auch als aphrodisierendes Getränk und hatte den Ruf, die Samenbildung beim Mann zu fördern.

APFELBAUM

Malus sylvestris

Die in Arabien verwendeten Äpfel stammten hauptsächlich aus Palästina. Der Apfel galt als Symbol der Sonne und war außerordentlich kostbar. Er wurde zwar auch als Nahrungsmittel verwendet, doch über seine medizinische Bedeutung war man sich noch nicht im Klaren. Äpfel enthalten eine Menge wertvoller Inhaltsstoffe – etwa Fruchtsäuren, Mineralstoffe, Vitamine und Pektin. Zudem sind sie reich an Ballaststoffen. Die amerikanische Redensart »An apple a day keeps the doctor away!« – ein Apfel am Tag hält den Doktor fern – weist auf die inzwischen allgemein anerkannte gesundheitliche Wirkung von Äpfeln hin. Apfeltee aus biologischem Anbau gibt es beispielsweise im Reformhaus und in den Bio-Läden.

BASILIKUM

Ocimum basilicum

Das Kraut stammt zwar aus Indien, wurde aber schon zur Zeit der Pharaonen nach Ägypten gebracht. Es genoss allerdings kein besonders hohes Ansehen als Medizinpflanze, man verwendete es eher, um Drachen und andere unliebsame Dämonen zu vertreiben. Heute wissen wir, dass das stark duftende Öl antiseptische und magenstärkende Wirkung hat. Es soll die Libido und bei Stillenden die Milchbildung anregen. Frisch als Kraut auf Tomaten oder im Salat schmeckt es besonders gut. Eine persische Spezialität ist das Anisbasilikum.

Basilikumtee bei Völlegefühl und Blähungen

Basilikumkraut gibt es als Tee fertig zu kaufen: Zwei Teelöffel werden mit einer Tasse kochendem Wasser übergossen und nach 15 Minuten durch ein Sieb abgegossen. Zwei- bis dreimal täglich eine Tasse frisch zubereiteten Tee trinken.

Basilikum-Mandelmilch
Geben Sie eine Handvoll frische Basilikumblätter mit einem Esslöffel Honig und einem Esslöffel Mandelmus sowie einer halben Tasse Milch in den Mixer. Rühren Sie so lange, bis von den Blättern fast nichts mehr zu sehen ist. Fügen Sie dann noch einen halben Liter Milch hinzu, und mixen Sie das Ganze noch einmal auf!

BILSENKRAUT
Hyoscyamus
In der Antike war Bilsenkraut eine der wichtigsten Arzneipflanzen. Auch als Zauberkraut stand es hoch im Kurs. Es hat eine stark psychedelische Wirkung. In der Apotheke erhältliches Bilsenkrautöl wird bei rheumatischen Beschwerden oder bei einer erotischen Massage in die Haut einmassiert. Allerdings ist Bilsenkraut auch ein starkes Gift.

BOCKSHORNKLEE
Trigonella foenum-graecum
Siehe Seite 83

DILL
Anethum graveolens
Dill ist ebenfalls ein altbekanntes Gewürz und wurde schon vor über viertausend Jahren in einem arabischen Schriftstück über Heilpflanzen erwähnt. Man sagte ihm nach, dass er gegen Zauber und Schwarze Magie hilft. Vor allem aber ist er wohltuend und heilend bei Darmproblemen.

Wer Magen- und Darmprobleme mit Dill bekämpfen möchte, sollte es einmal mit Dillwasser probieren: Ein Esslöffel Dillfrüchte – beispielsweise aus dem eigenen Garten – werden im Mörser zerstößelt und in einem Topf mit einem Liter Wasser kurz aufgekocht. Nach drei Stunden Ziehen kann man es abgießen und mit Honig süßen. Dreimal täglich einen Teelöffel einnehmen.

EICHE

Quercus

Die Eiche scheint in vielen Kulturen von jeher Gegenstand eines eigenen Kults gewesen zu sein, wohl auch deshalb, weil sie Jahrtausende überdauern kann. Man hielt sie für einen besonders lebenspendenden, wohltuenden Baum. Die Eicheln galten als fruchtbarkeitsfördernd. Eicheln und Eichenrinde wurden als Mittel gegen Entzündungen und Unterleibsbeschwerden eingesetzt. Auch verwendeten die alten Ägypter die Eichenrinde bereits zum Gerben von Fellen.

Eichenrindentee gegen Entzündungen

Eichenrinde gibt es als Fertigarzneimittel für die unterschiedlichsten Verwendungen (zum Beispiel als Badezusatz für Entzündungen der Haut) zu kaufen. Für einen Tee kochen Sie zwei Teelöffel Eichenrinde mit einem Viertelliter Wasser für drei bis fünf Minuten aus. Für eine Gurgellösung bei Zahnfleischentzündungen nehmen Sie zwei Esslöffel auf einen halben Liter Wasser und kochen es 15 bis 20 Minuten.

EISENKRAUT (VERBENE)

Verbena officinalis

Das Eisenkraut spielte in der Verehrung der ägyptischen Göttin Isis eine bedeutende Rolle. Aus Eisenkraut und Myrte wurden im alten Rom Liebestränke gebraut. Ihre medizinische Wirkung wurde hochgelobt. Man verwendete sie gegen Entzündungen, zur Wundheilung und Fiebersenkung. Es gibt im Reformhaus fertigen Zitronenverbenentee und in der Apotheke Eisenkraut (*Verbena herba*) zu kaufen.

FENCHEL

Foeniculum vulgare

Fenchel wurde in der spätägyptischen Medizin zur Behandlung von Augenkrankheiten eingesetzt. Die Samen verwendete man zur Förderung der Verdauung. Der Gebrauch von Fenchel als Fruchtbarkeitssymbol und -bringer hat sich bis in die frühe Neuzeit bei den Hexen Norditaliens erhalten. Fenchel ist Bestandteil vieler fertiger Teeemischungen zur Beruhigung von Magen und Darm. A-Fe-Kü-Tee (Anis-Fenchel-Kümmel) ist eine der bewährtesten, die gegen Verdauungsprobleme jeglicher Art hilfreich ist.

Fencheltee zur Beruhigung des Magens und bei Blähungen

Einen gehäuften Teelöffel zerdrückter Früchte mit einem Viertelliter kochendem Wasser übergießen, zehn Minuten ziehen lassen, dann abseihen und ungesüßt in kleinen Schlucken trinken.

GETREIDE

Hordeum vulgare = Saatgerste; Triticum monococcum = Emmer; Triticum durum = Hartweizen; Avena sativa = Hafer

Im alten Ägypten war vor allem die Kultivierung von Emmer und Gerste die Grundlage der Wirtschaft. Aus ihnen wurde Brot und Bier zubereitet. Bier galt als eines der wichtigsten

Lösungsmittel für die Inhaltsstoffe von Heilkräutern. Vor allem hefehaltige Weizenbiere eigneten sich zur medizinischen Anwendung. Getreide galt sogar als Währung. Grünen Hafertee gibt es als Tee im Reformhaus. Mehr darüber auf Seite 239.

GEWÜRZNELKEN

Syzygium aromaticum

Wie viele andere Gewürze stammt auch die Gewürznelke aus China, hat sich aber vor allem auf der Arabischen Halbinsel ausgebreitet. Die Gewürznelke – die noch nicht entfaltete Blütenknopse eines immergrünen Baums – hat vor allem positive Auswirkungen auf die Psyche. Sie beruhigt und lindert Schmerzen.

Für einen Antischmerztee zerstoßen Sie drei bis vier Gewürznelken und übergießen sie mit einer Tasse kochendem Wasser. 20 Minuten ziehen lassen, dann abseihen und zweimal täglich ein kleines Glas dieser Mischung auf nüchternen Magen trinken.

GRANATAPFEL

Punica granatum

Der Granatapfelbaum stammt aus dem Orient, wird aber seit dem Altertum auf Zypern gezüchtet und angebaut. Frucht und Blüte verkörpern die beiden Pole der Sexualität – weiblich und männlich. Der Granatapfel ist auch als Baum der Erkenntnis gedeutet worden. Der verbotene Apfel, mit dem Eva Adam verführte, soll demnach kein Apfel, sondern ein Granatapfel gewesen sein. Den Sagen des Altertums zufolge entstand der Granatapfelbaum aus dem Blut Dionysos'. Der aus

Granatäpfeln gewonnene Wein galt als Aphrodisiakum. Blüten und Rinde wurden in der ägyptischen Medizin bei Magen- und Darmproblemen und als Wurmmittel verordnet. Der ausgepresste Fruchtsaft eignet sich zur Behandlung von Zahnfleischentzündungen sowie bei Fieber und Erkältungen.

Von den Ägyptern hatten auch die Israeliten den Brauch übernommen, aus Blüten und Früchten des Granatapfelbaums Heilmittel zuzubereiten. Aus Granatäpfeln stellten sie eine erfrischende Limonade her. Der Grenadinesirup, bestehend aus Granatapfelfleisch und Zucker, galt als wirksames Fiebermittel. Heute findet er vor allem beim Mixen von Cocktails Verwendung.

Granatapfelblütentee

Ein Teelöffel der getrockneten Blüten wird mit einer Tasse kochendem Wasser überbrüht, sofort abgeseiht und nicht zu heiß getrunken. Als Medizin wurde der Blütentee gegen Durchfall und Ruhr verwendet. Granatapfelblüten gibt es bei uns nicht zu kaufen, aber man kann versuchen, sich im Garten selbst ein Bäumchen zu ziehen (Bezugsquelle für Granatapfelbäume siehe im hinteren Teil des Buches).

KAMILLE

Chamomilla recutia

Den alten Ägyptern galt die Kamille als Geschenk der Götter. Sie verehrten sie als Blume des Sonnengottes Ra. Sie hatte aber auch im germanischen Götterhimmel ihren Platz. Hier galt sie als heilige Pflanze des Frühlings und des Lichtgottes Baldur.

Arabische Ärzte des Altertums verabreichten das Öl der Kamille gegen Schmerzen. Die Pflanze wurde auch bei Gelbsucht, Nierenleiden und Zahngeschwüren eingesetzt. Bereits die alten Ägypter verwendeten Kamillensalbe für die Hautpflege. Auch ihre Mumien salbten sie damit ein. Die griechischen und römischen Heilkundigen empfahlen Kamillentee zur Hemmung von Entzündungen. Die duftende Pflanze wurde auch gegen Unruhe, Reizbarkeit, Schlafstörungen und Menstruationsbeschwerden verwendet. Heute kennen wir die Kamille als eines unserer wirkungsvollsten Heilkräuter. Es gibt kaum ein Wehwehchen, das sich nicht damit kurieren lässt! Sie beruhigt nachgewiesenermaßen überreizte Nerven, fördert den Schlaf und ist unersetzlich bei der Behandlung von Wunden und Erkältungen. Die Schulmedizin hat inzwischen viele der alten Erkenntnisse eindrucksvoll be-

Orientalisches Kamillenhähnchen
Das ist ein schnelles und gesundes Gericht für besondere Anlässe:

4 Hähnchenbrüste
3 EL Kamillenblüten
3/4 l Geflügelbrühe
1 Zimtstange
100 ml Weißwein
1 ml Wermut
4 Eigelb
4 Zucchini
30 g Butter
2 EL rosa Pfefferkörner, Salz, Pfeffer

Die Brühe erhitzen und die Kamille zwei Minuten mitkochen lassen. Hähnchenbrüste darin zehn Minuten garen. Warm stellen. Einen Achtelliter Brühe mit der Zimtstange zur Hälfte reduzieren. Wein und Wermut angießen, nochmals reduzieren. Zimtstange herausnehmen. Das Eigelb mit etwas Kochflüssigkeit im Wasserbad aufschlagen, würzen, Zucchini in Streifen schneiden, kurz dünsten, abschmecken, Hähnchenbrüste auf Gemüse anrichten, mit Sauce übergießen.

stätigt. Kamillenblüten und Römische Kamille gibt es heute überall zu kaufen, und Kamillentee ist als bewährtes Hausmittel aus keiner Familie mehr wegzudenken. Einen frischen

Tee bereiten Sie so zu: Einen Esslöffel Kamillenblüten mit einer Tasse heißem Wasser übergießen und nach zehn Minuten durch ein Sieb abseihen.

Für ein Dampfbad ein bis zwei Esslöffel Kamille mit Wasser in einer Schüssel überbrühen, kurz ziehen lassen, bis die Hitze erträglich ist, den Dampf über der Schüssel unter einem Handtuch inhalieren.

Kamillen-Kümmel-Tee

Dieser Tee verschafft Linderung bei Schmerzen vor und während der Menstruation: Kamillentee wie gewohnt zubereiten, einige zerstoßene Kümmelfrüchte dazugeben, zehn Minuten ziehen lassen, dann abseihen. Möglichst warm und in kleinen Schlucken ein bis zwei Tassen am Tag trinken. Kamille sollte jedoch nicht zur Daueranwendung kommen. Dies könnte zu Bindehautentzündung und nervöser Unruhe führen.

KARDAMOM

Elettaria cardamomum

Die schilfartige Staude stammt zwar aus Indien, fand aber schon zu Urzeiten großen Anklang bei den Arabern. Sie würzen bis heute ihren Kaffee damit (siehe Seite 153). Kardamom wurde hauptsächlich zur Anregung des Kreislaufs, des Hormonhaushalts und des Stoffwechsels eingesetzt. Zur Verbesserung des Atems wurden Kardamomsamen gekaut.

Bei Appetitlosigkeit trinkt man folgenden Tee: Einen Teelöffel gemahlene Kardamomsamen mit einem Teelöffel Pfefferminze überbrühen, fünf Minuten ziehen lassen, dann abseihen. Mit Honig süßen und vor den Mahlzeiten in kleinen Schlucken trinken.

Um die Hormone in Schwung zu bringen, vermischt man täglich einmal eine Messerspitze Kardamom mit einem Glas heißer Honigmilch.

KEUSCHLAMM

Vitex agnus-castus

Die auch Mönchspfeffer genannte Pflanze war bereits den alten Ägyptern bekannt. Man verordnete sie gegen Wahnsinn und Raserei. Einerseits versuchte man, Mönchen mit dem Keuschlamm die Enthaltsamkeit zu erleichtern, andererseits ist besonders von marokkanischen Mischungen die aphrodisierende Wirkung bekannt. In den Samen ist ein hormonähnlicher Stoff enthalten, der bei fast allen gynäkologischen Beschwerden Erleichterung verschafft. Der Mönchspfeffer hat sich deshalb zu einem der erfolgreichsten alternativen Heilmittel in der Gynäkologie entwickelt. Sie können ihn unter anderem rezeptfrei in Tropfenform (z. B. Agnolyt, Mastdyn) in der Apotheke erwerben.

KORIANDER

Coriandrum sativum

Der Koriander war schon im Altertum in ganz Ägypten und im Vorderen Orient verbreitet. Er taucht in zahlreichen Heilmitteln auf, die in den ägyptischen Schriftrollen erwähnt werden. Schon etwa 1500 Jahre v. Chr. wird er erstmals in einem ägyptischen Papyrus genannt. Auch im Grab des Tutenchamun wurden Koriandersamen gefunden.

Das Gewürz fand hauptsächlich bei Magenverstimmung Verwendung. In Marokko gilt der Koriander noch immer als Mittel gegen Dämonen, die sich durch Besessenheit und nervöse Erregung äußern. Heute wissen wir, dass Koriander krampflösend, schwach anregend und antibakteriell wirkt.

Koriandertrank

Zur Steigerung der Liebeslust: Zwei bis drei Teelöffel Korianderfrüchte (Apotheke, Reformhaus) werden im Mörser zerstoßen und mit einem Liter Rotwein übergossen. Eine Woche im Kühlschrank ziehen lassen, dann absieben. Gläschenweise bei Zimmertemperatur trinken.

Gegen Migräne: Zwei Teelöffel Korianderfrüchte zerquetschen und mit einer Tasse siedendem Wasser aufgießen. Nach 10 bis 15 Minuten durch ein Sieb gießen. Mehrmals täglich eine Tasse frisch zubereiteten Tee trinken.

Die Araber würzen viele ihrer schmackhaften Tees mit Sternanis.

KREUZKÜMMEL

Cuminum cyminum

Der Kreuzkümmel ist eine völlig andere Pflanze als der bei uns bekannte Kümmel. Bereits zur Zeit des Pyramidenbaus wurde Kreuzkümmel bei den alten Ägyptern als Heilmittel verwendet. Er hilft gegen vielerlei Beschwerden – vor allem bei Lungenkrankheiten. Kreuzkümmel wird in Ägypten, Marokko und Syrien angebaut.

Kreuzkümmeltrank

Ein Teelöffel Kreuzkümmel wird kurz in einer Pfanne erhitzt, dann mit einem Mörser zerstoßen und mit etwas Zitronensaft und einer Prise Salz in heißes Wasser gegeben und getrunken.

LINDE

Tilia

Lindenblüten galten schon in der Antike als eines der ältesten Heilmittel, dennoch sind die Zeugnisse über ihre Verwendung recht spärlich. In Ägypten wurden die Lindenblüten vermutlich importiert.

Auch bei uns gehört Lindenblütentee zu den altbewährten Heilmitteln. Er hilft bei Husten, Erkältungen, Fieber und Schlaflosigkeit.

MAJORAN/OREGANO

Majorana hortensis, Oreganum

Majoran und Oregano gehören beide in dieselbe Pflanzenfamilie und sind sich auch ähnlich. Majoran ist ägyptischen Ursprungs. Man glaubt, dass allein sein Duft vor Krankheiten schützen kann. Beide Kräuter haben cholesterinsenkende und fettabbauende Eigenschaften. Sie regen die Verdauung an und wirken antibakteriell.

Der arabische Majoran ist eines der populärsten Gewürze der biblischen Welt. In Arabien und Israel heißt er Zatar. In allen Wüstenländern des Vorderen Orients, wo das Kraut wild wächst, wird es häufig verwendet. Das würzigste kommt aus den heißen Wüstenregionen. Man nimmt an, dass dieses Kraut der wahre biblische Ysop ist (siehe auch Seite 155). Daneben gibt es noch syrischen Majoran. (Bezugsquellen für beide Kräuter finden Sie am Ende des Buches.) Majorantee ist bei Erkältungen wohltuend.

MEERTRÄUBEL
Ephedra

Das Meerträubel gehört – so der Ethnopharmakologe Christian Rätsch – zu den ältesten rituellen Pflanzen der Menschheit. Über seine medizinische Wirkung ist wenig überliefert. Das Meeträubel wurde zumeist als Wein getrunken. Angeblich stimulierte es bis zur Raserei. Auf Zypern wurde Ephedratee zur Beschleunigung der Niederkunft gegeben. Heute weiß man, dass alle Ephedraarten gefäßverengend, kreislaufstimulierend und blutdrucksteigernd wirken. Sie regen das zentrale Nervensystem an und lösen Krämpfe, insbesondere solche der Atemwege. Der Wirkstoff Ephedrin ist in vielen Hustensäften enthalten, ist jedoch wegen seines Rauschpotenzials nicht unumstritten. Ephedraextrakt gilt als Aphrodisiakum – besonders für Frauen.

Ephedrakraut gibt es in der Apotheke zu kaufen. Für einen Tee nehmen Sie einen gehäuften Teelöffel auf einen Viertelliter kochendes Wasser. Zehn Minuten ziehen lassen. Wirkt lindernd bei allen Atemwegserkrankungen. Sie können auch Kardamom, Anis und Fenchel dazugeben.

MINZE

Mentha

Die verschiedenen Minzarten zählen ebenfalls zu den ältesten Heilmitteln der Welt. Sie wurden recht früh auch medizinisch zur Magenberuhigung und bei Magen- und Darmbeschwerden genutzt. Daran hat sich bis heute nichts geändert. Minzöl und -tee waren Arzneien gegen Rückenschmerzen, Husten und Bronchitis. Das Öl wurde folgendermaßen hergestellt: Man presste aus frischen Minzblättern den Saft heraus – etwa eine halbe Tasse voll –, vermischte diesen mit Olivenöl und stellte das Gefäß vierzehn Tage in die Sonne.

Für den Tee übergießt man einen Esslöffel Pfefferminzblätter mit einer Tasse kochendem Wasser, lässt das Ganze fünf bis zehn Minuten ziehen und seiht es durch ein Teesieb ab. Täglich drei- bis viermal eine Tasse frischen Tee trinken. Im Orient werden Minzblätter auch gern in grünen oder schwarzen Tee gegeben (siehe Seite 157).

MUSKATNUSS

Myristica fragans

Die Muskatnuss ist der Samenkern der Frucht des Muskatnussbaums. Muskatblüte – Macis – ist ein völlig anderes Gewürz. Die Muskatnuss stammt ursprünglich aus Asien, wurde aber durch den schwunghaften Handel vor allem auch bei den Arabern heimisch. Muskatnuss kann Räusche erzeugen und sogar tödlich wirken.

Ansonsten hat sie eine Reihe beträchtlicher Heilwirkungen. Muskatnuss wird bei chronischen Lungenkrankheiten, Rheuma und Gicht empfohlen, soll Giftstoffe schneller abbauen und sich positiv auf den Leberstoffwechsel auswirken.

Für einen Muskatnusstee kochen Sie Ihren Lieblingskräutertee, süßen ihn mit Honig und fügen eine Messerspitze Muskatnuss hinzu. Täglich eine Tasse trinken. Kurmäßig nur zwei Wochen anwenden. Der Tee entgiftet und stärkt die Leber.

ORCHIDEE

Orchis, Serapias

Der Name Orchidee leitet sich vom griechischen *orchis* (Hoden) ab. Sie wurde auch Knabenkraut – arabisch *salep* – genannt und galt als außerordentliches Aphrodisiakum. Ein Tonikum war lindernd bei Magen- und Darmbeschwerden. In Griechenland kennt man die Salepiverkäufer, die ein kaffeeartiges Getränk aus den Wurzeln der Orchidee anbieten. Gelegentlich kann man Salepmehl auch bei uns in Apotheken oder in türkischen Läden erhalten.

Saleptrank

Einen Teelöffel Saleppulver auf eine Tasse kalte Milch, umrühren, bis zum Siedepunkt erhitzen, mit Zimt bestreut servieren.

PÄONIE

Paeonia officinalis

Die Pfingstrose – wie sie bei uns heißt – verdankt ihren Namen dem Götterarzt Paieon. Ihr sagte man auch eine mystische

Verbindung zum Mond nach. Bei uns wurde sie früher gegen alle Krankheiten eingesetzt, die durch Behexung entstehen. In der Tat wirkt sie schmerzstillend und krampflösend. Pfingstrosenblütentee gibt es fertig in der Apotheke zu kaufen. Die Wirkung ist noch ungeklärt.

RAUTE
Ruta graveolens
Siehe Seite 262

Beruhigungstee mit Raute
Zu gleichen Teilen Rautenblätter, Baldrian, Melisse, Weißdornblüten, Mistel und Kümmel mischen – Mischung am besten in der Apotheke herstellen lassen und Tee nach Gebrauchsanweisung zubereiten. Nicht zu häufig anwenden.

ROSE
Rosa
Die Rosen galten im alten Ägypten als Allheilmittel. Sie waren »der Duft der Götter« und mussten sogar importiert werden, weil der Bedarf so groß war. Rosenöl, Rosenwasser und Rosentee waren äußerst beliebt. Die vitaminreichen Hagebutten wurden als Kräftigungsmittel verabreicht. Sie enthalten sehr viel Vitamin C und andere wertvolle Vitamine, Mineralstoffe, Fruchtsäuren und Gerbstoffe.

Rosentee
Der klassische Hagebuttentee ist insofern auch nichts anderes als ein Rosentee, denn die Hagebutte ist ja bekanntlich die Frucht der Rose. Er ist zu Unrecht als Jugendherbergstee

verschrien und wirkt gut bei Erkältungen und Fieber. Es gibt den Hagebuttentee fertig als Teebeutel. Wer etwas Besonderes will, streut eine Handvoll frischer Rosenblätter über den Tee. Einen anderen Rosentee finden Sie auf Seite 170.

Karkade – der rubinrote Tee mit Hagebutten

Einen besonderen orientalischen Tee gibt es im Reformhaus: den Karkadetee. In ihm sind die schönsten Gewürze des Orients sowie Hagebutten, Hibiskusfruchtkelche, schwarze Johannisbeeren und Äpfel enthalten. Einfach nach Gebrauchsanweisung aufbrühen und genießen!

ROSMARIN

Rosmarinus officinalis

Es gibt verschiedene Mythen über die Entstehung von Rosmarin. Eine besagt, es sei ein assyrischer Jüngling gewesen, der von Göttern in einen Rosmarinstrauch verwandelt wurde, als ihn seine Feinde verfolgten. Rosmarin – der Meertau – war eine der beliebtesten ägyptischen Pflanzen. Die Inhaltsstoffe wirken stimulierend, herzstärkend, krampflösend und keimtötend. Rosmarintee gibt es fertig zu kaufen. Er wird vor allem bei Magen- und Darmbeschwerden empfohlen: Einen Teelöffel Rosmarinnadeln mit einer Tasse kochendem Wasser übergießen. Nach 15 Minuten durchsieben, drei- bis viermal täglich eine Tasse frischen Tee trinken.

In Griechenland kennt man Rosmarinwein, der gegen Herzschwäche empfohlen wird. Einige Zweige werden mit einer Flasche Weißwein übergossen und einige Tage stehen gelassen. Ein Gläschen täglich stärkt das Herz.

SAFRAN

Crocus sativus

Safran ist das teuerste Gewürz der Welt. Sein Name leitet sich vom arabischen *zafaran* (Gelbsein) ab. Safran besteht aus den Narbenästen der Blüte des Safrankrokus und wird mühsam mit der Hand geerntet. Sein Geruch ist intensiv und seine Farbe Orangerot. Die Heilwirkung des Safran wird bereits in einem Papyrus aus Theben erwähnt. Safran soll das Herz stärken, es mit Wärme füllen, die Sinnlichkeit und Lust verstärken sowie Potenzschwäche und Menstruationsstörungen beheben.

Safrantrank

Zimt, Kardamom, Ingwer, Pfeffer, Gewürznelke, Muskatnuss und Safranfäden: Von allem eine Prise (am besten vorher frisch im Mörser zerstößelt) mit schwarzem Tee mischen, mit kochendem Wasser überbrühen, drei Minuten ziehen lassen, mit Honig süßen. Immer dann trinken, wenn »sie oder er in Wallung geraten wollen oder sollen«.

Safranmilch

Ein Tasse Milch zum Kochen bringen, eine Messerspitze Safran hinzufügen, noch zwei Minuten sanft köcheln lassen. Mit Honig süßen, warm trinken. Eine Tasse pro Tag reicht.

SCHWARZKÜMMEL

Nigella sativa

Erst vor kurzem wurde eine weitere viel versprechende Pflanze wiederentdeckt: der orientalische Schwarzkümmel. Er hatte schon in der Heilkunst der alten Ägypter seinen festen Platz.

Der islamische Prophet Mohammed (570–632 n. Chr.) verewigte ihn in seinem berühmten *Buch Hadith*: »Schwarzkümmel heilt jede Krankheit – außer den Tod.«

Er galt auch als probates Mittel für Schönheit. Nofretetes Geheimnis für einen königlichen Teint soll Schwarzkümmelöl gewesen sein. Auch Kleopatra soll um seine Vorzüge gewusst haben. Ein mit Öl aus Schwarzkümmelsamen gefülltes Gefäß wurde in der Grabkammer Tutenchamuns gefunden. Schon zu seinen Lebzeiten hielten seine Leibärzte nach üppigen Mahlzeiten stets ein Schälchen mit Schwarzkümmelsamen für eine bessere Verdauung bereit.

Heilkundigen in der Antike und im Mittelalter galt er als Allheilmittel, heute wird er bei Neurodermitis und Allergien empfohlen. Inzwischen hat man herausgefunden, dass die Wirkstoffe des Schwarzkümmels die übersteigerten und krank machenden Immunreaktionen bei Allergien normalisieren können. So zeigte die regelmäßige Einnahme von Kapseln mit orientalischem Schwarzkümmelöl eindeutige Erfolge bei Allergien und Hautkrankheiten.

Schwarzkümmeltee: Das Geheimnis der Pharaonen

Auf ein Glas Tee rechnet man einen Esslöffel Schwarzkümmelsamen. Sie werden mit kochendem Wasser übergossen und müssen dann etwa zehn Minuten ziehen. Der Duft, der dem Gefäß entsteigt, beschwört Bilder von Nomadenzelten und Wüstenkarawanen herauf.

Kaffee mit dem Duft des Morgenlandes

Wer lieber Kaffee mag, kann beim Aufbrühen nach persönlichem Geschmack eine kleinere oder größere Prise gemahlenen Schwarzkümmel hinzufügen. Bei frisch gemahlenen Kaffeebohnen wird die gewünschte Menge Schwarzkümmelsamen gleich dazugegeben.
Im Vorderen Orient serviert man Kaffee seit Jahrhunderten auch mit einer Prise Kardamom, das gibt eine besonders würzige Note. Dieses Gewürz fördert den Speichelfluss und unterstützt die Verdauung.

SÜSSHOLZWURZEL
Glycyrrhiza glabra
Die Süßholzwurzel ist ein seit Jahrtausenden verwendetes Gewürz- und Heilmittel. Dennoch ist wenig über sie bekannt – außer dass sie gegen quälenden Durst hilft. Ihre heilsame Wirkung entfaltet die Süßholzwurzel, auch Lakritzwurzel genannt, ebenso bei Erkältungen und all ihren unangenehmen Begleiterscheinungen.

Lakritztee
30 Gramm Süßholzwurzeln schälen und zerquetschen, in einem halben Liter Wasser zum Kochen bringen, fünf Minuten kochen und abseihen. In Erkältungszeiten vor den Mahlzeiten ein Gläschen trinken. Wenn Sie nervös sind, lösen Sie eine Lakritzstange aus der Apotheke in heißem Wasser auf und süßen es mit etwas Honig. Langsam in kleinen Schlucken trinken.

TAMARISKE

Tamarix

Die Tamariske ist eine typische Nilpflanze. Sie wurde bereits in den Pyramidentexten erwähnt. Noch heute ist die Tamariskengalle vor allem in Marokko gebräuchlich zur Haarpflege und zur Behandlung von Magen- und Darmbeschwerden. Tamariskentee kann gegen Entzündungen helfen.

THYMIAN

Thymus

Im alten Ägypten wurden vor allem die Einbalsamierungssalben für die Mumien mit Thymian versetzt. Man verwendete sie aber auch bei Hautflechten. Thymian wirkt stark entzündungshemmend und antibakteriell. Thymiantee bekommen Sie in der Apotheke. Einen Teelöffel Thymian mit kochendem Wasser übergießen und zehn Minuten ziehen lassen. Abseihen. Mehrmals täglich eine Tasse trinken. Hilft bei Halsentzündungen und Husten.

WEIHRAUCH

Olibanum

Weihrauch wurde nicht nur als Rauchopfer dargebracht, sondern auch als Heilmittel verwendet: Ein halber Liter Wein wurde mit drei Esslöffeln Olivenöl, einem Esslöffel Honig und zwei bis drei Weihrauchkörnern verrührt und kurz aufgekocht; anschließend in eine Flasche abgefüllt, gab es morgens und abends davon zur Herzstärkung ein halbes Schnapsgläschen voll.

YSOP

Hyssopus

Der biblische Ysoptee soll das Herz stärken sowie Schweißausbrüche und Atembeschwerden verhindern: Man überbrüht einen Teelöffel getrocknetes Ysopkraut aus der Apotheke mit einer Tasse kochendem Wasser und trinkt den Tee schluckweise vor dem Schlafengehen.

Das Ysopkraut wird auch schon in der Bibel erwähnt: »Entsündige mich mit Ysop, dann werde ich rein; wasche mich, dann werde ich weißer als der Schnee« (Psalm 51,9). Der Autor Kurt Allgeier glaubt, dass das Ysop hier stellvertretend für eine Reihe von Heilkräutern steht, die das Volk Israel – wie anderes medizinisches Wissen auch – aus der ägyptischen Gefangenschaft mitgebracht hat: »Die Bibel macht auch die Heilpflanzen und Heilrezepte zu etwas ganz Eigenem: In der Bibel begegnen wir einem Naturverständnis, das himmelhoch über dem steht, was wir heute unter Natur und natürlichen Heilkräften verstehen.« Vor der Gesundheit kommt das Heilwerden. Damals waren Arzneien auch nicht einfach Medikamente mit bestimmten Wirkstoffen, sie galten als konzentrierte Lebenskraft, als göttlicher Atem.

Ysop, bei uns auch Josefskraut genannt, ist eine dem Majoran verwandte Pflanze. In Essig gekocht, galt er als probates Betäubungsmittel. Man gab es Schwerverletzten oder Gekreuzigten zu trinken – so auch Jesus: »Ein Gefäß mit Essig stand da. Sie steckten einen Schwamm mit Essig auf einen Ysopzweig und hielten ihn an seinen Mund« (Johannes 19,29). Die Soldaten wollten ihn also offenbar nicht verhöhnen, sondern ihm helfen, die Schmerzen zu ertragen.

Auch der Maulbeerfeigenbaum lieferte der Bibel zufolge einen heilenden Tee. Ein Teelöffel frischer oder getrockneter Blätter wurde mit einer Tasse Wasser kurz aufgekocht und abgeseiht. Er sollte Magen und Darm reinigen. Ein Tee aus der Rinde war ein beliebtes Abführmittel: Einen Teelöffel voll mit kaltem Wasser aufsetzen, kurz aufkochen und zehn Minuten ziehen lassen.

ZIMT

Cinnamomum zeylanicum

Zimt gehört zu den ältesten Gewürzen der Welt. Er wird auch schon in der Bibel erwähnt. Man unterscheidet den Zimt vom Zimtstrauch (*Cinnamomum cassia*), der meist hier erhältlich ist, und vom Ceylonzimt oder Kaneel. Der letztere ist feiner im Geschmack und hat eine ausgeprägtere Heilwirkung. Im Orient wurde er zu kultischen Zwecken und zur Beimischung von Salben verwendet. Zimt soll den Kreislauf stimulieren und antiseptisch wirken. Er beschleunigt die Rekonvaleszenz nach einer Krankheit und wurde dem Wasser zugesetzt, um Krankheitserreger unschädlich zu machen.

Biblischer Zimttrank

Zimt – aus Arabien und Indien eingeführt – galt als typisches »Reinigungsmittel« für den ganzen Körper. Obendrein sollte er die Potenz stärken und den Gallenfluss anregen. Zimt in Weihnachtsgebäck gilt als Gegenmittel zu fettem Essen. Als Magen- und Kreislaufarznei bereitet man folgendes Rezept zu: Man kocht drei Zimtstangen in einem halben Liter Wasser kurz auf, lässt es dann zehn Minuten ziehen, nimmt die Zimtstangen heraus und gibt einen halben Liter Rotwein zum Sud. Morgens und abends ein halbes Schnapsgläschen davon trinken.

Die paradiesischen Tees aus 1001 Nacht

Orientalische Schwarzteemischungen

Das Lieblingsgetränk der Araber war ein Aufguss von scharfer Minze und im Winter von Wermut. Um das jeweilige Gebräu nicht so bitter schmecken zu lassen, kochten die Araber nun zusätzlich Tee und vermischten die Getränke. Man servierte Minze oder Wermut und schwarzen oder grünen Tee aus zwei verschiedenen Kannen und goss sie in ein Teeglas. Über die Handelswege kam der Tee schon früh auf die Arabische Halbinsel und in den Norden Afrikas.

Ein arabischer Händler, ein gewisser Suleiman, war es, der erstmals den schwarzen Tee außerhalb seiner Ursprungsländer erwähnte. In seinen Berichten aus China und Indien aus dem Jahr 851 fand sich folgende Beschreibung: »Es ist eine Pflanze, die mehr Blätter hat als der Klee, auch einen stärkeren Duft, die jedoch sehr bitter schmeckt. Man bringt Wasser zum Kochen und gießt es darüber.« Er berichtete, dass in China »dem König als wichtige Einnahmequelle das Salz und ein Kraut zur Verfügung stehen, das sie mit heißem Wasser trinken und das sehr teuer, aber dennoch allgemein verbreitet ist«.

Doch betrachtete man den heute klassischen schwarzen Tee lange Zeit eher als exotisches Kuriosum. Es überwog der Handel mit Gewürzen, Seide und Edelsteinen. Die arabi-

schen Händler galten als wichtige Mittler zwischen Morgen- und Abendland. Schließlich transportierten sie nicht nur Waren, sondern auch fremdes Wissen und fremde Philosophien. Die berühmte Seidenstraße führte auch über Isfahan. Doch die Muselmanen hatten noch kein Interesse am schwarzen Tee. Sie tranken – und trinken – vor allem Pfefferminztee. Heute aber bildet der schwarze Tee meist den Hauptbestandteil ihrer Teemischungen.

An der Spitze der Schwarzteetrinker stehen die Kuwaitis mit 5,23 Kilogramm Jahresverbrauch pro Kopf. Es folgen die Iren und Briten mit etwas über drei Kilogramm, dann die Syrer mit knapp zwei sowie die Iraner und Tunesier mit je 1,5 Kilogramm pro Kopf und Jahr.

Auch die Marokkaner trinken zu jedem Anlass und zu jeder Tageszeit Tee. Heiß und süß muss er sein. Was der Marokkaner besonders schätzt, ist grüner Tee mit Zucker, gewürzt mit frischer Minze, die die Araber *nanah* nennen. Gästen wird der Tee nach marokkanischem Brauch auf dem landesüblichen, feinziselierten Metalltablett angeboten. Die Regeln der Gastfreundschaft gebieten es noch heute, drei Gläser Tee zu servieren, wobei das letzte das stärkste sein soll. Man will dem Gast damit die Möglichkeit geben, sich zunächst einmal auszuruhen. Zur Zeit der Karawanenreisen war es deshalb auch üblich, dem Gast erst einmal drei Tage Ruhe zu gönnen, bevor man miteinander verhandelte.

Inhaltsstoffe und Wirkung des Schwarztees

Schwarzer Tee gilt als das Getränk, das nach Wasser am häufigsten getrunken wird. Er ist inzwischen in den Alltag so vieler Länder eingezogen, dass es uns gar nicht mehr bewusst wird, dass auch er aus einer Heilpflanze gewonnen wird.

Der schwarze Tee stammt vom Teestrauch (*Camilla sinensis*). Man gewinnt ihn aus den jungen Blättern und Knospen der im südostasiatischen Bergland heimischen und in Ostasien seit über zweitausend Jahren kultivierten Pflanze. Nach einer Legende entdeckte der chinesische Kaiser Shen Nung im Jahr 2737 v. Chr. den Tee, als ihm einige Blätter in ein heißes Wassergetränk fielen und er bemerkte, wie köstlich dieses Blatt-Wasser-Gemisch schmeckte. Anfangs wurde der Tee eher zu medizinischen Zwecken und erst später als erfrischendes Getränk verwendet. Im alten China empfahl man einen Teeaufguss unter anderem bei Tumoren, Abszessen, Blasenerkrankungen und Lethargie.

Die wichtigsten Inhaltsstoffe des Tees sind das Koffein (chemisch ist zwischen Koffein und Teein kein Unterschied, deswegen benutzt man den Begriff Teein nicht mehr) und die Gerbstoffe. Die ätherischen Öle sorgen für den feinen Duft und das köstliche Aroma. Etwa vierhundert Aromastoffe sind inzwischen bekannt, die den typischen Duft und Geschmack ausmachen. Weitere wirksame Spurensubstanzen sind Fluorid, Kalium, Mangan, Theophyllin, Theobromin und Vitamine der B-Gruppe.

Im Gegensatz zum Koffein im Kaffee beeinflusst jenes im Tee Herz und Kreislauf nicht negativ, sondern fördert die Durchblutung und den Stoffwechsel im Gehirn. So wirkt es direkt auf unsere »Denk- und Fühlzentrale« und das zentrale Nervensystem. Tee gilt deshalb als Stimulans für Geistesarbeiter. Wissenschaftliche Untersuchungen ergaben, dass er nicht nur das Lernen beschleunigt, sondern auch das Gedächtnis verbessert. Den Gerbstoffen wird eine Heilwirkung bei Darmerkrankungen zugeschrieben. Die Mineralstoffe sorgen dafür, dass hilfreiche Enzyme im Körper aktiviert werden, dass Karies verhindert und der Blutzuckerspiegel gesenkt wird. Das Theophyllin wirkt gefäßerweiternd und entwässernd und stärkt den Herzmuskel. Die B-Vitamine steigern die Vitalität.

Wie lange soll der Tee ziehen?

Drei Minuten: Das bringt eine anregende Wirkung. Das Koffein ist vollständig gelöst, die Gerbstoffe sind es nur teilweise.
Fünf Minuten: Der Tee wirkt beruhigend, hat aber seine anregende Wirkung nicht verloren. Die Gerbstoffe sind gelöst.

Marokkanischer Tee

Grünen Tee – am besten Gunpowder – in eine Kanne geben, mit ein wenig kochendem Wasser überbrühen und es kurz darauf wieder abgießen. Dann die Teekanne mit kochendem Wasser füllen und einige Minuten ziehen lassen. In Gläser gießen, in die man zuvor (möglichst frische) Minzeblätter gelegt hat. Stark zuckern! Man kann dieses Getränk auch mit schwarzem Tee zubereiten.

Iranischer Tee

Man benötigt einen Liter Milch und zwei gestrichene Esslöffel schwarzen Tee. Die Milch zum Kochen bringen und kochend über die Teeblätter gießen. Fünf Minuten ziehen lassen und dann servieren. Zucker nach Geschmack. (für sechs Personen)

Zimttee

Schwarzen Tee in gewohnter Stärke kochen. Pro Person eine Prise gemahlenen Zimt und einen Löffel Honig dazugeben. Jeder rührt seinen Tee mit einer Zimtstange um. Das verstärkt das Aroma. Wer mag, süßt nach.

Nomadentee

Sechs Teelöffel schwarzen Tee mit einem Liter kochendem Wasser aufgießen, wie gewohnt ziehen lassen. In jedes Glas eine Scheibe ungespritzte Orange geben, den heißen Tee darüber gießen und nach Geschmack zuckern. (für sechs Personen)

Wüstentee

Zwölf Teelöffel Tee mit kochendem Wasser übergießen und fünf Minuten ziehen lassen. Kandierten Ingwer in kleine Stücke schneiden und in die Tasse geben. Diese nur halb mit Tee füllen. Eine Kanne mit heißem Wasser herumreichen, so dass jeder Mittrinker die Stärke seines Tees selbst bestimmen kann. (für neun bis zwölf Tassen)

Orienttee

Sechs Teelöffel Tee mit einem Dreiviertelliter kochendem Wasser übergießen; nach dem Ziehen den Saft einer Bio-Orange und einer halben Bio-Zitrone sowie etwas Zitronenschale hinzufügen. Eine zweite ungespritzte Orange in sechs Scheiben schneiden und in jede Scheibe zwei Gewürznelken stecken. In jede Teetasse eine Orangenscheibe geben und den heißen Tee darüber gießen. Nach Geschmack zuckern. (für sechs Tassen)

Das knabbert der Orientale zum Tee

Zum Tee isst der Orientale gern Pistazien – auch in größeren Mengen. Wer ebenfalls gern Pistazien nascht, sollte sich gute (aus kontrolliertem Anbau) aus dem Reformhaus leisten, denn manche Produkte sind erheblich mit dem Pilzgift Aflatoxin belastet. Das Bundesinstitut für gesundheitlichen Verbraucherschutz und Veterinärmedizin fand bei Stichproben 1997 bis zu achtzehnfache Überschreitungen des erlaubten Höchstwertes. Alle beanstandeten Proben waren aus dem Iran. Das Pilzgift kann das Erbgut schädigen und Krebs erzeugen. Es stammt von Schimmelpilzen, die bei unsachgemäßer Herstellung oder Lagerung entstehen.
In manchen Gegenden werden auch gern Grantapfelkerne zum Tee gegessen.

Gewürztee mit Sahne

3/4 l Wasser
10 TL schwarzer Tee
100 g brauner Kandis
1/4 l Ananassaft
Saft von 2 Orangen
1 Stange Zimt
je 3 Gewürznelken, Koriandersamen
und Pimentkörner
1 großer säuerlicher Apfel
1 Becher Sahne

Das Wasser kochend über den Tee gießen und drei Minuten ziehen lassen, abseihen und mit Kandis (zwei Teelöffel beiseite legen), Ananas- und Orangensaft, der ein- bis zweimal gebrochenen Zimtstange, Nelken, Koriander und Piment in einen Topf geben. Den Apfel schälen und hineinraspeln. Alles erhitzen, ohne zu kochen, 15 Minuten ziehen lassen. Übrigen Kandis fein zerstoßen, Sahne schlagen. Den Gewürztee abseihen, in hitzefeste Gläser gießen, eine Sahnehaube daraufsetzen, Kandis darüber streuen und sofort servieren. (für vier bis sechs Personen)

Eisige Spezialitäten

Geeister Gewürztee

Einen Dreiviertelliter kochendes Wasser über sechs Teelöffel Tee gießen, wie gewohnt ziehen lassen. Danach für fünf Minuten je einen viertel Teelöffel Piment und Zimt sowie eine Messerspitze Muskatnuss hinzugeben, durch einen Filter abseihen, eine dreiviertel Tasse Puderzucker, je eine Tasse Orangen- und Zitronensaft hineinrühren und über anderthalb Tassen gestoßenes Eis gießen. (für sechs Personen)

Minztee mit Eiswürfeln

Einen Dreiviertelliter kochendes Wasser über sechs Teelöffel grünen Tee gießen, dann wie gewohnt ziehen und abkühlen lassen, abseihen. Anschließend über Eiswürfel gießen. In jedes Glas ein Stück Würfelzucker und einige Blätter frische Minze geben. (für sechs Personen)

Orientalische Liebesrezepte

Ein wichtiger Zweig der alten Medizin war das Mischen von liebesluststeigernden Mitteln. Man vermutet, dass in Ägypten viele Bücher über dieses Thema geschrieben wurden. Auch in die griechische Götterwelt hatte orientalisches Räucherwerk, das betörende Liebesdüfte verbreitete, seinen Einzug gehalten. Und bewusstseinserweiternde Pflanzen waren fester Bestandteil in der medizinisch-religiösen Welt. Aus Indien ist die Droge Soma, aus Persien das nahe verwandte Haoma (Steppenraute), aus dem Vorderen Orient der Baum der Erkenntnis (Granatapfel) bekannt. Und auch die psychedelische Wirkung von Alraune, Bilsenkraut und Tollkirsche war nicht unbekannt. Sie dienten allesamt der Luststeigerung. So wurde Mohn beispielsweise auch »Pflanze der Freude« genannt.

Die ersten schriftlichen Hinweise auf luststeigernde Mittel fanden sich auch auf den altägyptischen Papyrusrollen. Altbewährte Aphrodisiaka waren beispielsweise Hanf, Opium, Stechapfel und eine Reihe anregender Gewürze. Im Orient haben sich zahlreiche Rezepte erhalten – etwa die der »Orientalischen Fröhlichkeitspillen«.

Von den in diesem Buch beschriebenen Pflanzen und Gewürzen gelten Anis, Basilikum, Brennnessel, Eisenkraut, Engelstrompete (Datura), Galgant, Granatapfel, Ingwer, Kardamom, Koriander, Meerträubel, Piment, Rosmarin, Schafgarbe, Sellerie, Teestrauch, Getreide, Wermut und Zimt als aphrodisierend.

Damianatee

3 Teile Damianakraut
2 Teile Pfefferminzkraut
Pomeranzenblüten

Die Kräuter vermischen und mit kochendem Wasser übergießen. Fünf Minuten ziehen lassen.

Arabisches Jasminwasser

Eine Handvoll Blüten vom Arabischen Jasmin werden mit kaltem Mineralwasser aufgegossen und einige Stunden oder über Nacht kalt gestellt. Ein köstliches Getränk für bezaubernde Liebesstunden.

Meerträubeltee

Ein bis zwei gehäufte Esslöffel Meerträubelkraut pro Teetasse mit Wasser zugedeckt etwa zehn Minuten aufkochen lassen, eine Prise Anis und Pfefferminzkraut dazugeben und noch einige Minuten ziehen lassen. Abgießen und nach Belieben süßen.

Die libidosteigernde Wirkung setzt nach einer Viertelstunde ein. Bei Männern sollte man Überdosierungen vermeiden, weil sonst das Gegenteil bewirkt wird.

So lässt sich Tee auch genießen

Eine – wie wir heute wissen – wichtige flankierende medizinische Maßnahme des Orients war und ist der *hammam*, das traditionelle öffentliche Bad. Die mit heißem und kaltem Wasser, Dampfbad und ausgebildeten Masseuren ausgestatteten Bäder taten viel für Gesundheit und Abwehrkraft ihrer Besucher. Aber auch die Liebesfähigkeit wird durch die Körperpflege und Sinnlichkeit, die im *hammam* herrscht, geweckt.

Das 1001-Nacht-Bad

50 g Rosenblätter
20 g Pfefferminzblätter
3 Tropfen Rosenöl oder Rosengeraniumöl
Bienenhonig

Die getrockneten Pflanzenteile in ein Säckchen geben und zubinden. In der Badewanne mit etwas kochend heißem Wasser übergießen, so dass das Säckchen bedeckt ist. Das Rosenöl mit dem Bienenhonig verrühren und zum Badewasser geben. Das Kräutersäckchen während des Badens ab und zu ausdrücken. Dazu schlückchenweise einen Gewürztee Ihrer Wahl trinken. Das Bad wirkt lindernd und beruhigend und lockert die Muskeln.

Baden wie die Königin von Saba

Für ein Wannenbad brauchen Sie einen halben Liter Milch, einen Viertelliter Sahne, drei bis vier Esslöffel flüssigen Ho-

nig und einige Tropfen eines Ihrer ätherischen Lieblingsöle oder eine Mischung ätherischer Öle, zum Beispiel:

Pharaomischung
5 Tropfen Sandelholzöl
5 Tropfen Bergamottöl
2 Tropfen Kardamomöl
5 Tropfen Geraniumöl
2 Tropfen Korianderöl
1 Tropfen Pfefferöl

Als Krönung streuen Sie zwei bis drei Hände voll Rosenblätter auf das Wasser. Nun rasch noch den Stecker vom Telefon aus der Wand gezogen, die Klingel abgestellt und das Badezimmer verschlossen, damit Sie ihr magisches orientalisches

Bad auch wirklich genießen können. Leise Musik und ein guter Tee runden den Genuss ab. Nichts tun, nichts denken, nichts Wichtiges sein wollen …

Vielleicht wünschen Sie sich noch eine entspannende Massage?

Für ein Massageöl eignet sich folgendes Rezept:

Oriental Bouquet
8 Tropfen Sandelholzöl
3 Tropfen Vetiveröl
1 Tropfen Vanilleöl
5 Tropfen Patschuliöl
2 Tropfen Perubalsamöl
1 Tropfen Kardamomöl

Dazu ein Rosentee

In einen frisch aufgebrühten schwarzen Tee eine Handvoll frischer, duftender Rosenblätter geben, kurz ziehen lassen und dann trinken und genießen. Dieser Tee spricht auch das Auge an! (Es gibt ihn auch fertig im Teehandel zu kaufen.)

Damit der Liebesrausch keine Folgen hat

Einiges ist auch über orientalische Verhütungsmittel überliefert. So ist im *Papyrus Ebers* zu lesen: »Damit eine Frau ein, zwei oder drei Jahre nicht schwanger wird: feinzerriebene Dornakazienblätter, Koloquinten und Datteln mit ein bisschen Honig mischen. Zusammen mit Baumwollfäden wird das dann in ihre Genitalien getan.«

Auch Krokodildung wurde mit dem Schleim von Kräutern und Pflanzen zu Tamponaden verarbeitet. Aus Kleopatras Zeiten ist bekannt, dass sich Frauen Zedernöl vor den Muttermund gossen. Es wird auch berichtet von Scheidenzäpfchen aus Kiefernrinde und Wein. Der Granatapfel ist das interessanteste der antiken Verhütungsmittel. Dieser Apfel enthält große Mengen pflanzlichen Östrogens, das mit dem weiblichen Sexualhormon chemisch sehr nahe verwandt sein soll. Infolgedessen kann man davon ausgehen, dass es im Körper der Frau auch eine vergleichbare Wirkung hat. Bei entsprechender Erfahrung und richtiger Anwendung der wertvollen Frucht konnten die Frauen damit wohl tatsächlich ihren Kindersegen steuern. Die Zubereitung war relativ einfach: Die Granatapfelkerne wurden zerstoßen, in Wachs gerollt und als Scheidenzäpfchen verwendet. Wirkungsvoller dürfte allerdings der Granatapfeltrunk gewesen sein: Die Kerne wurden zerstößelt und mit Wasser getrunken. Es gibt noch heute viele Frauen in den arabischen Ländern, die ununterbrochen Granatapfelkerne kauen.

Wenn man auch nicht genau weiß, wie, so müssen die Rezepte doch ziemlich gut gewirkt haben. Und zwar nicht nur dadurch, dass sie ein Hindernis für den männlichen Samen darstellten, sondern auch durch den Einfluss der Pflanzen auf das Scheidenmilieu. Bei den Akazienblättern etwa ist später nachgewiesen worden, dass durch Gärung Milchsäure entsteht, die den Samen chemisch »außer Gefecht setzt«, so dass er kein »Unheil« mehr anrichten kann.

Lateinamerika

Vater Sonne, Mutter Erde

Heilweisen der Indianer

Während hierzulande noch niemand etwas von Amerika ahnte, gab es dort bereits zahlreiche blühende Kulturen. Für uns existierte die Neue Welt erst, als Kolumbus Amerika auf der Suche nach Indien »entdeckte«. Für ihn war es – zunächst – Indien, und die Eingeborenen erhielten deshalb die Bezeichnung Indianer. Es gab große Stadtstaaten mit einer ausgeklügelten Infrastruktur, zu denen gut ausgestattete Krankenhäuser gehörten. In der Andenregion erlebte das mächtige Reich der Inka seine Blütezeit. Sammler, Händler und Jäger durchstreiften Wüstengebiete und Regenwälder, waren Grenzgänger zwischen Stämmen und Familien, zwischen Himmel und Erde. Sie waren aufs Innigste mit der Natur verbunden und wussten ihr viele Überlebensstrategien zu entlocken.

Der größte Stadtstaat war Mexiko – Tenochtitlan, das Zentrum der aztekischen Kultur. Der Herrscher der Azteken, Moctezuma II. (1502–1520) verfügte über einen botanischen Garten, in dem sich Scharen von Gärtnern um etwa viertausend Pflanzen kümmerten, die größtenteils auch als Heilpflanzen verwendet wurden. Es gab Apotheken, in denen man fertige Heilsäfte, Salben und Pflaster erstehen konnte.

Vergleichbar der chinesischen Lehre von Yin und Yang sehen die Indianer in allen Erscheinungen gegensätzliche

Aus Kakteen und Baumrinden machten die Azteken und Inkas wirkungsvolle Heilmittel, die heute wieder große Beachtung finden. Bestes Beispiel: Der Mate- und Lapachotee.

und sich ergänzende Kräfte, die sich im Normalfall im Gleichgewicht befinden. Zum Männlichen gehört das Weibliche. Zu Mutter Erde gehört Vater Sonne – eine Erkenntnis, der sich auch die moderne Wissenschaft nicht mehr verschließen kann. Denn ohne Vater Sonne gäbe es beispielsweise kein Leben auf Mutter Erde. Ist die Harmonie gestört, wird der Mensch krank. Indianische Heilzeremonien zielen deshalb vor allem auf die Wiederherstellung dieser Harmonie ab. Die hochwirksamen Heilkräuter stellen dabei eine wirkungsvolle Begleitung dar. Alle Pflanzen, die Heilkraft besitzen, gelten als Geschenke der Götter und werden verehrt. Manche betrachtet man als Pflanzenlehrer, denen mit besonderer Ehrfurcht begegnet wird.

Die Azteken teilten ihr medizinisches Wissen mit vielen anderen Stämmen und Völkern Mittelamerikas. Leider zerstörten die Entdecker der Neuen Welt viele Kulturen. Doch die Wirksamkeit der Kräuter, auf die sie stießen, brachte die Eroberer, unter ihnen auch Ärzte, immer wieder zum Staunen.

Von der aztekischen Medizin waren zunächst die Spanier zutiefst beeindruckt. Der spanische König Philipp II. sandte seinen Leibarzt zum Studium nach Südamerika, wo dieser in mehrjähriger Arbeit Wissen über Heilpflanzen zusammentrug und das Lehrwerk dann heimbrachte. Dieser »Export« war mit Sicherheit wichtiger als der weltlicher Güter. Außerdem kamen aus der indianischen Welt die Tomate, die Kartoffel, die Schokolade und die Urstoffe der Pille zu uns – um nur einige Beispiele zu nennen. Was wären wir heute ohne sie!

Auch das Reich der Inka verfügte über eine beeindruckende Medizin. Es gab Ärzte und Apotheker. Letztere betrieben einen schwunghaften Handel mit Heilkräutern, die aus dem Amazonasbecken und den Regenwäldern stammten. Diese – teils heute noch intakten – Kräuterhandelswege sorgten dafür, dass die indianischen Völker trotz ihrer ansonsten großen Unterschiede über ähnliche medizinische Kenntnisse und Behandlungsmethoden verfügten.

Rasch breitete sich nun auch auf dem europäischen Kontinent die Kunde von der heilenden Wirkung indianischer Kräuter aus. Im ersten gedruckten und offiziellen staatlichen Arzneimittelbuch der Welt – der *Pharmakopöe* des Valerius Cordus (Nürnberg 1589) – werden eine ganze Reihe von indianischen Heilpflanzen aufgeführt, die in einer Apotheke vorhanden sein mussten. Zu Anfang des 19. Jahrhunderts zählten Pfeilwurz, Chili, Jalapenwurzeln, Maisgriffel, Kaneelrinde, Perubalsam, Sarsaparille oder Sassafrasrinde auch bei uns zu den beliebtesten Hausmitteln.

Der chemischen und pharmakologischen Erforschung der indianischen Arzneipflanzen verdanken wir heute viele wichtige Medikamente, etwa die zur Lokalanästhesie, gegen psychische Krankheiten oder Herzleiden. Auch die Homöopathie entstand so: Bei seinen Experimenten mit dem Tee der Chinabaumrinde entdeckte Samuel Hahnemann, dass Ähnliches mit Ähnlichem geheilt werden kann.

Einen großen Anteil der heute in der Homöopathie verwendeten Heilkräuter machen indianische Pflanzen aus. Auch fast alle hier besprochenen Heilpflanzen finden sich in homöopathischen Tinkturen wieder. Es stellte sich bei all diesen Untersuchungen aber auch heraus, dass die Indianer und ihre Heilkundigen mit großem Wissen und sicherem Gespür jahrhundertelang einwandfreie Heilkunde betrieben hatten. Während sich die Europäer noch über deren ganzheitliches Naturverständnis lustig machten, waren die Indianer ihnen um Jahrhunderte voraus. Die häusliche Anwendung von Heilkräutern steht bei den indianischen Völkern am Beginn einer jeden Behandlung. Erst wenn das nichts bewirkt, wird ein Heilkundiger – ein Arzt, ein Apotheker, ein Medizinmann, ein Pflanzenkundiger, ein Zauberer, ein Schamane oder eine Hebamme – aufgesucht. Zu den gebräuchlichsten Hausmitteln zählen Chilipfeffer, Cocablätter, Guarana, Kakao, Kartoffeln, Kürbiskerne, Mais, Mate, Mormonentee, Papaya, Pfeilwurz, Piment, Sonnenblumenkerne, Tomaten und Vanille.

Durch die Eroberung Amerikas machten die Indianer aber auch Bekanntschaft mit etlichen europäischen Heilpflanzen, die sie in ihr Repertoire aufnahmen: Löwenzahn, Wegwarte, Ackerwinde, Senf, Koriander, Wermut, Salbei, Fenchel, Johanniskraut, Pfefferminze, Malve, Raute oder Sauerampfer. Die nachfolgend beschriebenen indianischen Kräuter sind fast alle bei uns in Apotheken erhältlich und in den meisten Fällen als medizinisches Heilkraut anerkannt.

Bei indianischen Stämmen werden aus den Heilkräutern vor allem Tees zubereitet. Auch Kräutersude (Dekokte) werden zur Linderung und Heilung eingesetzt. Pflanzenpflaster sind bekannt, Salben jedoch wenig verbreitet, im Gegensatz zur altägyptischen Medizin. Gewöhnlich wird das möglichst frische Kraut mit kaltem Wasser aufgesetzt und zum Kochen gebracht. Dann lässt man es ziehen. Kalte Auszüge kennt man so gut wie nicht. Wahrscheinlich, weil ungekochtes Wasser nicht keimfrei ist und sich das auf die Heilung schädlich auswirken kann. Für viele Eingeborene ist das Rauchen von berauschenden oder heilenden Kräutern eine wichtige gesundheitliche Maßnahme. So lassen sich akute Schmerzzustände besser aushalten. Durch den Rausch soll aber auch eine heilende Bewusstseinserweiterung stattfinden. Besonders in Südamerika ist das Kauen von Heilpflanzen üblich.

Klistieren kommt ebenfalls eine große Bedeutung zu, da die Indianer davon überzeugt waren, dass der Darm und die Verdauung in der menschlichen Gesundheit eine wichtige Rolle spielen.

Die wichtigsten indianischen Heilpflanzen

Die hier vorgestellten Kräuter sind mehr oder weniger bei allen indianischen Völkern bekannt, weswegen sie an dieser Stelle ingesamt abgehandelt werden. Bei der Auswahl wurde darauf geachtet, dass sie weitestgehend auch bei uns zubereitet werden können. Die speziellen Teerezepte finden Sie der Übersichtlichkeit halber direkt im Anschluss an die Beschreibung der einzelnen Kräuter.

AMERIKANISCHER FAULBAUM

Rhamnus purshiana

Die Rinde dieses Baums verwendeten die Indianer als Abführmittel und zur inneren Reinigung. Zur Herstellung eines heilenden Gebräus ließen sie die Rinde mindestens ein Jahr lang liegen. Heute weiß man, dass die medizinische Wirkung nach einer längeren Lagerung tatsächlich höher ist. Langsam zerkaut wirkt die Faulbaumrinde gegen Schmerzen. Tee aus der Rinde stärkt die Abwehrkräfte. Das konnte erst kürzlich wissenschaftlich bestätigt werden.

Die Faulbaumrinde ist bei uns als Arzneipflanze in der Apotheke erhältlich. Das Arzneimittelbuch gibt folgende Dosierungen an: Etwa ein halber Teelöffel wird mit einer Tasse heißem Wasser überbrüht und nach zehn bis 15 Minuten durch ein Teesieb abgegossen. Morgens und abends eine Tasse frisch zubereiteten Tee trinken. Der Tee aus der Amerikanischen Faulbaumrinde sollte nicht ohne Rücksprache mit dem Arzt und auch nur kurzfristig eingenommen werden. In der Apotheke gibt es Fertigarzneimittel, deren Hauptbestandteil Faulbaumrinde ist.

AVOCADO
Persea americana

Die Avocado ist eine der ältesten bekannten Früchte überhaupt. Ihr Name stammt vom aztekischen *auacatl.* Die Frucht aß man, den Rest verwendete man für Medikamente und die Verhütung. Bei den Maya werden fiebernden Patienten Avocadoblätter unter die Füße gebunden, und bei Husten wird aus den zarten Blättern Tee zubereitet. Die Indianer aus Paraguay kochen ein Dekokt zur Schwangerschaftsverhütung.

Avocadotee: Hilft bei Durchfall

Ein Kern wird zerraspelt und in der Pfanne geröstet. Diese Raspel werden mit einem Teelöffel Spitzwegerichblätter pro Tasse aus der Apotheke aufgekocht. Kurz ziehen lassen und abseihen.

BOLDO

Peumus boldus

Der immergrüne Boldobaum kommt ursprünglich aus Chile, mittlerweile ist er im ganzen mittelamerikanischen Raum verbreitet. Seine Blätter riechen nach einer Mischung aus Kampfer und Pfefferminze. Die Boldoblätter werden vielseitig in der indianischen Medizin verwendet und als Wurmmittel und gegen Durchfall gegeben. Mit Schachtelhalm gemischt wird ein allgemeiner Heiltee daraus. Auch gegen Gebärmutterleiden jedweder Art wird Boldo geschätzt. Ein Boldotee wird häufig nach dem Essen als Verdauungshilfe gereicht. Boldoblätter sind eines der am häufigsten eingesetzten Heilmittel und bei uns in der Apotheke erhältlich.

Boldotee

Vier Gramm Boldoblätter werden mit einem halben Liter Wasser und etwas Honig aufgekocht und müssen zwei Tage ziehen. Morgens auf nüchternen Magen und abends je eine Tasse trinken. Als besonders wirkungsvoll gilt der Boldotee, wenn man ihn in Vollmondnächten ins Freie stellt.

Boldotee wird bei verschiedenen Indikationen empfohlen: bei Angstzuständen, nervöser Verstimmung, Appetitlosigkeit (vor dem Essen trinken!) und bei Verdauungsbeschwerden.

CHILIPFEFFER

Capsicum frutescens

Die Chilis gehören zu den Nachtschattengewächsen. Die kleinen, am Ende ihres Reifungsprozesses roten Kegel sind eng verwandt mit dem Gemüsepaprika. Es gibt etwa siebzig verschiedene Chiliarten. Die Indianer verwenden Chili seit

Menschengedenken. Die spanischen Eroberer brachten ihn zu uns. Er zählt heute neben Pfeffer, Ingwer und Kurkuma zu den am häufigsten verwendeten Gewürzpflanzen. Chili ist ein außerordentlich energiespendendes Gewürz. Es fördert die Verdauung und weckt die Sinnlichkeit.

Chilitee

Kochen Sie sich nach Geschmack einen Kräutertee, und süßen Sie ihn mit Honig. Eine Messerspitze Chili dazugeben, umrühren und in kleinen Schlucken möglichst heiß trinken. Hilft bei Fieber, Kreislaufschwäche und – Schüchternheit!

CHINARINDENBAUM

Cinchona pubescens

Die auch Fieberbaum genannte Pflanze hat uns das Chinin beschert, das bei Malaria und Fieber erfolgreich eingesetzt wird. Die Indianer Südamerikas bereiteten aus der Rinde einen Heiltrank für Fieberkranke zu. Die Wirkung war sagenumwoben. Bekannt ist, dass die Chinarinde im Jahre 1642 durch die Jesuiten nach Europa kam. Trotz ihrer beachtlichen Erfolge wurde sie zu Anfang nicht ganz ernst genommen und sogar verboten, weil sie als die Rinde »der satanischen Papisten« galt. Viel später dann kam die Chinarinde als Pulver in die Apotheken und wurde als Tee getrunken. Mit der Zeit gewann sie eine enorme wirtschaftliche Bedeutung. Die Inhaltsstoffe Chinin und Chinidin finden sich heute in vielen Medikamenten. Auch Tonic Water enthält beispielsweise Chinarindenextrakte.

Die Indianer Mittelamerikas kochten sich einen Tee aus Chinarinde. Ein Esslöffel der zerkleinerten Rinde, die es bei uns in der Apotheke gibt, wurde mit einem halben Liter kochendem Wasser übergossen. Mehrmals täglich gab man dem Fiebernden eine Tasse davon zu trinken. Sie können sich auch einen Wein daraus zubereiten: Ein Liter trockener Weißwein wird mit zwei Esslöffeln Rinde aufgegossen, fünf Tage stehen gelassen und eventuell etwas gewürzt (etwa mit Zimt oder Safran), da das Getränk relativ bitter ist. Bei Chinarinde besteht die Gefahr der Überdosierung, deshalb einen Arzt hinzuziehen!

CONDURANGO

Marsdenia cundurango

Das Lianengewächs verdankt seinen Namen dem Vogel Kondor, der einer indianischen Überlieferung zufolge von einer Gottheit mit besonderen Fähigkeiten ausgestattet worden ist. Abkochungen der Rinde des Kletterstrauchs wurden seit alters her von den Indianern gegen Magen- und Nervenleiden, bei Geschwüren und Geschlechtskrankheiten genutzt.

Condurangowein

Bei Verdauungsbeschwerden, Magenverstimmung und Appetitlosigkeit hilft Condurangowein: Auf eine Flasche schweren süßen Wein wie Port oder Madeira brauchen Sie eine Hand voll Kondurangorinde aus der Apotheke. Beides wird zusammengegossen und muss fünf Tage ziehen. Die Wirkstoffe lösen sich nur in kalter Flüssigkeit. Vor dem Essen ein Gläschen davon trinken. Condurangowein sollte nicht immer verwendet werden, da es zu Überdosierungen kommen kann. Für eine Abkochung ohne Alkohol setzen Sie Wasser in der gewünschten Anzahl von Tassen auf, geben pro Tasse einen halben Teelöffel Kondurangorinde hinein, kochen dies auf, lassen es vor dem Abseihen abkühlen.

DAMIANA

Turnera diffusa oder *aphrodisiaca*

Die Pflanze wurde bei uns nach einem spanischen Missionar benannt, dem heiligen Damian, Schutzpatron der Apotheker. Die Azteken waren allerdings, was die Wirkung des Damianakrauts anging, deutlicher: »Die dem Mann das Hemd herrunterreißt«, so nannten sie das pflanzliche Aphrodisiakum. Damiana ist noch heute eines der wichtigsten indianischen Heilkräuter. Es wird auch als Stärkungs- und Beruhigungsmittel eingesetzt. Die alten Indianer nahmen es, wenn sie besonders erschöpft waren. Bei Erkrankungen der Atemwege soll das Kraut wie ein »Asthma-Besen« wirken.

Belebender Damianatee

Damianakraut und -blätter sind in der Apotheke, aber auch im gut sortierten Kräuterhandel erhältlich. Adressen finden Sie am Ende des Buches.

3 Teile Damianakraut
2 Teile Pfefferminzblätter
1 Teil Pomeranzenblüten

Für eine Tasse Tee einen Esslöffel dieser Mischung mit kochendem Wasser übergießen und nach fünf Minuten abseihen. Mit Honig süßen. Nach Bedarf in kleinen Schlucken trinken.

Gegen Menstruationsbeschwerden wird mehrmals täglich eine Tasse Damianatee getrunken: Für eine Tasse einen Esslöffel Damianakraut mit kochendem Wasser überbrühen und fünf bis zehn Minuten ziehen lassen. Je länger der Damianatee zieht, desto stärker ist seine Wirkung. Der Ethnopharmakologe Christian Rätsch kennt noch ein Rezept der Maya, das sich auch mit Zutaten aus der Apotheke mischen lässt: Je ein Teil Kreuzdorn, Malve, Rosmarin, Lorbeer, Anis und drei Teile Damianakraut. Pro Tasse einen Esslöffel dieser Mischung mit kochendem Wasser übergießen und fünf Minuten ziehen lassen. Tut Magen und Darm gut und schmeckt angenehm.

Bei Erkältungen kann man in Wasser aufgekochte Damianablütenblätter aus der Apotheke in ein warmes Wannenbad geben oder sie zum Inhalieren verwenden. Gelegentlich ist Damiana auch in fertigem Tee zur Herz- und Kreislaufstärkung oder zur Luststeigerung enthalten.

ENGELSTROMPETE

Brugmansia candida

Die schöne Engelstrompete gehört seit alters her zu den Rauschdrogen der Indianer. Sie bereiten aus ihr ein Getränk, Tonga genannt. Heute rauchen die Indianer die Blätter und Blüten gegen Atemwegserkrankungen und als Aphrodisiakum. Tees und Auszüge kommen ebenfalls zur Anwendung. Der Gebrauch von Engelstrompeten ist nicht ganz ungefährlich, da eine Überdosierung zu Atemstillstand führen kann. Deshalb sei davor ausdrücklich gewarnt. Aber es ist erotisierend, an einem lauen Sommerabend unter einer dieser wunderbaren Pflanzen, wie sie heute für Balkon und Terrasse auch als Kübelpflanzen angeboten werden, zu sitzen und ihren betörenden Blütenduft einzuatmen.

KAKAO
Siehe Schokolade, Seite 195

KOKASTRAUCH
Erythroxylon coca
Aus den Blättern des Kokastrauchs sollte heute zwar kein Tee für den Eigenbedarf gekocht werden, dennoch hat Koka sowohl für die Indianer als auch für uns eine große Bedeutung, so dass sie hier der Vollständigkeit halber erwähnt sei. Der Kokastrauch war im alten Inkareich eine heilige Pflanze. Seine Blätter wurden hauptsächlich für Rituale und Zeremonien verwendet. Vor der Kokaernte – so berichtet der Ethnopharmakologe Christian Rätsch – musste der Mann mit einer Frau geschlafen haben, damit die heilige Mama Koka mild gestimmt wurde. Sein Penis wurde mit einem Kokasud eingerieben, um den Liebesakt zu verlängern. Später wurden Kokablätter auch bei Operationen zur Betäubung eingesetzt. Sie zählten überdies mit zu den wichtigsten Allheilmitteln. Die frischen Blätter wurden als Tee bei Koliken getrunken; vermischt mit braunem Zucker soll der Tee unter anderem gegen Magenschmerzen, Durchfall, Hals- und Kopfweh, Fieber und Rheuma helfen.

Im 16. Jahrhundert entdeckte man die Wirkung von Kokain, dem Hauptinhaltsstoff. Ungefähr zweihundert Jahre später wurde es pharmakologisch untersucht. Da Kokain damals wie heute häufig als Rauschdroge missbraucht wurde und keinesfalls nebenwirkungsfrei ist, bemühte man sich, daraus andere Stoffe abzuleiten. Heute verdanken wir dem Kokastrauch zahlreiche Heil- und Betäubunsgmittel – und natürlich auch den Siegeszug der Coca Cola, die bei Reisedurchfall, Magenverstimmung, Übelkeit und Erbrechen gemeinsam mit Salzstangen den Magen beruhigt.

KRALLENDORN

Uncaria tomentosa

Der Krallendorn gehört zu den Lianengewächsen. Wozu die Indianer diese Pflanze genau verwendeten, ist nicht bekannt. In Europa jedenfalls wurden Untersuchungen mit einem Heiltee aus Krallendorn zur Krebsbekämpfung durchgeführt. Die Erfolge sollen sehr viel versprechend gewesen sein. Die Inhaltsstoffe des Krallendorns stärken das Immunsystem und regen die Selbstheilungskräfte an. Krallendorntee (und andere Krallendornpräparate) kann man rezeptfrei in der Apotheke erhalten, allerdings recht teuer, da die Pflanze sehr selten ist.

MAIS

Zea mays

Mais ist schon seit etwa zehntausend Jahren die wichtigste Nahrungspflanze Mexikos. Auch wir kennen das Nahrungsmittel Mais inzwischen recht gut, wissen jedoch über seine Heilkräfte sehr wenig. Bei den Mayas gibt man Kranken nur Mais zu essen. Wer keinen Mais mehr mag, gilt als totgeweiht. Es gibt vielerorts Maisgriffeltee als Universalmittel bei Verstopfung, Durchfall, Unfruchtbarkeit und Menstruationsbeschwerden. Japanische und chinesische Wissenschaftler stellten fest, dass Mais den Blutzucker zu senken und den Blutdruck zu regulieren hilft. Maisgriffel sind zwar bei uns als Heilmittel nicht zugelassen, aber häufig dennoch in der Apotheke erhältlich.

Entschlackender Maisgriffeltee
Fünfzig Gramm Maisgriffel zehn Minuten in einem Liter Wasser kochen. Zwei bis drei Tassen regulieren den Blutdruck und wirken gegen Blasenentzündung.

MATE
Ilex paraguariensis
Siehe Seite 204

MORMONENTEE
Ephedra americana
Der Mormonentee ist ein Gemisch verschiedener Meerträubelarten und auch als »Indianischer Tee« bekannt geworden. Aus den Wurzeln der Pflanzen wird ein Absud gekocht. Er soll gegen Geschlechtskrankheiten, Rheumatismus, Blasenentzündung und Gallenreizung helfen. Ephedra (Meerträubel) und sein Inhaltsstoff Ephedrin sind bei uns als Heilkräuter anerkannt. Ephedrin ist rezeptpflichtig. Ephedrakraut gibt es so in der Apotheke zu kaufen. Einen Teelöffel pro Tasse kochendem Wasser zehn Minuten ziehen lassen. Bei Überdosierung kann es zu Nervosität und Herzbeschwerden kommen. Deshalb vor Anwendung besser mit dem Arzt sprechen.

NACHTKERZE
Oenothera biennis
Die Nachtkerze gilt vor allem bei den peruanischen Indianern als ganz besonders wirksames Heilmittel. Sie wird unter anderem zur Menstruationsregulierung sowie bei Fieber, Kopfschmerzen, Magenverstimmung und Prellungen einge-

setzt. Seit einigen Jahren wird das Öl der Nachtkerze bei uns vor allem gegen prämenstruelle Beschwerden empfohlen. Nachgewiesen ist seine Wirkung bei Wechseljahrsbeschwerden. Das Öl ist selten und sehr wertvoll, da es für die Bildung des Hormons Prostaglandin von Bedeutung ist. Auch bei allgemeinen Schwächezuständen soll es hilfreich sein. Es ist in Kapselform in Apotheken und Reformhäusern erhältlich.

PAPAYA
Carica papaya
Die Papayafrucht ist ein gesundheitlicher Tausendsassa unter den uns bekannten exotischen Früchten. Sie schmeckt nicht nur ausgezeichnet, sondern hat auch vielfältige positive Auswirkungen auf den Körper: Sie fördert die Verdauung, stimmt den Magen milde und befreit den Darm von Würmern. Sie enthält das eiweißspaltende Enzym Papain, das totes Zellgewebe zerstört und den Körper entgiftet. Außerdem ist die Frucht reich an Vitaminen. Bereits seit 1552 sind Papayablätter bei uns bekannt und heute auch in der Apotheke oder im Reformhaus erhältlich.

Papayablättertee
Ein Teelöffel Blätter mit kochendem Wasser übergießen und zehn bis 20 Minuten ziehen lassen. Die indianische Medizin setzt diesen Tee auch bei Asthma ein. Nebenwirkungen sind bislang nicht bekanntgeworden. Es lohnt sich, in der Apotheke nach Fertigarzneimitteln zu fragen, die Papain enthalten.

PASSIONSBLUME

Passiflora incarnata

Ihren Namen verdankt diese hübsche Kletterpflanze, die auch bei uns als Zierpflanze verkauft wird, einem spanischen Missionar. Die Blüte stellt nach kirchlicher Auffassung die Marterwerkzeuge Christi dar. Passionsblumentee ist bei den Andenindianern ein Heilmittel bei Verstopfung und Darmverschluss sowie zur Beruhigung und gegen schlechte Laune. Angeblich soll die Pflanze schöne Träume bescheren. Die Passionsfrüchte werden mit Begeisterung von Indianern und Spaniern ausgeschlürft.

Bei uns gibt es Passionsblumenkraut in der Apotheke, im Reformhaus und im Kräuterhandel. Die Blätter der Zierpflanze eignen sich nicht zur Teeherstellung, da es sich um andere Züchtungen handelt! Der Tee soll nicht so wirkungsvoll sein wie die Kapseln mit dem Extrakt, die in Apotheken und Reformhäusern erhältlich sind.

PIMENT

Pimenta dioica

Das Gewürz Piment ist uns auch als Nelkenpfeffer, Allerleigewürz oder Jamaikapfeffer bekannt. Es stammt von einem Baum, der zu den immergünen Myrtengewächsen zählt. Charakteristisch ist der Pimentgeruch; er duftet nach Gewürznelken, Muskatnuss, Pfeffer und Zimt. Der Baum wächst ausschließlich in Mittel- und Südamerika sowie in Indien. Die Maya zerkauten die Blätter bei Zahnschmerzen, Verdauungsproblemen und Appetitlosigkeit. Als vorbeugendes Mittel gegen Erkältungen wird Pimentpulver mit Kakao vermischt und mit Honig gesüßt.

Pimenttrank gegen Magenschmerzen

Eine Messerspitze frisch gemahlenes Pimentpulver in heiße Milch geben, mit Honig süßen. Zweimal täglich ein Glas trinken.

RATANHIA

Krameria triandra

In Peru ist Ratanhia auch heute noch ein häufig angewendetes Mittel bei Zahnfleisch- und Blasenproblemen. Die Pflanze wirkt entzündungshemmend und blutstillend. Die Wurzel der Ratanhia gibt es in der Apotheke zu kaufen. Für einen Tee werden etwa zwei Gramm pro Tasse etwa zehn Minuten lang gekocht. Der Tee kann auch zum Gurgeln verwendet werden. Es gibt in der Apotheke auch fertige Kombinationspräparate mit Ratanhiaextrakten.

SALBEI

Salvia

Salbei gehört mit zu den wichtigsten indianischen Kräutern, die für Heil- und rituelle Zwecke eingesetzt werden. Der Rauch der Salbeiblätter soll Menschen geistig reinigen, denn Salbei fördert die Inspiration und die innere Klarheit. Medizinisch gesehen wirkt Salbei hilfreich bei allen Erkältungen, Mund- und Halserkrankungen und gehört auch bei uns zu den bewährten Hausmitteln. Der hiesige Salbei ist mit der Wirkkraft des indianischen nicht zu vergleichen. Indianischer und Aztekensalbei sind im Kräuterversand (Adressen am Ende des Buches) zu beziehen, Salbeitee gibt es als Fertigprodukt und als losen Tee fast überall.

Alte Kräuterrezepturen wie das indianische Lebenselixier »Original Indian Essence« (siehe auch Seite 215) gelten in der westlichen Heilkunde als Geheimtipp. Im Hintergrund das Medizinrad der Indianer.

Salbeitee gegen Angstzustände

Bei Panik und Stresszuständen setzt die indianische Medizin bei leichteren Fällen auf die beruhigende Wirkung von Salbei. Vier Gramm Salbeiblätter werden mit einem halben Liter Wasser aufgekocht und etwas ziehen gelassen. Über längere Zeit morgens und abends eine Tasse trinken.

SARSAPARILLE

Smilax regelii

Die Sarsaparille ist ein altes Heilmittel der Azteken. Noch heute wird der Tee dieser Pflanze bei allen möglichen Leiden getrunken, etwa bei unreiner Haut, Geschlechtskrankheiten und Fieber. Die harn- und schweißtreibende sowie die klärende Wirkung auf die Haut gelten heute als erwiesen. Sarsaparillenwurzeln gibt es in der Apotheke.

Der bekannte Heilpflanzenspezialist und Apotheker Mannfried Pahlow empfiehlt beispielsweise gegen unreine Haut einen Kaltwasserauszug:

5 Teile Sarsaparillenwurzel
2 Teile Erdbeerblätter
2 Teile Brombeerblätter
1 Teil Faulbaumrinde

Alle Zutaten in kaltes Wasser geben und über Nacht ziehen lassen. Bei Bedarf trinken. Nach neuesten medizinischen Erkenntnissen hilft Sarsaparille auch gegen Schuppenflechte.

Die indianische Medizin setzt einen Sarsaparillentee gegen Blasenentzündung und Schmerzen ein: Pro Tasse einen Teelöffel zerkleinerte Wurzeln mit kochendem Wasser übergießen, kurz ziehen lassen und anschließend in kleinen Schlucken heiß trinken – mehrmals täglich eine Tasse frischen Tee.

SASSAFRASBAUM

Sassafras albidum

Die auch Fieberbaum genannte Pflanze gehört zu den heiligen Pflanzen der Indianer. Neben ihrer spirituellen Bedeutung findet sie vielfältige medizinische Anwendung. Aus Wurzeln, Rinde, Blättern und Beeren werden Tees zubereitet, die bei Rheuma, Geschlechtskrankheiten, Husten und Blasenbeschwerden helfen sowie beruhigend wirken sollen. Auch Wundpflaster für Knochenbrüche und Quetschungen sind gebräuchlich. Obendrein gilt Sassafras als eines der wirksamsten indianischen Aphrodisiaka. Er duftet nach Orange, Zitrone und Vanille.

Die Spanier brachten die Pflanze im 16. Jahrhundert nach Europa. Die Rinde genoss als Heilmittel schnell großes Ansehen. Sassafrasrinde erhalten Sie in der Apotheke. Sie eignet sich vor allem als Beimischung zu anderen Tees – am besten lassen Sie sich in der Apotheke beraten.

SCHAFGARBE

Achillea millefolium

Auf die auch bei uns heimische Schafgarbe schworen schon die alten Azteken. Schafgarbentee wird noch heute gegen nervöse Verstimmung gegeben. Er soll ebenfalls bei Menstruationsbeschwerden, Tuberkulose, Hämorrhoiden, Durchfall, Erkältungen und Zahnschmerzen helfen. Die meisten Wirkungen sind heute wissenschaftlich bestätigt. Schafgarbe ist in Drogerien, Kräuterläden, Reformhäusern und Apotheken erhältlich.

Schafgarbe als Allroundtee
Zwei Teelöffel Schafgarbenkraut mit einer Tasse heißem Wasser überbrühen, nach zehn Minuten durch ein Teesieb gießen. Drei- bis viermal täglich eine Tasse frisch zubereiteten Tee trinken. Nach Belieben mit Honig süßen und Anis oder Pfefferminzblätter dazugeben.

Der Ethnopharmakologe Christian Rätsch empfiehlt bei rheumatischen Beschwerden, Gliederreißen und Appetitlosigkeit noch ein anderes Getränk indianischen Ursprungs:

3 Teile Schafgarbe
2 Teile Damiana
1 Teil Weidenrinde
1 Teil Kalmuswurzel

Pro Tasse einen Teelöffel dieser Mischung mit heißem Wasser überbrühen, fünf bis zehn Minuten ziehen lassen und dann warm trinken.

SCHOKOLADE
Theobroma cacao
Tchocolatl – so nannten die Azteken das Gewürz aus den bohnenförmigen Samen des Kakaobaums, dessen Heimat der Amazonas und das Orinokogebiet sind. Für sie war Kakao ein beliebter Energiespender und Gutelaunestoff. Sie schätzten auch seine harntreibende Wirkung. Das Kakaopulver wird aus den Bohnen durch Gärung, Rösten und Mahlen gewonnen. In Südamerika, Spanien und Italien würzt man auch damit. Bei uns erfand man die Schokolade. In ihr sind Substanzen enthalten, die denen gleichen, die der Körper bei

Verliebtheit ausschüttet. Deshalb suchen Menschen mit Liebeskummer oder depressiven Verstimmungen oft Trost im Genuss von Schokolade. In Verruf geraten ist Schokolade lediglich wegen ihres hohen Zucker- und Kaloriengehalts, ansonsten werden ihr – inzwischen auch wissenschaftlich – nur positive Eigenschaften nachgesagt.

Heißes Kakaogetränk aus echtem Kakao (Reformhaus) hilft gegen Durchfall und Durchhängen, bei Energieabbau und Verlust des Partners: Auf eine Tasse einen Teelöffel Kakaoschalen geben, mit kochendem Wasser überbrühen und fünf bis zehn Minuten ziehen lassen. Wichtig ist es, echte Kakaoschalen zu verwenden. Fertiges Kakaopulver aus dem Supermarkt ist kaum wirksam. Es gibt auch fertigen Kakaoschalentee sowie Kakaohülsentees aus Reformhaus und Apotheke. Für ein kräftigendes Getränk können Sie Kakaopulver mit Milch aufkochen und eine Prise Anis und Chili, eine Vanilleschote, eine Stange Zimt, eine Prise gehackte Nüsse sowie Pfeilwurzelmehl dazugeben. Nach Geschmack mit braunem Zucker süßen.

Es gibt noch einen indianischen Schokotrank, der die Stimmung hebt:

¼ l frische Vollmilch
1 Vanillestange
2 EL echtes Kakaopulver
eine Prise Chilipfeffer
eine Prise Salz
1 EL Honig

Milch zum Kochen bringen, Hitze etwas reduzieren, Vanillestange hineingeben, fünf bis zehn Minuten leicht köcheln lassen. Vanilleschote herausnehmen, der Länge nach aufschlitzen und das Mark herauskratzen; mit den Gewürzen und dem Kakao in ein Glas geben, die Hälfte der Milch dazugießen, gründlich vermischen und leicht mit einem Schneebesen schlagen. Zur restlichen Milch in den Topf zurückschütten. Umrühren und heiß servieren.

SONNENHUT
Echinacea angustifolia
Der rote Sonnenhut hat bei uns in den vergangenen Jahren unter dem Namen Echinacea oder Echinacin eine steile Karriere gemacht. Seine Wirksamkeit gilt seit einigen Jahren als pharmakologisch einwandfrei erwiesen. Die auch als Igelkopf bekannte Pflanze wird bei uns inzwischen industriemäßig angebaut. Die indianischen Stämme verwenden den Sonnenhut bei einer Reihe von Beschwerden: als Wundmittel, gegen Entzündungen und Vergiftungen sowie zur Stärkung des Abwehrsystems. Echinacea ist derzeit eines der wirksamsten bekannten Naturheilmittel zur Stabilisierung des Immunsystems.

Es gibt die Droge in der Apotheke zu kaufen. Die Fertigpräparate sind nach heutigem Kenntnisstand wirksamer als ein selbst hergestellter Tee.

Echinaceatee zur Verbesserung von Fitness und Wohlbefinden
Wasser in einem emaillierten Topf (kein Aluminium) zum Kochen bringen und auf die Teekräuter gießen. Pro Tasse Tee einen gehäuften Esslöffel Pflanzenteile rechnen. Zehn Minuten ziehen lassen, abseihen und in kleinen Schlucken zu sich nehmen. Der Tee kann auch kalt getrunken werden.

VANILLE

Vanilla planifolia

Das beliebte und teure Gewürz gehört zur Familie der Orchideen und stammt aus Mexiko. Vanille wurde schon von den Azteken, die das Gewürz zu besonderen Anlässen anboten und ihren Herrschern mit dieser Kostbarkeit Ehre erwiesen, hoch geschätzt. Ein spanischer Eroberer berichtete 1520, dass Montezuma ein Getränk aus Schokolade und Vanille dargereicht wurde – angeblich um ihn für erotische Abenteuer vorzubereiten (vielleicht aber auch, damit er der sprichwörtlich gewordenen »Rache Montezumas« entging! Schokolade gilt auch heute noch als gutes Mittel gegen Durchfall).

Die Maya schätzen Vanille wegen ihrer herzstärkenden Wirkung und trinken bei sexueller Erschöpfung einen Tee aus Vanilleschoten, Pfefferminzblättern und Früchten der Balsambirne. Vanille genießt übrigens bei allen Indianern wegen ihrer mild erotisierenden Wirkung hohes Ansehen. Achten Sie immer darauf, dass Sie echte Vanille bekommen. Die bei uns normalerweise verkaufte Vanille (Pulver!) ist künstlich hergestellt.

Vanilletrank

Eine Tasse Milch mit einem Teelöffel getrockneten Vanillefrüchten einige Minuten kochen, durch ein Sieb gießen und trinken. Sie können auch noch Honig sowie etwas Kakao und Pfeilwurzmehl dazugeben. Fertigen Vanilletee erhalten Sie im Reformhaus.

WEIDE

Salix

Der Weide haben wir eines unserer beliebtesten, gebräuchlichsten, nützlichsten und erfolgreichsten Medikamente zu verdanken: das Aspirin. Täglich werden neue positive Wirkungen entdeckt. Zunächst nur bei Schmerzen und Entzündungen eingesetzt, ist die Acetylsalicylsäure eines der wichtigsten Mittel zur Vorbeugung von Herz- und Kreislaufleiden geworden.

Viele indianische Stämme bereiten bei Kopf- und Gliederschmerzen sowie bei rheumatischen Beschwerden einen Absud aus der Weidenrinde zu. Abkochungen helfen gegen Fieber und Grippe. Weidenrindentee eignet sich als fiebersenkendes, schmerzstillendes und antirheumatisches Mittel. Weidenrinde erhalten Sie in der Apotheke, im Reformhaus und im Kräuterhandel.

Weidentee

Ein Esslöffel Rinde pro Tasse mit kochendem Wasser übergießen, 15 bis 20 Minuten ziehen lassen, kurmäßig anwenden – kein Dauergebrauch. Für einen Absud setzen Sie die Rinde mit kaltem Wasser auf und kochen sie zehn Minuten aus. Der Absud soll wirkungsvoller sein.

Spezielle Kräuter und Teerezepte aus dem Regenwald

Der immergrüne Regenwald ist für uns ein ganz besonders faszinierender Ort. Den Menschen, die dort leben, liefert er alles, was sie brauchen: Nahrung und Medikamente, Unterschlupf und Lebensgrundlage. Jeder kennt geeignete Mittel gegen leichtere Verletzungen und Krankheiten. Dieses Wissen wird von frühester Kindheit an vermittelt. Die dazugehörigen Heilpflanzen wachsen in unmittelbarer Nähe. Zu diesen zählen – wie so oft – auch Pflanzen, die ganz alltäglich als Nahrung oder Gewürz dienen: Chili, Piment, Kakao, Tee, Avocado, Zimt, Galgant, Gewürznelken, Muskat oder Papaya.

Schwere Krankheiten werden von erfahrenen Heilern, von Schamanen oder Zauberern behandelt. Bei der Diagnose kommt auch den Träumen und der Traumdeutung eine ganz besondere Bedeutung zu. Unter den als Heiler berufenen Schamanen des Regenwalds stehen die Zauberer, Wahrsager und Fetischpriester. Dann gibt es noch Kräuterspezialisten, die über ein reiches Wissen des Heilens mit Pflanzen verfügen. Für alle medizinischen Belange der Frauen, was Menstruation, Schwangerschaft, Geburt und Schwangerschaftsverhütung betrifft, gibt es Hebammen. Sie behandeln mit pflanzlichen, rituellen und magischen Mitteln, stehen aber auch mit Rat und Tat zur Seite.

Für die Bewohner des Regenwalds existiert nicht nur die sichtbare Welt, sondern auch eine unsichtbare, die »wahre Wirklichkeit«, »Wirklichkeit der Seelen« oder »unsichtbare Welt« genannt wird. Sie liegt im Menschen selbst und ist der Urgrund allen Seins. Diese Welt ist ein Ort der Träume und befindet sich jenseits der Stätte, an der Göttinnen und Götter leben, an deren Lebensatem alle Wesen des Waldes Anteil haben. Um den Zugang zu dieser inneren Welt zu erleichtern und das Bewusstsein zu erweitern, werden vor allem auch

Pflanzen mit psychoaktiver Wirkung eingesetzt. Sie werden Meisterpflanzen oder Pflanzenlehrer genannt.

Ayahuasca – Amazonaszauber

Das wichtigste Getränk auf dem Weg in die andere Welt ist den Regenwaldbewohnern ein Zaubertrank aus der Ayahuasca-Liane. Viele Besucher des Regenwaldes – Ärzte wie Missionare – berichteten von unglaublichen Begebenheiten nach dem Genuss des Trankes. Er steigere vor allem die telepathische Begabung eines Menschen. Wissenschaftler haben den Zauber nun entschlüsselt – sofern so etwas überhaupt möglich ist. Die Liane ist nicht allein ausschlaggebend für die enorme psychedelische Wirkung des Trankes, auch das zumeist beigefügte Chacrunakraut tut seine Wirkung. Die Inhaltsstoffe der beiden Pflanzen – die Pflanzenseelen – ergänzen sich so, dass eine Reise in die »wahre Welt« möglich wird. Ayahuasca ist eines der mächtigsten Instrumente des Schamanismus der Amazonasindianer. Ist eine bestimmte Krankheit diagnostiziert, werden dem Zaubertrank noch spezielle Heilkräuter hinzugefügt. Durch heftiges Übergeben und Durchfälle reinigt sich der Körper selbst von möglichen Krankheitserregern.

Die Zubereitung des Trankes war früher ein gut gehütetes Geheimnis. Heute haben Wissenschaftler das Geheimnis des Regenwaldes in den USA zum Patent angemeldet. Was möglicherweise auf den ersten Blick wie ein Fortschritt aussieht, ist in Wahrheit eine Versündigung an den Bewahrern des Zaubertranks: Sie werden ihn – ihr ureigenstes Kulturgut – in Zukunft nur noch durch Zahlung einer Lizenzgebühr brauen können. Außerdem werden damit die Pflanzenseelen zerstört.

Andererseits verdanken wir der Urwaldmedizin so manche Anregung. Das Pfeilgift Curare etwa wurde in seine einzelnen Bestandteile zerlegt. Daraus entstanden Narkose-, Muskelentspannungs- und Entkrampfungsmittel, auf die die westliche Medizin nicht mehr verzichten mag. Die Vernichtung der Regenwälder, ihrer Völker und Kulturen beraubt uns nicht nur wertvoller Anregungen und Erkenntnisse, sondern auch so liebgewordener Nahrungsmittel und Gewürze wie Kakao, Vanille, Zimt, Bananen, Avocado, Papaya und Mango.

Zu den Regenwaldpflanzen, die auch bei uns medizinische Verwendung finden, gehören unter anderem der Arobabaum, die Erdnuss, Paprika, Brechwurzeln, Kokastrauch, Baumwolle, Pockholz, Maniok, Condurangostrauch, Balsambaum, Rauwolfia, der Kakaobaum, Echte Vanille und Mais. Soweit sich die Heilpflanzen aus dem Regenwald zur Teeherstellung eignen, sind sie bereits in diesem Kapitel beschrieben.

Eine Besonderheit – der CoD-Regenwaldtee

Die Schamanen des Regenwaldes heilen auch Krankheiten, die bei uns als unbesiegbar gelten – so hört man wenigstens. Der Mediziner Thomas David stieß bei seinen ausgedehnten Entdeckungsreisen in den Regenwäldern auf viele verborgene Heilkünste. Er lernte, welche Pflanzen und Tees das Immunsystem so stärken, dass der Körper seine Selbstheilungskräfte selbst bei schwersten Erkrankungen zur Wirkung bringt. Nach seiner Rückkehr testeten er und sein Forscherteam verschiedene Tees an Krebspatienten, die bereits von

Die Pflanzen und Früchte des Regenwaldes sind eine wahre Fundgrube für Augen und Gaumen. Hier versammelt: Kakao, wilde Papaya, Aloe, Orchideen, Farne und Ananas.

der Schulmedizin aufgegeben worden waren. Die Lebensqualität – so berichtet er – verbesserte sich bei allen durch die auf den Einzelnen abgestimmte Tee-Einnahme und Ernährungsanweisung deutlich. Auch nach schweren Operationen soll das aufbauende Konzept gut angeschlagen haben.

Heute bietet Thomas David seinen CoD-Regenwaldtee, der aus verschiedenen Kräutern besteht, auch zum Verkauf in Europa an. Doch keinesfalls sollte die empfohlene Teekur ohne Beratung und Kontrolle eines Arztes durchgeführt werden. Auch kann sie schulmedizinische Behandlungen nicht ersetzen. Thomas David: »Ungeachtet der vielen positiven Erfahrungen würde ich niemals so kühn sein zu behaupten, Krebs sei dank unseres phytotherapeutischen Systems heilbar.« Seiner Erfahrung nach tritt aber fast immer eine Besserung des Allgemeinbefindens ein.

Guarana – der Hit unter den Muntermachern

Schon seit Jahrtausenden wird Guarana (*Paullinia cupana*) von Indianern des Amazonasgebiets zur Anregung der geistigen und körperlichen Leistungsfähigkeit, bei Müdigkeit und zur Dämpfung des Hunger- und Durstgefühls eingenommen. Es dient auch als Energiespender bei Hitze und Feuchtigkeit. Der Tee wird bei Migräne, Menstruationsdepression, gegen Durchfall und als Aphrodisiakum getrunken. Guaranapulver oder -präparate sind bei uns frei verkäuflich – vor allem in Diskotheken oder Fitnessstudios erhältlich. Sie sollten allerdings recht vorsichtig damit umgehen. Kritiker sind der Meinung, dass Sie, um die gleiche Wirkung zu erzielen, auch ein oder zwei Tassen Espresso trinken könnten!

Spezielle Kräuter und Heiltees der Indios aus den Hochgebirgen

Mate – das grüne Gold der Indios

Das Lebenselixier der Indios ist Mate. Schon vor vielen tausend Jahren hat man Mate in Südamerika angebaut. Die Blätter wurden vermutlich zusammen mit Kokablättern gekaut. Heute wird Mate hauptsächlich als Tee genossen und ist in weiten Teilen Südamerikas das Nationalgetränk. Jeder Besucher erhält dort als Willkommenstrunk diesen Tee. Die Teezeremonie vollzieht sich ohne Hast. Friede und Ruhe kehren ein. Der Absud wird aber auch medizinisch gegen allerlei Zipperlein verwendet und häufig mit anderen Heilkräutern versetzt.

Matetee gilt als das grüne Gold der Indios und soll erheblich zu ihrer sprichwörtlichen Vitalität und Leistungsfähigkeit beigetragen haben. Die immergrüne Stammpflanze (*Ilex paraguariensis*) wurde schon im alten Amerika als anregendes, vitaminreiches Getränk zubereitet. Bei uns heißt der Tee heute Mate; für die Indios ist *mati* der kleine Flaschenkürbis, aus dem der Tee genossen wurde. Auch heute noch wird der Tee in ähnlicher Weise getrunken: durch ein löffelartiges, meist silbernes Röhrchen, an dessen Ende sich ein winziges Sieb befindet.

Es waren die Missionare, die für einen systematischen Anbau des Matetees sorgten. Damit leiteten sie vor 250 Jahren einen schwunghaften Handel des in Spanien als Yerba- oder Jesuitentee beliebten Mates ein. Es wurden ausschließlich Blätter junger Bäume oder Sträucher für den Tee verwendet.

Zwischen der ersten und zweiten Pflückung bleibt der Pflanze eine einjährige Ruhepause. Die Blätter werden vom Stamm geschlagen, dann auf Gestellen in der Luft getrocknet oder auch über hellem Feuer gedörrt und häufig mit Holzkeulen zerstampft.

Die Beliebtheit des Matetees erklärt sich aus seiner anregenden Wirkung. Er erweist sich als kraftspendend bei geistiger und körperlicher Ermüdung. Für die Indios hat der Genuss noch einen weiteren Vorteil: Matetee dämpft das Hungergefühl. Das hat sich in Zeiten großer Hitze oder von Nahrungsknappheit als überlebenswichtig erwiesen.

Diese Eigenschaft wird heute auch bei uns von vielen Teetrinkern geschätzt. Denn in Zeiten, in denen Schlankheit das Schönheitsideal ist, wird durch den Matetee auf natürliche und einfache Weise quälendes Hungergefühl unterdrückt. Mate wirkt zudem etwas abführend und harntreibend.

Matetee

Getrocknete Mateblätter mit kochendem Wasser übergießen, fünf Minuten ziehen lassen, dann abseihen. Je länger der Tee zieht, desto stärker wirkt er. Die Blätter können durchaus ein zweites Mal verwendet werden. Nach Geschmack Zitronensaft und Ahornsirup zugeben.

Im Reformhaus erhalten Sie unter anderem folgende Teemischungen:

- Mate »Lemon« mit Zitronellgras und Sonnenblumenblüten
- Mate »Earl-Grey« mit Zitronellgras und Kornblumenblüten

Roter Lapacho und Mate – mit solchen Tees kommt die Heilkultur der Indios in Europa zu neuen Ehren.

- Mate »Schoko« mit Kakaobohnen, Mandelstücken, Kaktusblüten und Schokoaroma

Mate-Gewürztee

Geröstete Mateblätter, Kakaoschalen, Guaranasamen, Kokasamen, Zimt, Piment, Sternanis, Minzenmischung und Nelken ergeben zusammen eine köstliche exotische Teemischung. Sie muss fünf Minuten ziehen und kann nach Belieben gesüßt werden. Den »Fermate-Kräuter-Gewürztee« gibt es als fertige Mischung im Reformhaus.

Lapachotee – das kleine Heilwunder

In der südamerikanischen Volksmedizin hat der Lapachotee seinen angestammten Platz. Gelegentlich wird er auch Inkatee genannt. Für den Tee werden Holz, Rinde und frisches Kraut verschiedener Tabebuiabäume verwendet. Diese Bäume werden in den höheren Regionen der Anden bis zu siebenhundert Jahre alt.

Die Rinde des Lapachobaums war bereits bei den Wikingern bekannt. Sie tauschten die Rinde gegen Edelsteine und brachten das kleine Heilwunder so nach Europa. Weiterhin wird berichtet, dass ein russischer Zar durch den Genuss von täglich einer Tasse Lapachotee hundertdreißig Jahre alt geworden sei. Ein Abt aus einem mazedonischen Kloster hinterließ 1305 den Nachweis, dass der Tee in dieser Zeit sowohl in Europa als auch im Orient bei zahlreichen gesundheitlichen Problemen verordnet wurde. Auch Luis Trenker, der berühmte Bergsteiger, soll immer einen Beutel Lapachotee im Rucksack dabeigehabt haben, den er den »Schatz der Inkas« nannte.

Der Rinde des Baums werden erstaunliche positive Wirkungen auf die menschliche Gesundheit nachgesagt. Der Tee wird gegen Infekte, Bronchitis, Asthma, Magenbeschwerden und sogar bei Krebs eingesetzt. Außerdem wirkt die Rinde entzündungshemmend. Der Lapachotee zählt heute zu den Immunstimulatoren, die, bereits in kleinsten Mengen genossen, die Abwehrkräfte steigern und den gesamten Organismus stärken. Was in der Lapachorinde versammelt ist, liest sich wie ein »Who is Who« der Abwehrverteidigung: Bioaktive Stoffe wie Katechine (Tannine), Saponine und Bioflavonoide sind bekannt für die Anregung des Stoffwechsels, Immunmodulatoren wie die Chinone (zum Beispiel: Lapachol) unterstützen schon in kleinsten Mengen das Abwehrsystem. Lapachoexperten glauben, dass der Tee deshalb auch das Wachstum von Tumoren hemmt. Es gibt also nicht nur einen Wunderwirkstoff in der Rinde »des göttlichen Baums«; seine umfassende Heilkraft resultiert aus der Gesamtheit seiner Wirkstoffe. Würden einzelne Komponenten isoliert angeboten, wäre es wohl vorbei mit der Heilkraft.

Lapacho kann als Haustee auch regelmäßig getrunken werden, solange Appetit darauf besteht. Negative Wirkungen des Tees sind bislang nicht bekannt. Überdosierungen sollten wie bei allen wirksamen Heiltees jedoch grundsätzlich vermieden werden.

So kochen Sie selbst Lapachotee

Wichtige Voraussetzungen für die Teezubereitung: Verwenden Sie für den Tee keinen Aluminium- oder Zinntopf, besser sind Materialien aus Glas, Gusseisen, Keramik, Porzellan, Stahl oder Ton. Bewahren Sie den Tee nicht in Plastikgefäßen auf, und rühren Sie ihn auch nicht mit Plastikgeräten um. Es kann sonst zu einer Wirkungsabschwächung kommen.

Wasser in einem Topf zum Kochen bringen. Für sechs Tassen ein bis zwei leicht gehäufte Esslöffel Lapachotee in das kochende Wasser geben; auf kleiner Stufe zugedeckt etwa fünf Minuten sprudeln lassen. Zur Seite stellen und 15 bis 20 Minuten ziehen lassen. Nun den Tee durch ein Sieb, einen Filter oder ein Mulltuch in ein Vorratsgefäß gießen. Die Rindenteilchen sollten aus der Flüssigkeit herausgesiebt werden, sonst wird der Tee leicht bitter. Der Tee wirkt auch kalt.

Lapacho-Mischtees

Lapacho als Erkältungskiller: Den Tee wie oben beschrieben zubereiten, pro Liter Tee zwei Messerspitzen Ingwerwurzel, eine Prise Cayennepfeffer und den Saft einer Zitrone hinzugeben. Bei den ersten Anzeichen einer Erkältung warm trinken. Wirkt schnell und nachhaltig. Ebenso wie bei unserem heimischen Holundertee kommt man schnell ins Schwitzen; das erhöht die Aktivität der Enzyme, die gegen die Krankheitserreger vorgehen.

Lapacho als Lustbringer: Tee normal zubereiten. Während des Ziehenlassens den Inhalt einer ganzen Vanilleschote zusammen mit einem gehäuften Esslöffel Orangeat und Zitronat sowie einigen Gewürznelken dazugeben. Bevor Sie den Tee dem Liebsten oder der Liebsten servieren, verzieren Sie ihn noch mit einer Sahnehaube. Wirkt angenehm erotisierend.

Lapacho auf brasilianische Art: Tee wie gewohnt zubereiten, doch statt Wasser trockenen Weißwein verwenden. Wenn der Tee abgekühlt ist, je nach Geschmack Orangensaft hinzufügen.

SanLapacho aus der Apotheke

In Reformhaus und Apotheke werden heute fertige Lapachotees angeboten. Lapachorinde können Sie im Versandhandel bestellen. Relativ neu in der Apotheke ist der SanLapacho-Tee. Er enthält zusätzlich noch Kalium, Kalzium und Eisen, Mineralstoffe und die Vitamin-C-reiche Hagebutte. Er wird in Teebeuteln angeboten (am besten fünf Minuten ziehen lassen) und gilt als »ökologisch korrekt«, denn er wird in großen Plantagen gezogen und besonders schonend geerntet. Die Rinde wird vorsichtig abgezogen, damit sie wieder nachwächst und der Baum weiterwachsen kann.

Catuaba – Lebensfreude pur

Der aus der Rinde der Catuaba-Regenwaldpflanze gewonnene Tee wird seit Jahrhunderten aufgrund seiner belebenden Wirkung geschätzt. Er beruhigt Organe und Nerven, stärkt die Potenz, regt die Lust an und beeinflusst die Fortpflanzungsorgane. Aus Brasilien wird folgendes Sprichwort kolportiert: Bekommt ein Mann unter sechzig noch ein Kind, war er es selbst. Wird er über sechzig noch mal Vater, war es Catuaba! Lapacho und Catuaba werden dort oft kombiniert eingesetzt. Für einen Tee wird ein Esslöffel Catuaba mit einem Liter kochendem Wasser aufgegossen, fünf Minuten gekocht und 15 Minuten ziehen gelassen.

Anguratetee aus dem Reich der Inka

Angurate – auch als Herzblatt bezeichnet – wird schon von alters her bei den Indianern Perus als Heilpflanze eingesetzt. Er wirkt vor allem beruhigend auf den Magen.

Da die Anguratepflanze (*Mentzelia cordifolia Dombey*) auf relativ begrenztem Raum wächst, war ihre Heilkraft zunächst den Indianern Perus vorbehalten. Die vielfältigen Inhaltsstoffe wirken entzündungshemmend und krampflösend – vor allem im Magen- und Darmbereich. Nach neueren Untersuchungen lassen sich starke Einflüsse auf das Immunsystem im Darm nachweisen, das heute für eine der wesentlichen Nahtstellen unseres Abwehrsystems gilt. Nebenwirkungen sind bislang nicht bekannt.

So bereiten Sie Anguratetee zu

Einen Esslöffel Angurate in einen Viertelliter kochendes Wasser geben. Sieben bis acht Minuten schwach kochen lassen, danach abseihen. Kurmäßig (zwei Tassen vor jeder Mahlzeit) bis zum Abklingen der Beschwerden anwenden. Es gibt Angurate-Magentee lose und in Filterbeuteln im Reformhaus (zum Beispiel »Angurate-Magentee aus Peru« oder »Andina-Bergtee aus Peru«) sowie in der Apotheke zu kaufen.

Spezielle Teekräuter der Indianer

Medizinwissen und damit spezielle Kräfte zu erwerben – das wurde traditionell von jedem jungen Indianer erwartet. Das erreichte man durch besondere Zeremonien und Rituale. So gab es vielerorts zunächst Feiern mit ekstatischen Tänzen und Initiationsriten. Dann wurden die jungen Männer tagelang ohne Essen und Trinken in die Wildnis geschickt. Der sich dabei einstellende Trancezustand führte sie an die Grenze ihrer körperlichen Belastbarkeit und löste mystische Visionen aus. Solche Visionen wurden und werden in allen indianischen Stämmen sehr ernst genommen. Für Mädchen und Frauen waren diese Riten bei den meisten Stämmen nicht vorgesehen, sie erlebten ihre Grenzsituationen bei Menstruation, Schwangerschaft und Geburt. Dennoch traten immer wieder große Medizinfrauen in Erscheinung. Sie verfügten vermutlich über besondere Gaben und Fähigkeiten.

Dann gab es noch eigens ausgebildete Medizinmänner, die häufig in einer Art Medizingesellschaft zusammengeschlossen waren. Sie wurden unterstützt von besonders pflanzenkundigen Männern. Über gemeinsame Rituale und Tänze sollte der Kranke Heilung und auch sozialen Rückhalt finden. Dabei waren sie stets in Kontakt mit höheren Wesen und Gottheiten.

Über allen Medizinmännern standen die Schamanen. Während die Medizinmänner nach eigenem Entschluss eine Art Handwerksausbildung absolvierten, galten die Schamanen durch besondere Lebensereignisse oder -umstände »berufen«. Natürlich mussten sie auch über das Wissen der Medizinmänner verfügen. Doch das genügte nicht: Sie waren »spiritueller« bei ihrer Behandlung, ekstatischer und visionärer. Zeremonien, Kulte, Traditionen und Stammesgeheimnisse waren ihr alleiniges Metier. Häufig heilten sie im Trancezustand und damit im wahrsten Sinne des Wortes mit ihrem Geist. Sowohl der Begriff Schamane als auch der des Geistheilens wird heute von europäischen Trittbrettfahrern häufig falsch und inflationär benutzt. Früher als Wilde geächtet, verfolgt und fast ausgerottet, werden sie heute als heilige indianische Schamanen für die persönliche Sinnsuche von Zivilisationsgeschädigten missbraucht.

Essiac-Tee macht medizinische Karriere

Die nach ihrer »Entdeckerin« Rene Caisse Essiac benannte Kräutermischung stammt wahrscheinlich von einem Indianerstamm, der im kanadischen Seengebiet beheimatet ist. Sie enthält die Pflanzen Große Klette, Kleiner Sauerampfer, Medizinalrhabarber und Rotulme, die zur Stärkung des Immunsystems beitragen und die Funktion der Organe unterstützen. Sie finden auch bei anderen Indianerstämmen Verwendung. Die Krankenschwester Rene Caisse fand 1922 heraus, dass die Mischung nach indianischer Tradition bei Krebs eingesetzt wurde. Sie nahm diese Heilmethode in ihre tägliche Praxis auf, behandelte unter Aufsicht von Ärzten eine Reihe krebskranker Patienten und hatte damit durchschlagenden Erfolg. Doch wie alle verantwortungsbewussten Heilkundigen betonte auch sie immer wieder, dass Essiac kein Wunderheilmittel ist und Stressmanagement und gesunde Lebensführung immer noch die beste Prophylaxe gegen Krebs sind. Ihre Rezeptur übergab sie 1978 – dem Jahr ihres Todes – an die Resperin Corporation.

Die Zubereitung des Essiac-Tees zu Hause ist ziemlich umständlich, zudem sind die einzelnen Ingredienzen nicht alle bei uns erhältlich. So werden etwa geschnittene Klettenwurzel – 6,5 Tassen –, Kleiner Sauerampfer (Pulver) – 500 Gramm – , Rinde der Rotulme (Pulver) – 125 Gramm – sowie Medizinalrhabarberwurzel – 31 Gramm – benötigt und in einer recht aufwendigen Prozedur zubereitet. Die getrockneten Zutaten müssen gut vermischt und die gewünschte Menge muss abgemessen sein (der Rest für weitere Verwendung muss an einem kühlen, dunklen Ort gelagert werden). Dann wird Wasser in einen Topf gegeben und sprudelnd aufgekocht. Die getrockneten Zutaten einrühren, zehn Minuten bei kleiner Hitze kochen, Topf zudecken, sechs Stunden ziehen lassen. Umrühren, noch einmal sechs Stunden ziehen lassen. Noch mal bis zum Siedepunkt erhitzen, aber nicht kochen, durch ein Sieb in einen zweiten Topf gießen und noch einmal durchsieben; in sterilisierte Behälter füllen und in den Kühlschrank stellen. Je nach zu behandelnder Krankheit wird der Tee einmal oder mehrmals täglich verdünnt oder unverdünnt getrunken. Manchmal werden auch noch andere Kräuter hinzugefügt, wie etwa Löwenzahnwurzel, Königskerze oder Fenchelsamen.

In den USA ist Essiac als fertige Mischung in verschiedenen Präparaten erhältlich. Entsprechende Bezugsquellen finden Sie am Ende des Buches.

Der heilige Trank Utinam

Durch den Verkauf eines indianischen Tees, der ebenfalls aus diesem Teil der Erde stammt, des »Original Indian Essence«, wurde in Kanada ein Heilzentrum für Indianer finanziert, in dem Heilbehandlungen und die Ausbildung in traditioneller indianischer Medizin angeboten werden. Der Trank wird bei uns von der Indian Wisdom Foundation vertrieben, die das Originalrezept 1995 von den indianischen Heilkundigen erwarb (Bezugsquellen am Ende des Buches). Der Sud, der unter anderem aus Kletten- und Rharbarberwurzel, Kleinem Sauerampfer, Ulmenrinde und Brunnenkresse besteht – also dem Essiac nicht unähnlich ist –, soll den Körper entschlacken und den Geist reinigen.

Er bringt – so sagt die indianische Überlieferung – den Menschen wieder in Harmonie mit dem »Großen Geist« – man könnte wohl auch sagen, dem »Großen Ganzen«. Etwas, das die einstigen Eroberer der Neuen Welt heute dringend nötig haben.

Europa

Alles war schon einmal da

Geschichten über Naturheilkunde in Europa

Kann man einen kranken Körper reparieren wie eine kaputte Maschine? Auf keinen Fall, sagen wir heute. Selbst in der Schulmedizin, die teilweise noch vor zwanzig Jahren davon überzeugt war, glaubt man inzwischen an die komplexen Wechselwirkungen von Körper, Geist und Seele. Die Idee von der Maschine Mensch gehört also der Vergangenheit an. Aber bereits vor über zweitausend Jahren gab es in Rom eine ähnliche medizinische Betrachtungsweise. Damals waren die Ärzte davon überzeugt, dass Krankheiten auf mechanische Ursachen zurückzuführen seien. Größere Zusammenhänge wurden nicht gesehen.

Zu allen Zeiten haben sich die Ärzte über die Ursache und Behandlung von Krankheit gestritten. Dabei blieb aber eines immer gleich: Bis ins 20. Jahrhundert hinein war Medizin immer und ausschließlich Pflanzenmedizin. Aus Kräutern, Wurzeln, Rinden, Früchten und Samen wurden die absonderlichsten Tees, Heilwickel und Tinkturen hergestellt, die manchmal halfen, manchmal aber auch nicht. Quacksalber gab es zu allen Zeiten.

Einer der großen Ärzte, dessen Lehre über Jahrhunderte in Europa Geltung hatte, war Galen (131–199 n. Chr.). Der in Pergamon in Kleinasien geborene Claudius Galenus, an dem sich auch Hildegard von Bingen orientierte, entwickelte die Idee des Hippokrates von den »vier Humores«, den vier Körpersäften Blut, Schleim, schwarze und gelbe Galle, weiter. Sie finden sich heute in abgewandelter Form in der arabischen und ayurvedischen Medizin wieder. Medizin war also immer etwas sehr Lebendiges, Grenzüberschreitendes, geprägt von großen Männern.

Und die Frauen? Was hatten sie in der Heilkunde der Vergangenheit zu melden? Wenig, dafür beeinflussten sie die Welt durch ihr Wirken. Frauen waren selten große Theoretikerinnen, die sich auf dem Gebiet der Wissenschaft hervortaten. Sie waren die im Stillen wirkenden Erfahrungsheilkundlerinnen, die ihr Wissen um die Kräfte der Pflanzen von Generation zu Generation weitergaben. Nach der Hexenverfolgung waren allerdings große Teile des alten, von den wei-

Hildegard von Bingen schätzte den Hopfen als beruhigendes Heilmittel. Die Blüten der Pflanze sind bis heute in vielen schlaffördernden Teemischungen enthalten.

sen Frauen gehüteten Wissensschatzes verloren gegangen, und die Männer hatten die Heilkunde zu ihrer Sache gemacht. Doch ganz haben sich die Frauen ihre alte Kräuterheilkunde nie aus der Hand nehmen lassen. Die Hebammen haben niemals aufgehört, Kräuter für die Geburt zu verwenden, und in den Haushalten waren es stets die Frauen, die die meisten gesundheitlichen Beschwerden der Familie mit selbst hergestellten Arzneien kurierten. Die Kräuter dazu sammelten sie in ihrer nächsten Umgebung – im eigenen Garten oder auf Feldern und in Hecken. Diese »Selbstmedikation« war bis vor etwa hundert Jahren noch üblich, und viele Menschen erinnern sich gerne an die Hausmittel ihrer Großmütter. Auch wenn so mancher Skeptiker die alten Heilmittel noch abtut – alles in allem können die Phytotherapeuten heute der Wissenschaft sehr selbstbewusst gegenübertreten. Die Arzneimittelforschung bestätigt zunehmend die Heilwirkung von Kräutern und ebnet dieser alten Erfahrungswissenschaft damit den Weg ins 21. Jahrhundert.

Die Klostermedizin und die Kräuterheilkunde der heiligen Hildegard von Bingen

Das Hildegard-Jahr 1998, das zum 900. Geburtstag der heiligen Klosterfrau ausgerufen wurde, hat es uns einmal mehr gezeigt: Die natürlichen Heilmethoden aus dem Mittelalter sind so aktuell wie nie zuvor. Zum einen, weil sie neben der auf ganzheitlicher Sicht basierenden pflanzlichen Behandlung auch der Gesunderhaltung und der Prävention von Krankheiten eine besondere Bedeutung beimessen, zum anderen, weil viele Menschen heute nach ihren eigenen Wurzeln suchen.

Zwangsläufig landen sie bei dieser Suche auch beim Heilwissen der Klostermedizin, das deutliche Parallelen zur Pflanzenanwendung in der modernen Naturheilkunde aufweist. Heute sind wir in der Lage, die alten klösterlichen Pflanzenmittel auf ihre Wirkstoffe und damit auf ihre Anwendbarkeit hin zu prüfen. Und es zeigt sich, dass ein großer Teil des Wissensschatzes aus den Klöstern und speziell der Hildegard von Bingen auch in unserer Zeit noch Bestand hat.

Die Klöster als Apotheken des Mittelalters

Bis zum Mittelalter wurde das Wissen der Volksmedizin in den Klöstern gesammelt und aufgeschrieben. Klöster waren die Apotheken des Mittelalters, hier wurde Wissen dokumentiert. Die Volksheilkunde war vor allem in den ländlichen Gebieten verbreitet, wo die Kräuterfrauen eng mit der Natur verbunden waren und einen reichen Erfahrungsschatz gesammelt hatten. Die Volksheiler und -heilerinnen gingen sorgfältig mit Kräutern um. War ein Rezept zuverlässig, wurde es weitergegeben – auch an Reisende, die es ihrerseits verbreiteten. Seit dem 4. Jahrhundert waren um die Klöster herum Hospitäler entstanden. Sie stellten nicht nur eine Herberge für Bedürftige dar, wie der Name Hospital (lat. *hospis*, Gast) schon sagt, sondern die Mönche verabreichten dort auch Arzneien. Die Benediktusregel legt es den Mönchen auf, sich um die Kranken zu kümmern, als ob sie Christus dienten. Die ersten Benediktinermönche waren es auch, die Kräutersamen aus ihrer Heimat in Montecassino bei Neapel in den Norden über die Alpen brachten und damit die Heilpflanzen verbreiteten. In den Klosterhospitälern wurde tolerant gearbeitet. Man akzeptierte sowohl das Wissen der Kräuterkundigen der Volksmedizin als auch die damals geltende wissenschaftliche Lehre der antiken Ärzte. So praktizierten die Mönchsärzte parallel zur Säftelehre des Galenus und der Lehre des Dioskurides auch die Naturheilkunde.

Im 12. Jahrhundert erreichte die Klostermedizin mit Hildegard von Bingen ihren Höhepunkt. Im heilkundlichen Werk dieser großen Frau des Mittelalters finden sich zwar viele Rezepte der Klostermedizin, doch es geht weit darüber hinaus. Ihre beiden großen Bücher zeigen eine erstaunlich ganzheitliche Sicht des Menschen.

Hildegard war zeit ihres Lebens kränklich

Hildegard von Bingen wird als beeindruckende Frau beschrieben, die zeit ihres Lebens kränkelte. Sie eignete sich ungewöhnliches medizinisches Wissen an; wohl nicht nur »durch göttliche Schau«, wie sie selbst es beschrieb, sondern auch durch das Studium der klösterlichen Handbücher, aus Beobachtung und nicht zuletzt durch eigene Erfahrung.

Im Jahre 1098 wird Hildegard bei Alzey als zehntes Kind des Edelfreien Hiltebertus von Bermersheim und dessen Frau Mechthild geboren. Es ist die Zeit des ersten Kreuzzugs. Das kleine Mädchen soll schon mit drei Jahren Visionen gehabt haben. Als Achtjährige wird Hildegard in die liebevolle Obhut Jutta von Spanheims gegeben, um als Schülerin mit in die Klause zu gehen, die dem Mönchskloster Disibodenberg an der Nahe angegliedert ist. Dort wird sie Benediktinerin, und nach dem Tod Jutta von Spanheims steht sie einem kleinen Frauenkloster vor. Als Zweiundvierzigjährige erhält Hildegard von Gott den Auftrag, ihre Visionen niederzuschreiben und bekannt zu machen. Ihre Seherinnengabe wird vom Papst bestätigt. 1150 übersiedelt Hildegard auf den Rupertsberg. Das Kloster dort ist gut gerüstet, auch körperliche Leiden zu lindern, und täglich klopfen Pilger oder Kranke an die Pforte. Hinter diesen Mauern entstehen Hildegards natur- und heilkundliche Werke, die *Physica* und die *Causae et curae.*

In der *Physica* beschreibt Hildegard die Natur der Pflanzen, Flüsse, Mineralien und Tiere und welche Heilkräfte sie entfalten können. Die Methoden entstammen der religiösen und magischen Heilkunde, auch Empfehlungen für Amulette und das Handauflegen sind enthalten. Die *Causae et curae* hingegen ist eine Schrift über Ursprung, Entstehung und Behandlung von Krankheiten.

Trotz einer langwierigen Krankheit unternimmt Hildegard mehrere Predigtreisen. Um 1165 gründet sie Kloster Eibingen oberhalb von Rüdesheim, das sie zweimal in der Woche besucht. Sie ist Äbtissin beider Klöster, die sie mit politischer Umsicht trotz einer neuerlichen, drei Jahre währenden Krankheit führt. Hochbetagt stirbt Hildegard in einer Septembernacht des Jahres 1179.

Verbindung von spekulativem und empirischem Wissen

Zwar lässt sich Hildegards Heilwissen nicht ohne weiteres auf die moderne Medizin übertragen, weil zum Beispiel Galenus' Lehre von den Körpersäften bei uns als überholt gilt und sich auch Hildegards Lebenserfahrung mit ihrem Glauben und

Von den Benediktinermönchen in die europäischen Klostergärten gebracht: das Benediktenkraut. Seine Heilwirkung wird auch in der modernen Pflanzenkunde sehr geschätzt.

mit Elementen aus der Volksmedizin vermischt. Trotzdem sind viele ihrer Rezepte heute durchaus anwendbar und wissenschaftlich nachvollziehbar. Ein Beispiel mag das verdeutlichen: Zwischen dem herzförmigen Aussehen der Melissenblätter und ihrer Anwendung als Medizin wurde in der Volksmedizin eine Verbindung hergestellt, so dass die Anwendung der Melisse fürs Herz (siehe Rezept Melissentee, Seite 236) bei Hildegard auf die Signaturenlehre bezogen werden muss. Heute wissen wir, dass ätherisches Melissenöl tatsächlich ein äußerst wirksames Beruhigungsmittel bei Nervenleiden, Migräne und nervösen Herzbeschwerden ist.

Die großen Heilpflanzen aus den Klostergärten des Mittelalters

Die meisten der Kräuter, die Hildegard von Bingen für ihre Rezepte empfiehlt, sind nach wie vor in Europa bekannt. Teils wachsen sie noch wild, teils werden sie in Kräutergärten angepflanzt.

BRENNNESSEL

Urtica dioica, U. urens

Die Brennnessel gilt heute bei uns als »Unkraut«, weil sie sich durch die Überdüngung der Böden so stark ausgebreitet hat. Große Bestände finden sich überall in den nährstoffreichen Böden entlang von Äckern und Bächen, in Wäldern, am Wegesrand und auf Schuttplätzen. Nicht besonders beliebt ist die Brennnessel auch wegen ihrer Brennhaare an den Stengeln und auf der Unterseite der Blätter. Ihre Spitzen brechen bei Berührung leicht und sondern einen schmerzhaften Reizstoff ab, der auf der Haut Quaddeln hervorruft. Dass diese Pflanze auch heilsam sein kann, entdeckte die Rheumatherapie. Hier gewinnt der Extrakt aus Brennnesseln zunehmend an Bedeutung, zumal er weitaus preiswerter ist als die konventionellen Mittel und in vielen Fällen eine Dosisreduzierung der nebenwirkungsreichen klassischen Rheumamedikamente möglich macht.

Auch Hildegard von Bingen schwor auf die Heilkraft dieser Pflanze. Sie empfiehlt als Frühjahrskur, gegen Magenverstimmung und -verschleimung zum Beispiel die jungen, bis zu zehn Zentimeter langen Brennnesseln des Frühjahrs, die sehr viel Vitamin C und Eisen enthalten. Zubereitet wird dieses Wildgemüse ähnlich wie Spinat. Ein anderes Rezept gegen Konzentrationsstörungen und Vergesslichkeit, das aber äußerlich angewendet werden soll: Etwa 30 Gramm der jungen Brennnessel, in der Phase des zunehmenden Mondes gepflückt und frisch püriert, ergibt mit 50 Milliliter Olivenöl vermischt ein wirkungsvolles Mittel. Damit reibt man sich vor dem Schlafengehen über mehrere Monate lang zuerst das Brustbein und dann die Schläfen ein. Dieses Brennnesselöl erwähnt Hildegard an mehreren Stellen.

DINKEL

Triticum spelta

Der Dinkel ist das Grund- und Universalheilmittel in Hildegards Ernährungslehre. So beginnt jede Therapie, die auf der Medizin Hildegards aufbaut, mit der Integration dieses Getreides in die Normalkost. Zurzeit sind aus diesem Grund die Naturkostläden reichlich mit Dinkelerzeugnissen bestückt. Der anspruchslose Dinkel ist in unseren Breiten ein altes Lebensmittel, älter als der aus Asien stammende Weizen. Die Spelzen sind ungewöhnlich stark, so dass Schadstoffe nur schwer eindringen können. Man muss eigens Entspelzungsmaschinen bei der Ernte einsetzen. Was früher ein Armeleuteessen war, wird heute in Vollwertrestaurants als Spezialität angeboten. Wird das noch grüne Dinkelkorn (man sagt: in der Milchreife) abgeerntet und getrocknet, erhält man Grünkern. Die natürliche Reifung wird aber vorgezogen, weil das Korn dadurch vollwertiger ist. Dinkel enthält eine ganze Reihe von Vitaminen, organischen Mineralien und Spurenelementen, die schon beim Kochvorgang aufgeschlossen werden und nicht, wie bei anderem Getreide, erst beim hochtemperaturigen Backen. Hildegard kam zu der Erkenntnis, Dinkel mache froh im Gemüt, und tatsächlich enthält er einen natürlichen Stimmungsaufheller. Dinkel gilt auch als blutdruckregulierend. Er hat eine hohe »Bioverfügbarkeit«: Beim Verdauen werden sukzessiv Kohlenhydrate ins Blut abgegeben, nicht auf einmal wie beim Weizenauszugsmehl. Dadurch verbraucht Volldinkel weniger Insulin, man wird schneller satt, und der Blutzuckerspiegel schwankt nicht so stark. Manche Menschen sind davon überzeugt, dass viele Magen-Darm-Störungen mit einer Umstellung auf Dinkelkost verschwinden.

EDELKASTANIE

Castanea sativa

Die Esskastanie zählt neben Herzwein, Dinkel und Fenchel zu den weiteren Grundmitteln in der Ernährungslehre der heiligen Hildegard. Heimisch ist diese Baumfrucht vor allem im südlichen Europa, etwa in Italien. Wir kennen sie heute auch aus den klimatisch warmen Weingegenden in Deutschland – in der Pfalz oder Baden-Württemberg –, wo man sie im Oktober zum jungen Wein reicht. Diese Tradition ist historisch gewachsen. Mit dem Wein brachten die Römer die Esskastanie über die Alpen, um die Rebpfähle aus deren Holz anzufertigen. Deshalb wurde der Kastanienbaum in der Nähe von Weinbaugebieten angepflanzt. Die Kastanie enthält die Vitamine A und B, Phosphor und vor allem Kalium (700 mg auf 100 g). Als Nahrungsergänzung eignet sie sich bei Herz-, Kreislauf- und Nierenerkrankungen. Hildegard empfiehlt die Esskastanie bei Schwächen jeder Art und zur Gesunderhaltung. Für die Klosterfrau besaß die im Mittelalter weit verbreitete Kastanie enorme, fast magische Heilkraft. Hildegard rät zu den Blättern, der Rinde und den Samen gegen Gicht, Kopf- und Herzschmerzen sowie Gemütsleiden, was für uns nicht mehr nachvollziehbar ist. Immerhin verwendet man heute auch die Blätter in Arzneien gegen Bronchitis und Keuchhusten. Die gerbstoffreichen Kastaniensamen sollen bei Durchfall helfen.

EIBISCH

Althaea officinalis

Der Eibisch ist ein sehr heilkräftiges Malvengewächs, das schon in der Antike bei Husten eingesetzt wurde. Die Pflanze fand ihren Weg von den benediktinischen Klostergärten in die Bauerngärten und ist heute noch im Rheingau und im gegenüberliegenden Nahegau, also in der Umgebung der Heimat Hildegards, in der Nähe von Klöstern anzutreffen. Auffallend bei der bis zu anderthalb Meter hoch wachsenden Pflanze ist die filzige Behaarung der Blätter. Die Blüten sind rötlich-weiß und haben einen Außenkelch. In der Klostermedizin benutzte man das Frischkraut des Eibisch. Hildegard empfahl es gegen Reizhusten, und die Wirkung wird heute bestätigt. Anders als die zu ihrer Zeit gültigen Empfehlungen der antiken Ärzte riet Hildegard zu Eibisch auch als Fiebertrank und als Umschlag bei Kopfschmerzen. Uns ist heute vor allem die längliche Frucht des essbaren Eibisch (*Hibiscus esculentus*) vertraut: die Okraschote, auch Gombo- oder Bamiafrucht. Okragemüse ist ein wichtiger Bestandteil der griechischen und türkischen Küche.

FLOHSAMEN

Plantago ovata

Vom Flohsamen, einer südländischen Spitzwegerichart, verwendet die Hildegard-Medizin vor allem den Samen. Durch seine besondere Quellfähigkeit, die noch höher ist als beim Leinsamen, hilft er gegen Verstopfung und Darmträgheit. Dazu muss man den Flohsamen aber genügend quellen lassen. Wenn man ihn einnimmt, sollte man auf jeden Fall ausreichend Wasser oder abgekochten Tee dazu trinken. Auf einen Teelöffel Flohsamen rechnet man etwa einen Viertelliter Flüssigkeit. Um die Verdauung leicht anzuregen, kann man Flohsamen auch einfach über die Dinkelsuppe oder einen Joghurt streuen. Der Samen kann die zehnfache Wassermenge seines Gewichts absorbieren.

Den Andorn empfahl Hildegard gegen Rachen- und Halsentzündungen.

HIRSCHZUNGE

Phyllitis scolopendrium

Die Hirschzunge ist ein kalkliebender Farn, der in steinigen und feuchten Schluchten, an schattigen Mauern und in hohlen Bäumen wächst. Sie kommt in den Alpen häufiger vor, sonst eher selten. Die Pflanze wird 15 bis 50 Zentimeter hoch, hat büschelig gestellte, wintergrüne Blätter und ungeteilte, zungenförmige Wedel – daher auch der Name. Früher benutzte man die Blattwedel dieser Pflanze als Wundheilmittel. Die heilige Hildegard empfahl sie gegen Lungen- und Leberleiden. Anders die heutige Naturheilkunde, die sie eher bei Schädeltrauma, Gehirnerschütterung und Kopfschmerzen einsetzt. Für solche Fälle bekommt man in der Apotheke Hirschzungenpulver.

QUENDEL

Thymus serpyllum

Als Quendel bezeichnete Hildegard den Feldthymian, und diesen Namen trägt er bis heute. Im Mittelalter war diese Pflanze als Zauberkraut und Volksheilmittel bekannt. Hildegard verwendete das frische Kraut fein zerstoßen oder als Pulver. Ähnlich wie der bekanntere Thymian aus der Mittelmeerregion wird auch Quendel beim Essen mitgekocht. Als Heilmittel setzt man ihn gegen Hautausschläge, Neurodermitis und Ekzeme ein.

QUITTE

Cydonia oblonga

Eigentlich ist die Quitte ein Rosengewächs. Als Strauch oder Baum kann sie bis zu sechs Meter hoch werden. Die Pflanze kommt ursprünglich aus dem Kaukasus, der Name bezieht sich allerdings auf die antike Stadt Kydonia auf Kreta (lat. *Cydonea mala,* Quittenäpfel). Wahrscheinlich ist die Quitte auch die heilige Frucht der Venus. In gekochter oder gebratener Form empfiehlt Hildegard sie bei Gicht und »gegen vermehrten Speichelfluss«. In reifem Zustand soll sie, so Hildegard, auch roh genießbar sein. Die Naturheilkunde empfiehlt Quittenmus gegen Rheuma, wobei die Schale mitgekocht und püriert wird. Gegen Hautausschläge, Ekzeme und Geschwüre sollen die Kerne helfen, die – äußerlich anzuwenden – in Wasser zu Gelee gekocht werden.

SCHÖLLKRAUT

Chelidonium majus

Ein Spaziergang im Sommer an der Schutthalde vorbei, und die Kinder fliegen auf die feinen, gelben Blüten des Schöllkrauts, das dort in Mengen gedeiht. Vor dem Pflücken wird dringend gewarnt. Schon Hildegard erwähnt den giftigen und schleimigen Saft, der nicht gegessen werden darf. Er ist auch zäh und klebrig, so dass er sich nur mit viel Schrubben und etwas Creme wieder von den Händen entfernen lässt. Schöllkraut ist botanisch mit dem Schlafmohn verwandt und hat ähnlich wie dessen Opiumwirkstoffe eine schmerzstillende, krampflösende und beruhigende Wirkung. Die vierzähligen Blüten bilden eine schotenartige Kapselfrucht. Hildegard empfiehlt das Schöllkraut gegen Warzen und Geschwüre. Dafür nimmt man aber nur die zerkleinerten Wurzeln und Blätter, legt sie über Nacht in Essig und stellt so einen Pflanzenbrei her, den man – nur äußerlich! – auf Warzen und Schwielen auftragen und mit Mull umwickeln kann.

WEGERICH

Plantago major, P. media, P. lanceolata

In vielen Familien ist folgender Brauch noch bekannt: Wenn man sich an der Brennnessel verbrannt hat, zerdrückt man einfach ein Blatt des Spitzwegerich und reibt es auf die brennende Stelle. Die heilige Hildegard behauptete, auch bei Insektenstichen könne der Frischsaft von Spitzwegerich, Breitwegerich und Mittlerem Wegerich lindernd wirken.

Er ist ihr ebenso als desinfizierendes Wundheilmittel bekannt, und ein heißer Teeaufguss daraus helfe bei Erkältungen. In Deutschland ist vor allem der Breitwegerich mit seinen breiten, rundlichen Blättern auf Wiesen und an Feldrändern verbreitet. Hildegard empfiehlt die in Wasser gekochten und dann ausgedrückten Blätter des Wegerich auch bei Seitenstechen, wenn sie warm auf die schmerzende Stelle gelegt werden. Gegen Gicht vermische man den durch ein Tuch gesiebten Saft mit Wein und Honig und trinke dreimal täglich ein Likörglas davon.

WERMUT

Artemisia absinthium

Diese Bitterpflanze ist in der Hildegard-Medizin eine der wichtigsten Heilpflanzen. Der Korbblütler kann bis zu einen Meter hoch werden und entwickelt die typischen fiederteiligen Blätter mit Blüten, die in verzweigten Rispen stehen. Im Wermut vermutete Hildegard den »Meister gegen alle Erschöpfungen«, der auch in Salbenform gegen Husten und Gicht wirken sollte. Auch die Schulmedizin schätzt den Wermut wegen seiner Bitterstoffe, deren Wert heute für Verdauung, Leber und Galle anerkannt ist. Nachvollziehbar erscheint deshalb auch

Hildegards Wermutrezept gegen Melancholie. Von dieser Gemütsstörung weiß man heute, dass sie häufig als Begleitsymptom bei Leberstörungen auftritt. Hier das Rezept: »Der Wermut, wenn er frisch ist, soll zerstoßen werden, sodann der Saft durch ein Tuch gedrückt und in gekochten Wein mit Honig gegeben werden, so dass der Saft Honig und Wein an Geschmack übertreffe.« Hildegard empfiehlt dieses Getränk an jedem dritten Tag von Mai bis Oktober – auf nüchternen Magen ein Likörglas voll. Die Kur stärke Herz und Lunge, reinige die Eingeweide und fördere die Verdauung. Vor Verwechslungen mit dem billigen Wermutwein sei hier aber dringend gewarnt.

Die köstlichen Heilgetränke der heiligen Hildegard von Bingen

Zu Zeiten der Hildegard von Bingen waren aus Wasser zubereitete Tees eher unüblich. Man siedete die Kräuter, Samen und Wurzeln meist in Wein, setzte sie in Wein an oder bereitete sie als Pulver zu, das man in Wein mischte. Auch aus der Sicht moderner Pflanzenkunde ist die Kombination von Pflanzen mit Wein sehr sinnvoll. Beide können sich in der Wirkung fördern. Anders als Wasser zieht Alkohol neben den wasser- auch die fettlöslichen Inhaltsstoffe aus der Pflanze, außerdem werden die Wirkstoffe besser ins Blut transportiert. Allerdings ist bei diesen wohlschmeckenden Kräuterweinen maßvolle Dosierung angesagt: Hildegard empfiehlt mehrmals am Tag immer nur ein Likörgläschen voll.

Achtung: Wenn Sie keinen Alkohol zu sich nehmen dürfen, sollten Sie sich ausschließlich auf die mit Wasser hergestellten Teerezepte beschränken.

Brennnesseltee gegen Rheuma

Hildegard empfiehlt dieses Rezept zwar gegen Würmer, doch moderne Kräuterkundler halten es eher bei rheumatischen Beschwerden für angebracht. Um den Tee wie hier beschrieben zuzubereiten, brauchen Sie eine Saftpresse. Wenn Ihnen dies zu mühsam ist: Es gibt auch eine ähnliche Fertigteemischung in der Apotheke zu kaufen.

1 Teil Brennnesselsaft
1 Teil Wollblumensaft
Nussbaumblätter von gleichem Gewicht wie beide Säfte
1 Schuss Essig
viel Honig
etwa ½ l Wasser

Zubereitung und Anwendung: Alle Ingredienzen außer dem Honig aufkochen, den Schaum abschöpfen und die Pflanzenteile abseihen. Vor dem Trinken mit Honig süßen. Über die Dosierung sagt Hildegard: »Und während 15 Tagen trinke er das mäßig nüchtern, aber nach dem Essen hinreichend.« Wenn Sie sich für den Fertigtee entscheiden, trinken Sie davon 14 Tage lang täglich zwei Tassen.

Die Hildegard-Medizin verarbeitet Heilkräuter wie Eukalyptus, Malven oder Wollblumen zu alkoholischen Tinkturen oder Kräuterweinen.

Hustenwein mit Liebstöckel

Liebstöckel war in den mittelalterlichen Klostergärten eines der wichtigsten Heilkräuter. Hildegard empfiehlt Liebstöckel gegen Husten, Lungen- und Brusterkrankungen.

5 g Liebstöckel
5 g Salbei
20 g Fenchel
½ l Wein

Zubereitung und Anwendung: Man legt die Kräuter in Wein und lässt sie darin ein bis zwei Tage ziehen, bis der Wein den Kräutergeschmack angenommen hat. Dann die Kräuter abseihen und nach dem Essen jeweils ein Likörgläschen warm trinken. Bei schwachem Husten, schreibt Hildegard, muss der Hustenwein nicht angewärmt werden.

Heiter stimmender Herz- und Nerventee mit Melisse

Weil die Melisse im Mittelalter hauptsächlich von Mönchen angebaut wurde, bekam sie den Namen »Pfaffenkraut«. Charakteristisch für diese beliebte Aromapflanze sind der angenehme, zitronenartige Duft und Geschmack. In der modernen Phytotherapie ist Melisse ein klassisches »Nervenberuhigungsmittel« gegen alle nervös bedingten Beschwerden – und so sah es auch die heilige Hildegard. Der Trank mache fröhlich und erheitere das Herz. Auf die Anwendung für das Herz kommt Hildegard durch die im Mittelalter verbreitete Signaturenlehre. Im Blatt sah man die Form des Herzens. Folglich ging man davon aus, dass die Wirkung sich auf das Herz bezieht (Melisse hat auch den Beinamen Herzkraut).

1 EL frische Melissenblätter
½ l Wasser

Zubereitung und Anwendung: Die Melisse mit dem Wasser aufkochen, dann vom Herd nehmen und ziehen lassen. Nach Bedarf mehrere Tassen über den Tag verteilt trinken.

Klösterlicher Melissengeist

Melissengeist ist ein uraltes alkoholisches Universalmittel gegen Beschwerden jeglicher Art, das heute wieder eine Renaissance erfährt. Von Kopfschmerzen über Nervosität bis hin zu Schlaflosigkeit, innerlich oder äußerlich – der klösterliche Karmeliter- oder Melissengeist ist gut in allen Lebenslagen. Sie können ihn auch selbst herstellen.

200 g frische Melissenblätter
1 l 60-prozentiger Branntwein

Zubereitung und Anwendung: Die frischen Melissenblätter in dem Branntwein ansetzen und das Ganze gut verschlossen zehn Tage ziehen lassen. Anschließend abseihen und die Kräuter in einem Leintuch auspressen. Dosierung: Pro Tag nicht mehr als zehn bis 20 Tropfen davon einnehmen. Sie können ihren Melissengeist auch in einer Tasse (Melissen-)Tee oder heißem Wasser trinken: etwa zwei Tassen am Tag.

Achtung: Für Kinder ist diese Medizin ungeeignet!

Erkältungstee

Die Heckenrose oder Hagrose, wie sie früher auch genannt wurde, ist eine seit dem Mittelalter geschätzte Heilpflanze. Die rosa Blüten des Strauchs werden in Hildegards Büchern ebenso empfohlen wie die roten Hagebuttenfrüchte, die man wegen ihres hohen Vitamin-C-Gehalts schätzt. Dies erklärt auch die Anwendung des Hagebuttentees bei Erkältungen. Hagebutten kann man frisch vom Strauch bis in den späten Herbst hinein ernten und zusammen mit den Blättern verwenden.

1 TL getrocknete oder zerkleinerte Hagebutten
1 Tasse Wasser

Zubereitung und Anwendung: Die Früchte klein schneiden und einen Teelöffel voll mit einer Tasse heißem Wasser überbrühen. Den Aufguss zehn Minuten ziehen lassen und heiß trinken, wenn eine Erkältung im Anmarsch ist. Zusätzlich zu diesem Aufbautrunk sollten Sie bei den ersten Zeichen einer Erkältung ein immunstärkendes Pflanzenheilmittel aus Echinacea einnehmen.

Tee gegen Blähungen

Der Klassiker unter den entblähenden Tees für Babys mit Koliken ist diese Mischung aus Fenchel, Anis und Kümmel. Er ist auch für stillende Mütter geeignet, da die Wirkstoffe über die Muttermilch ans Baby weitergegeben werden. Diesen Tee gibt es als Fertigmischung in der Apotheke, man kann ihn aber auch selbst zubereiten. Wichtig ist dabei nur, dass Sie die Anis- und Fenchelfrüchte sowie den Kümmel vorher im Mörser zerstoßen, um die Wirkstoffe freizusetzen.

Mischung zu gleichen Teilen aus
Fenchelsamen
Anisfrüchten
Kümmel

Zubereitung und Anwendung: Von der Mischung nehmen Sie einen Teelöffel auf eine Tasse Wasser. Lassen Sie den Tee nach dem Aufgießen zugedeckt etwa zehn Minuten ziehen, und seihen Sie ihn vor dem Trinken ab. Sie und Ihr Baby können von diesem Tee so viel trinken, wie Sie mögen.

Grüner Hafertee

Wer vor Energie strotzt, den hat der Hafer gestochen, sagt der Volksmund. Hafer gilt nicht nur als Energiespender ersten Ranges, sondern durch seine besondere Bekömmlichkeit auch als hervorragende Kranken- und Kinderkost. Er enthält biologisch hochwertiges Eiweiß und Fette, dazu eine leicht verdauliche Stärke, die sich schon beim Kauen im Mund aufspaltet. In der grünen, kurz vor der Blüte geernteten Pflanze sind die vollen Säfte mit ihren wichtigen Wirkstoffen enthalten. Der Tee aus dem noch »grünen« Getreide ist ein altes Mittel aus der Volksmedizin. Er wird allerdings eher zum Ausleiten schädlicher Stoffe aus dem Körper verwendet. Empfehlenswert vor allem bei gichtig-rheumatischen Beschwerden wie schmerzhaften Gelenkentzündungen oder erhöhtem

Harnsäurespiegel. Er fördert die Ausscheidung schädlicher Stoffwechselprodukte und unterstützt gleichzeitig die Entwässerung des Bindegewebes. Selbstverständlich können Sie sich die Zutaten für Ihren Hafertee einzeln (auch frisch) besorgen. Es gibt aber auch eine bewährte Arzneikräutermischung im Reformhaus oder in der Apotheke. Die beigefügten Kräuter haben die Aufgabe, die Wirkung des Hafers zu unterstützen.

75 g grüner Hafer
10 g Brennnesselkraut
5 g Bergfrauenmantel
10 g Johanniskraut

Zubereitung und Anwendung: Alle Ingredienzen gut miteinander vermischen, davon einen Esslöffel mit der Menge von zwei bis drei Tassen kochendem Wasser übergießen und 20 Minuten köcheln lassen. Sie können die Mischung auch einige Stunden vor Gebrauch kalt ansetzen, zehn Minuten kochen und dann noch einmal zehn Minuten ziehen lassen. Ihre Tagesdosis: dreimal eine Tasse möglichst ungesüßt trinken.

Flohsamenwein

Die heilige Hildegard sprach im Zusammenhang mit diesem Rezept vom »Magenfieber«, gegen das es wohl gut helfe. Im heutigen Sprachgebrauch könnte man statt dessen vielleicht von verdorbenem Magen oder Mageninfektionen sprechen. Probieren Sie es einfach aus.

1–2 TL Flohsamen
1/4 l Wein
oder
1 Handvoll Flohsamenkraut
1/2 l Wein

Zubereitung und Anwendung: Kochen Sie den Flohsamen oder das -kraut im Wein auf, seihen Sie ihn ab, und trinken Sie den Wein warm. Zusätzlich entkrampfend wirken die noch warmen, ausgekochten Körner oder das Kraut auch äußerlich als Umschlag. Einfach in ein Tuch einschlagen und auflegen.

Kopfschmerztee aus Wacholder

Dieses alte Hausrezept hat sich vor allem bei Kopfschmerzen bewährt, denen keine organische Ursache zugrunde liegt.

3 g Wacholderbeeren
1 Tasse Wasser

Zubereitung und Anwendung: Die Wacholderbeeren zerdrücken und mit dem heißen Wasser übergießen. Fünf Minuten ziehen lassen, abseihen. Die jeweils frisch zubereitete Tasse Tee können Sie dreimal am Tag in kleinen Schlucken trinken.

Blasentee aus Heidelbeerblättern

Gute Wirkung erzielt dieses Rezept bei Blasenschwäche, zum Beispiel nach einer Blaseninfektion. Auch bei Hämorrhoiden soll dieser Tee helfen.

Frische oder getrocknete Heidelbeerblätter
1/4 l Wasser

Zubereitung und Anwendung: Die getrockneten oder frischen Blätter zerkleinern und etwa einen Teelöffel davon mit einem Viertelliter Wasser überbrühen, zehn Minuten ziehen lassen, dann abseihen. Trinken Sie davon bei Bedarf mehrmals am Tag eine Tasse.

Energietee

Wenn Ihnen die winterliche Jahreszeit zu stark aufs Gemüt schlägt, Sie sich matt und kraftlos fühlen und zu nichts mehr Lust haben: Dieser Powertee gibt Ihnen wieder Schwung!

2 TL pulverisierte Süßholzwurzel
1/4 l Wasser

Teufelskralle, Malven und Lavendel gehören bis heute zu den Lieblingen der Pflanzenmedizin.

Zubereitung und Anwendung: Das Pulver kalt in Wasser aufsetzen, kurz aufkochen lassen und abseihen. Mehrmals am Tag einige Schlucke davon trinken.

Bittertee für den »Bittertag«

Bitterstoffe sind in unserer Nahrung leider kaum noch vorhanden. Dabei regen sie die heute so wichtige Basenbildung an und mildern das weit verbreitete Übel des übersäuerten Organismus. Basenbildner wie dieser Bittertee sind da eine wahre Wohltat, denn sie fördern die Entschlackung und Entsäuerung des Körpers. Eine gute Idee ist es, ihn einmal pro Woche an einem »Bittertag« reichlich zu trinken. Essen Sie an diesem Tag ausschließlich Basennahrung aus Salaten und/ oder gedünstetem Bittergemüse wie Artischocken, Brunnenkresse, Chicorée, Endivien, Kapuzinerkresse, Löwenzahnblättern, Rukola oder Spitzwegerich. Damit regen Sie Ihren Körper an, seinen sauren Müll auszuscheiden. Auch auf geistiger Ebene soll das Bittere übrigens helfen, eingefahrene Denkmuster und Vorstellungen leichter über Bord zu werfen.

Angelikawurzel
Enzianwurzel
Löwenzahn
Tausendgüldenkraut
Wermut
Fenchel
Melisse
Salbei
3/4 l Wasser

Zubereitung und Anwendung: Die fünf erstgenannten Kräuter zu gleichen Teilen mischen. Sie sollen mindestens 70 Prozent der Teemischung ausmachen. Die anderen drei Kräuter, zu gleichen Teilen gemischt, bilden die restlichen 30 Prozent. Einen Teelöffel der Gesamtmischung mit einem Dreiviertelliter heißem Wasser übergießen und zugedeckt etwa zehn Minuten ziehen lassen. Der Tee sollte ungesüßt getrunken werden. Als Anwendungsgebiet kommen alle Verdauungsbeschwerden in Frage – vor allem solche, die durch Übersäuerung entstehen.

Zu diesem Rezept: »Bitter ist besser« ist ein Spruch der ayurvedischen Medizin. Gemeint ist damit nicht nur der Geschmack, sondern auch eine bestimmte energetische Qualität von Lebensmitteln, die unserer westlichen Nahrung heute fast völlig abhanden gekommen ist. In der ayurvedischen Lehre weiß man, dass ein bitterer Geschmack Beschwerden, die auf energetische Ursachen zurückzuführen sind, bessern kann. Ein Grund, warum manche Medizin bitter schmeckt.

Die Geschichte der Hexen und weisen Kräuterfrauen

Hexen waren früher das, was man heute als Heilkundige bezeichnen würde. Mächtige, intuitiv handelnde, mutige, authentische, wissende Frauen, Heilerinnen, Magierinnen und Individualistinnen. Sie kannten sich bestens aus mit Natur- und Pflanzengeistern, und Kräuter waren ihre Heil-, Magie- und Nahrungsmittel. Aus ihnen brauten sie heilende Elixiere, aber auch Zaubertränke für ihre Rituale. Hexen waren die heidnischen Priesterinnen, die man in allen Lebenslagen um Rat fragte. Sie wurden verehrt und gefürchtet, denn sie hatten sehr spezielle Verbindungen zu den höheren Mächten. Sie konnten orakeln und göttlichen Rat einholen, aber sie waren auch mutig genug, dem Teufel ins Auge zu schauen. Sie verstanden sich eben auf die Magie. Auf weiße und schwarze, je nachdem. Und sie taten Dinge, an die sich kein Normalsterblicher heranwagte: Sie unternahmen zum Beispiel Seelenreisen. Lange Zeit wagten es nur die »wilden Weiber«, die symbolhafte Grenze zwischen Diesseits und Jenseits zu überschreiten. Die Zauberkräuter, die die Hexen für ihre »Reisen« benutzten, waren in der Tat rauscherzeugend – wie zum Beispiel das Bilsenkraut, das damals auch »Belinuntia« hieß. Die Silbe *bhel* bedeutet Phantasie – und die wurde von dieser »schwarzen« Initiationsdroge beflügelt. Bei entsprechender Dosierung kann das Bilsenkraut tatsächlich eine Seelenreise bewirken – allerdings in ein unberechenbares Schattenreich. Die heilkundige Hexenspezialistin Margret Madejski schreibt über diese Seelenreisen: »Die Initiation,die die Hexe durch das bewusstseinserweiternde Gewächs erfuhr, ging mit Nahtoderlebnissen einher. Visionen von Tunneln, Naturgeistern, Tod oder Teufel verbanden sich mit dem Gefühl zu fliegen, zu schweben oder zu fallen. Jene drogeninduzierten Träume« gewährten der Urhexe Einblicke in die Welt der Götter und Geister. Es wurde gemunkelt, dass schon das Kauen von ein oder zwei Blättern dieses Krauts Halluzinationen von gehörnten Teufelswesen hervorrief. Die modrig riechenden, violettschwarz geäderten Blüten des Bilsenkrauts heißen nicht von ungefähr im Volksmund »Teufelsaugen«.

Während so ein Ausflug in die andere Welt für Unberufene keineswegs harmlos ist (Bilsenkraut kann Drogenpsychosen auslösen), wusste die Urhexe mit den mächtigen Pflanzengeistern umzugehen. Sie benutzte das Bilsenkraut auch zu Heilzwecken. In geringer Dosierung wirkt das Zauberkraut nämlich entspannend, krampflösend und schmerzstillend.

Ähnlich wie beim Bilsenkraut nutzten die kräuterkundigen Frauen die Eigenschaften vieler Pflanzen für ganz unterschiedliche Zwecke: zur Verhütung etwa, aber auch zur Abtreibung, und nicht zuletzt für den Liebeszauber, mit dem sie Menschen einander gewogen machten. Kräuter begleiteten die weisen Frauen in allen Situationen des Lebens. Sie gürteten sich damit und schöpften daraus Kraft und Mut. Mit ihren Pflanzenräucherungen und Ritualen begleiteten sie andere Menschen in den Tod, retteten Leben, standen als Hebammen Gebärenden bei und bereiteten den Frauen im Wochenbett liebevoll die heilenden Liebfrauenbettstrohlager.

Doch dann kam die Zeit der Hexenverfolgung, und damit geriet das jahrhundertealte, volksmedizinische Naturwissen

erst einmal in Vergessenheit. Mit der Verteufelung der Hexen wurden auch die von ihnen benutzten Pflanzen auf zweierlei Weise abgewertet: Entweder stufte man sie als wirkungslos ein oder als gefährlich und tödlich giftig.

Damit kamen viele alte Heilpflanzen über einen langen Zeitraum nicht mehr zur Anwendung. Die in unseren Breiten noch wachsende Schmerwurz zum Beispiel, eine zur Yamswurzel gehörende Pflanzenart, war in »guten« Hexenzeiten ein begehrtes Verhütungsmittel und wurde dann im wahrsten Sinn des Wortes »aus dem Verkehr gezogen«. Erst Anfang des 20. Jahrhunderts entdeckte man die Pflanze wieder. Heute wird die moderne Antibabypille noch zum Teil aus Wirkstoffen dieser Lilienart hergestellt.

Ähnlich wie die Hexenpflanzen wurde zur Zeit der Inquisition auch die Frau auf zweierlei Weise gesehen: Sie war entweder gute Mutter oder böse Hexe. Hexen unterstellte man, sie könnten sich und andere in wilde Tiere verwandeln und dadurch unangreifbar machen. Auch Schadenszauber wurde den Hexen angedichtet: Sie würden Mensch und Vieh vergiften oder ganze Ernten durch Feldkräutergifte vernichten. Eine andere Vorstellung war, dass sich Hexen mit Hilfe ihrer Hexen- oder Flugsalben durch die Luft bewegen könnten, was zumindest bei den Seelenreisen ja auch zutraf. Nicht ganz zu Unrecht vermutete man auch sexuelle Orgien bei den »wilden Weibern«. Mit Hilfe enthemmender Mittel würden sie ekstatische Tänze aufführen (Hexensabbate) und »Teufelsbuhlschaften« eingehen.

Auch wenn sich heute viele Frauen wieder für das alte Wissen der weisen Frauen interessieren und Hexenkräuter ausprobieren, so sei doch vor den mächtigen Pflanzengeistern gewarnt. Abzuraten ist dringend von Selbstversuchen mit den rauscherzeugenden Nachtschattengewächsen, aus Gründen, die Hans Peter Dürr sehr treffend beschreibt: »Nachtschattengewächse machen uns heiß wie einen Rammler, blind wie eine Fledermaus, trocken wie einen Knochen, rot wie eine Runkelrübe und verrückt wie eine Henne.«

Die geheimnisvollen Zauberpflanzen aus hexischen Zeiten

Hexenkräuter werden ihren Zwecken entsprechend in vier verschiedene Kategorien eingeteilt:

- Giftpflanzen für den Schadenszauber
- Pflanzendrogen für den Luftflug
- Frauenkräuter für Verhütung, Geburt und Abtreibung
- Sympathiemittel zur sexuellen Stimulation

Allerdings ist die Zuordnung zu den verschiedenen Kategorien selten ganz eindeutig. Aber dies macht ja das Wesen der Hexenkräuter aus.

Giftige, rauscherzeugende Pflanzen

Es gehört große Erfahrung dazu, gerade bei den rauscherzeugenden Pflanzen die richtige Dosierung zu finden. Da Alraune, Bilsenkraut und andere giftige Pflanzen zu den typischen Hexenkräutern zählen, werden sie hier der Vollständigkeit halber genannt. Zum Ausprobieren sind sie jedoch nicht geeignet.

ALRAUNE
Mandragora officinarum
Die Alraune ist die klassische Zauberpflanze des Mittelalters. Sie wächst heute noch in manchen Teilen Südeuropas, zum Beispiel in Griechenland und auf Zypern. In der Tat ähnelt die Wurzel mit ihren bein-, arm- und rumpfähnlichen Teilen der Gestalt eines Menschen. In der Antike war die gekochte Alraunwurzel ein Hausmittel gegen Geschwüre, später diente sie als Brechmittel, als Narkosemittel bei Operationen und in Form von Zäpfchen als Abtreibungs- oder Schlafmittel. Um diese Hexenpflanze par excellence ranken sich viele Mythen und Geschichten, die sich bis heute erhalten haben. So darf die Alraune beispielsweise nur in Neumondnächten und im Beisein eines schwarzen Hundes (Symbol für den Höllenhund) ausgegraben werden, damit der oder die Grabende beim Schreien der Alraune nicht tot umfällt. Ratsam sei es auch, vorher dem Geist der Pflanze ein Opfer zu bringen. Zu diesem Zweck wird um die Pflanze ein Kreis gezogen, in den man entweder Wein gießt (Weinopfer) oder Silber legt (Silberopfer). Menschen, die diese Regeln außer Acht lassen, heißt es, geht es nach dem Graben der Alraune sehr lange schlecht. Wer hingegen »richtig« gräbt, dem diene der Pflanzengeist fortan als Hausgeist.

BILSENKRAUT
Hyoscyamus niger
Das Bilsenkraut gilt nach der Alraune als zweitwichtigste Rauschdroge der Hexen. Die einjährige Pflanze ist sehr giftig und kommt überall in Europa vor. Sie wächst auch an Wegrändern. Auffallend ist das Bilsenkraut durch seine gelb und

Impressionen aus der Hexenküche: Klette, Wurzeln, Efeu und Hanfsamen.

violett, weiß oder schwarz geäderten Blütentrauben. Dieses Hexenkraut, von dem alle Teile tödlich giftig sein sollen, wurde schon von den Kelten benutzt. Die Druiden verwendeten es angeblich zum Orakeln, wenn sie Visionen oder Wachträume erzeugen wollten oder rituelle Feiern zu Ehren des Gottes Bil abhielten. Von diesem Gott hat das Bilsenkraut wahrscheinlich seinen Namen. In vielen Kulturen wurde es als Betäubungsmittel bei Schmerzen verwendet. Es diente wohl auch als Ingrediens in Liebestränken, um Frauen gefügig zu machen. Manche kräuterkundige Frauen setzen es noch heute ein. So ist es Bestandteil eines bestimmten Orakelöls, mit dem das Dritte Auge eingerieben wird, um Visionen hervorzurufen.

EIBE
Taxus
Während die Nadeln dieses Baums giftig sind, gelten die Beeren bis auf den Samenkern als essbar. Die Eibe war vermutlich der Weltenbaum. Schon die Druiden haben sich unter diesen immergrünen Nadelbäumen versammelt, und die Hexen übernahmen diese Tradition. Die Eibe gilt als der Hexenbaum schlechthin. Auch ihre Besen schnitzten die Hexen aus diesem Holz. Wer das Geheimnis der Eibe am eigenen Leib erfahren will, sollte sich an warmen Tagen oder schwülen Nächten einmal unter diesen Baum setzen: Dann nämlich dünstet er einen psychoaktiven Stoff namen Taxin aus. Nach spätestens zehn Minuten fühlt man sich wie »beschwipst«, und es kann passieren, dass man Naturgeister sieht. Man sagt, unter einer Eibe zu sitzen sei, als ob man den Kopf in Großmutters Schoß gelegt hätte.

GEFLECKTER SCHIERLING

Conium maculatum

Diese Giftpflanze aus der Familie der Doldenblütler wird in allen alten Hexenbüchern erwähnt. Sowohl der Wasser- wie auch der Gefleckte Schierling waren klassische Schmerz- und Betäubungsmittel der alten Kulturen. In dem von dieser Pflanze verursachten Rausch hatten die Hexen das Gefühl, sich in ein Tier zu verwandeln, weil sich damit das Wahrnehmungsgefühl der Haut verändert und man glauben konnte, das Fell einer Katze oder die Federn einer Eule zu besitzen.

HANF

Cannabis sativa

Der wegen seiner berauschenden Wirkung heute so umstrittene und unter das Betäubungsmittelgesetz fallende Hanf war früher eine der wichtigsten Pflanzen in alten Hexenrezepten. Geschätzt wurde er aber nicht nur wegen seiner rauscherzeugenden Kräfte, sondern auch, weil er Schmerzen linderte. Sogar den Liebeskräften soll Cannabis dienlich sein. Die Hexen sollen noch eine ganz andere, besondere Fähigkeit des Hanfs genutzt haben: Mit seiner Hilfe konnten sie ihre Sinne angeblich so beeinflussen, dass sie in der Lage waren, Pflanzenwesen zu erkennen.

TOLLKIRSCHE

Atropa belladonna

Die Tollkirsche ist ein stattlicher, auffälliger, über einen Meter hoher Busch mit großen Blättern und glänzenden schwarzen Beeren. Sie kam zwar erst im Mittelalter nach Deutschland, ist aber seitdem überall heimisch geworden und gilt als die giftigste Pflanze Mitteleuropas. Schon der Verzehr weniger Beeren kann zum Tod führen. Der Name Belladonna, übersetzt »schöne Frau«, stammt aus der Zeit der Hexenprozesse. In der Renaissance verwendeten viele Frauen das Kraut äußerlich zur Haut- und Schönheitspflege.

Auch unsere moderne Schulmedizin setzt den Wirkstoff der Tollkirsche ein. Augenärzte geben einen Tropfen Belladonna auf die Pupille, um sie für eine Untersuchung des Augenhintergrunds zu erweitern. In der Homöopathie ist potenziertes Belladonna ein wichtiges Heilmittel.

Ungiftige Hexenpflanzen

Die nicht giftigen Kräuter der weisen Frauen wurden über Jahrhunderte hinweg für alle Frauenbelange, vom prämenstruellen Syndrom über Fruchtbarkeitsprobleme und Geburt bis hin zu den Wechseljahren, eingesetzt. Inzwischen entdecken kräuterkundige Hebammen und naturheilkundlich orientierte Frauenärztinnen diese Kräuter wieder.

BEIFUSS
Artemisia vulgaris

Dieses nach der griechischen Jagdgöttin Artemis benannte, schon vor der Antike bekannte und verwendete Frauenkraut wächst heute noch am Wegesrand. Am Weg und somit auch »beim Fuß«: So erklärt sich der Name Beifuß. Diese alte Gebärpflanze regt die Durchblutung des Unterleibs an und wirkt damit unter anderem mild aphrodisierend, fruchtbarkeitsfördernd und menstruationsregulierend. In Deutschland war der Beifuß früher ein Teil der so genannten Liebfrauenbettstrohkräuter, zu denen auch der Frauenmantel, die Raute, der Thymian und der Mönchspfeffer gehörten. Aus diesen Kräutern bereitete man duftende Lager für Gebärende, um sie vor Geburtsinfektionen zu schützen und den Raum zu desinfizieren. Alle diese Liebfrauenbettstrohkräuter waren nachweislich antibiotisch.

Achtung: Anwendungen mit Beifuß während Schwangerschaft und Stillzeit sollten vermieden werden. Das Kraut stimuliert den Uterus und kann zu Fehlbildungen beim ungeborenen Kind führen. Beim Stillen kann das im Beifuß enthaltene Thujon über die Muttermilch auf den Säugling übergehen.

EISENKRAUT

Verbena officinalis

Eisenkraut kommt auch heute noch überall in Deutschland vor. Als typische Schuttpflanze wächst das Kraut auf Parkplätzen und verwilderten Grundstücken. Eisenkraut ist eines der typischen Frauenkräuter. Hebammen verwenden es für den »Gebärzauber«. Bis heute setzen kräuterkundige Hebammen den Tee aus Eisenkraut zur Geburtsbeschleunigung ein. Der Wirkstoff Verbenalin gilt als wehenauslösend. Hexen hingegen benutzten das Eisenkraut als Gürtelkraut für den Liebes- und Fruchtbarkeitszauber: In der Nacht zur Sommersonnenwende trug man deshalb Gürtel aus geflochtenem Eisenkraut.

Achtung: Eisenkraut nicht während der Schwangerschaft anwenden, es kann Wehen auslösen und zu Fehlgeburten führen.

FRAUENMANTEL
Alchemilla vulgaris
Der gezackte Blattrand des Frauenmantels, der an den Umhang der Jungfrau Maria auf mittelalterlichen Gemälden erinnert, soll dieser Pflanze ihren Namen gegeben haben. Wie viele Kräuter, in deren Namensbezeichnung das Wort »Frau« oder »Mutter« vorkommt, eignet sich auch dieses Kraut in erster Linie für Frauenbeschwerden, zum Beispiel bei zu starker oder unregelmäßiger Monatsblutung oder bei Ausfluss und Entzündungen der Scheide. Durch die adstringierende Wirkung und den hohen Anteil an Gerbsäure kann man den Frauenmantel aber auch bei Entzündungen und zur Wundheilung verwenden. Ein Frauenmanteltee ist ein altes Volksheilmittel gegen Magen-Darm-Katarrh, Durchfall und Gastritis, während für Frauenbeschwerden heute eher die Tinktur verabreicht wird.

Achtung: Frauenmantel sollte nicht während der Schwangerschaft genommen werden, weil er den Uterus stimuliert.

Teerezepte aus den Kräutern der weisen Frauen

Diese Rezepte sind allesamt ungefährlich, ungiftig und ohne bösen Zauber. Die verwendeten Kräuter entstammen der »guten« Abteilung der Hexenküche: Es sind die Heilpflanzen, mit denen die Frauen seit Urzeiten ihre weiblichen Beschwerden und Angelegenheiten »regelten«. Allerdings eignen sich diese Tees auch wirklich nur für Frauen.

Wechseljahrstee

Dieser Tee ist ein wunderbarer Wegbegleiter durch alle Phasen der Wechseljahre. In einer Zeit, in der alles Bisherige im Leben einer Frau in Frage gestellt wird, in der Körper und Seele in Aufruhr geraten und die Hormone verrückt spielen, sind die sanft regulierenden, östrogenähnlichen Stoffe bestimmter Kräuter eine echte Wohltat für Körper und Seele. Die Münchner Heilpraktikerin Margret Madejski verordnet dieses Rezept seit vielen Jahren allen ihren Wechseljahrspatientinnen quasi als Standardmischung. Sie hat die Erfahrung gemacht, dass die meisten Frauen so gut damit zurechtkommen, dass sie keine weiteren Medikamente gegen ihre Beschwerden brauchen! Eine der vielen Wirkungen des Tees ist zum Beispiel die Schweißregulation. Zu Beginn der Wechseljahre reichen zur Prophylaxe ein bis zwei Tassen am Tag. Wenn der Schweiß dann in Bächen vom Körper rinnt, ist es Zeit, den Tee regelmäßig zu trinken.

Frauenmantelkraut
Hopfenzapfen
Salbeiblätter
Melissenblätter
Walnussblätter
½ l Wasser

Zubereitung und Anwendung: Zwei bis drei Esslöffel der Mischung mit einem halben Liter Wasser überbrühen, drei bis fünf Minuten ziehen lassen. Den Tee unbedingt mit etwas Honig süßen, weil dann die Heilstoffe besser in den Körper gelangen. Der Wechseljahrstee sollte kurweise angewandt werden: sechs bis acht Wochen über den Tag verteilt einen halben Liter trinken, danach eine Pause von einer Woche einlegen. Bei Bedarf können Sie die Kur erneut durchführen.

Zu diesem Rezept: Die Hauptbestandteile des Wechseljahrstees – Frauenmantel, Hopfen und Walnuss – werden seit Jahrtausenden in der Frauenheilkunde verwendet. Frauenmantel, die Basis fast jeden Frauenrezepts, war früher der Liebes- und Fruchtbarkeitsgöttin Freya geweiht. In der Wechseljahrsmischung wirkt die Pflanze in erster Linie schweißregulierend. Die Kräuterfrauen des Mittelalters, die auf die Heilkräuter und deren Eigenschaften ein genaues Augenmerk hatten, verordneten dieses Kraut gegen Schweißausbrüche, weil es selbst »schwitzt«: Morgens um zehn sind die Blätter des Krauts über und über mit Tropfen bedeckt, die von der Pflanze sozusagen ausgeschwitzt werden. Auch die Salbeiblätter mildern starke Schweißabsonderungen, während Hopfenzapfen ihrer östrogenähnlichen Wirkstoffe wegen ausgewählt wurden. Sie mildern die Folgen des körpereigenen Östrogenabbaus. Mit diesem Tee können sich Frauen, die synthetischen Hormonen gegenüber kritisch eingestellt sind, diese unter Umständen ersparen.

Kombinationsvorschlag: Eine zusätzliche pflanzliche Hormonunterstützung, die sehr gut mit dem Wechseljahrstee kombiniert werden kann, sind Granatapfelkerne. Granatäpfel gelten in vielen Völkern als Symbol von Verjüngung und Fruchtbarkeit. Dass der Liebesapfel eine wahrhaft aphrodisische Speise ist, deuten schon die vielen Samenkerne an. Sie enthalten ein natürliches Östrogen, das mit dem Hormon identisch ist, das in den weiblichen Eierstöcken gebildet wird.

Unser Tipp: Während der Teekur täglich ein bis zwei Esslöffel möglichst frischer Granatapfelkerne gut zerkauen und schlucken.

Achtung: Granatapfelsamen dürfen nicht in der Schwangerschaft genommen werden und nicht bei Erkrankungen, bei denen eine östrogene Wirkung unerwünscht ist. Wenn Sie eine längere Einnahme planen, sollten Sie also Ihren Arzt oder Heilpraktiker fragen.

Mondflusstee

Viele Frauen, die Probleme mit ihrem Monatszyklus haben, können ihre Beschwerden bessern, wenn sie den Zeitpunkt der »Mondblutung« mit dem Mondrhythmus koordinieren: Im optimalen Fall findet der Eisprung bei Vollmond statt und die Menstruation bei Neumond. Der Mondflusstee kann dabei helfen, den Zyklus in Einklang mit dem Mond zu bringen. Zu empfehlen ist er vor allem bei zu schwacher, unregelmäßiger, teilweise ausbleibender Menstruation oder bei zu langen Monatszyklen. In all diesen Fällen wird der weibliche Organismus nicht alle Gifte los, die normalerweise mit dem Menstruationsblut ausgeschieden werden. Typischerweise leiden viele Frauen mit den genannten Zyklusunregelmäßigkeiten oder zu schwacher Regel an depressiven Verstimmungen und unreiner Haut. Diese Beschwerden stellen sich oft ein, wenn die Selbstreinigungsmechanismen des Organismus nicht mehr funktionieren. In all diesen Fällen greift der Beifußtee regulierend ein.

3 EL getrocknete oder frische Beifußblätter
½ l Wasser

Zubereitung und Anwendung: Die Beifußblätter mit einem halben Liter siedendem Wasser übergießen und etwa zehn Minuten ziehen lassen. Den Tee in eine Thermoskanne füllen und über den Tag verteilt trinken.

Wichtig: Um den Blutfluss bei zu schwacher Menstruation zu fördern, sollten Sie Ihre Kur mit Beifußtee mindestens eine Woche vor der zu erwartenden Menstruation beginnen. Wenn die Monatsregel öfter ausbleibt, obwohl Sie nicht schwanger sind, wird der Tee immer zwei Wochen lang täglich bei abnehmendem Mond getrunken. Dann stellt sich die Menstruation meist nach zwei bis drei Monaten wieder ein – und zwar planmäßig bei Neumond.

Zu diesem Rezept: Beifuß wird von alters her dem Mond zugeordnet. Sein botanischer Name *Artemisia vulgaris*, benannt nach der Mondgöttin Artemis, deutet darauf hin. Die Volksheilkunde empfiehlt das Hexenkraut aber nicht nur zur Regulierung des Mondflusses, sondern zur allgemeinen Entgiftung sowie als Gewürz für fette Speisen, weil es unter anderem die Verdauung fördert. Da Beifuß grundsätzlich die Durchblutung des gesamten Unterleibs anregt, gilt er auch als fruchtbarkeitssteigernd und mild aphrodisierend.

Zur allgemeinen Entgiftung: Natürlich können auch Frauen, die keine Zyklusprobleme haben, die reinigenden Kräfte des Beifußtees nutzen. Dieses Kraut ist schließlich auch ein hervorragendes Entgiftungsmittel, das gleichzeitig die Stimmung aufhellt. Bereiten Sie in diesem Fall Ihren Tee wie folgt zu:

3 EL Beifußblätter
Honig
½ l Wasser

Zubereitung und Anwendung: Einen halben Liter kaltes Wasser über das Kraut gießen, etwa drei Teelöffel Honig zugeben und das Ganze kurz sieden. Als Tagesdosis über den Tag verteilt trinken.

Achtung: Auch in dieser Zubereitung sollte Beifußtee immer nur in den beiden Wochen getrunken werden, in denen der Mond abnimmt – also zwischen Vollmond und Neumond, und zwar so lange, bis der Schweiß aufhört zu riechen. Das ist das Zeichen, dass die Gifte ausgeschieden sind.

Traumorakeltee

Ein echt magisches Hexenrezept für Frauen, die gern in die Welt der Träume und in Trance eintauchen, wenn sie Antworten auf Lebensfragen suchen. Es heißt sogar, dass so manche Frau, die einen Partner sucht, mit Hilfe dieses Tees den zukünftigen Liebsten im Traum sehen kann. Grundsätzlich eignet sich der Traumorakeltee für alle Frauen, die sich mehr innere Orientierung wünschen oder vor einer schwierigen Entscheidung stehen. Das Rezept dient in erster Linie der Intuitionssteigerung, wobei die Antworten meist nachts im Traum oder in Tagträumen »erscheinen«. Achten Sie in dieser Zeit also auf Ihre Eingebungen und Visionen.

3 Hände voll selbstgepflückter Vergissmeinnichtblüten

Zubereitung und Anwendung: Bei Vollmond soll die Ratsuchende bei Sonnenaufgang drei Handvoll Vergissmeinnichtblüten ohne Stengel an einem schönen Platz sammeln. Die Blüten werden innerhalb des Hauses auf Papier auf dem

Fensterbrett ausgebreitet. Mindestens drei Nächte lang soll das Mondlicht auf die Blüten scheinen.

Danach jeden Abend von den Blüten die Menge entnehmen, die man zwischen drei Fingern greifen kann (etwa einen Teelöffel), mit einer Tasse Wasser überbrühen und zehn Minuten zugedeckt ziehen lassen.

Achtung: Vor dem Trinken des Tees sollten Sie Ihre Frage formulieren und intensiv verinnerlichen. Auch vor dem Schlafengehen und beim Einschlafen immer wieder an die Frage denken. Wenn die Schicksalsgöttin es will, heißt es, werden Sie im Traum die Antwort finden. Damit Sie den Traum nicht vergessen, sollten Sie ihn gleich nach dem Erwachen aufschreiben. Legen Sie sich also Papier und Stift neben das Bett.

Zu diesem Rezept: Die weisen Kräuterfrauen wissen, dass Vergissmeinnichtblüten eine direkte Beziehung zum Element Luft, zum Himmel und damit zur Welt der Inspiration haben. Das Sonnengelb und das Himmelblau der Blüten symbolisieren die Farben des Firmaments und deuten darauf hin, dass ein Rat von oben kommen kann. Der Mond, der auf die Blüten scheint, dient in diesem Fall nur als Transportmittel für die Antwort, die ja im Trancezustand, in Tagträumen oder im Schlaf gegeben wird.

Tee für den Liebes- und Fruchtbarkeitszauber

Das Geheimnis dieser aphrodisierenden Rezeptur ist schnell gelüftet: Die östrogenähnlich wirkenden Kräuter regen die Durchblutung des gesamten Unterleibs an. Sie wirken damit nicht nur luststeigernd, sondern auch fruchtbarkeitsfördernd.

Auch Frauen, die während der Menstruation häufig unter Krämpfen leiden, profitieren von der krampflösenden, entspannenden Wirkung.

Rautenkraut
Eisenkraut
Beifußblätter
Damianablätter
1/2 l Wasser

Zubereitung und Anwendung: Von der Raute einen Teil, von den anderen Kräutern je zwei Teile miteinander vermischen. Drei Esslöffel der Mischung mit einem halben Liter siedendem Wasser überbrühen und zehn Minuten ziehen lassen. Bei Bedarf zwei bis drei Tassen am Tag trinken. Wenn Sie während der Menstruation häufig unter Unterleibskrämpfen leiden, sollten Sie den Tee eine Woche lang vor der zu erwartenden Regelblutung täglich trinken.

Zu diesem Rezept: Die Raute ist eine der ältesten Hexenpflanzen, mit der die Kräuterfrauen des Mittelalters fast alle Frauenbeschwerden kurierten – sogar zur Abtreibung wurde sie verwendet, was der Pflanze den Beinamen »Kraut der schönen Mädchen« eintrug. Im prüden 18. Jahrhundert war den Frauen die Anwendung der Raute verboten, weil sie angeblich unkeusche Gedanken hervorruft. Bei uns wächst die Raute noch in alten Bauerngärten. Häufiger kommt sie südlich der Alpen und im Mittelmeerraum vor. Bereits am Gardasee gibt es wild wachsende Sorten.

Zusatztipp: Bei besonders viel Lust auf Libido können Sie in diesen Liebeskräutern auch baden: Eine Handvoll der Mi-

schung mit zwei Litern Wasser überbrühen, nach zehn Minuten abseihen und den Sud ins Badewasser geben.

Tee zur Stärkung der erotischen Aura

Das gibt es tatsächlich: Teerezepte, die den Körpergeruch einer Frau so verändern, dass sie von den Männern deutlicher wahrgenommen wird. In diesem Fall verstärkt sich die weibliche Anziehungskraft durch den Duft bestimmter Liebesblüten.

1 Hand voll Kirschblüten
1 Hand voll ganze Rosenblüten der Sorte Rosa centifolia
1 Hand voll Lindenblüten, ganz oder gerieben
½ l Wasser

Zubereitung und Anwendung: In der Zeit des Aprilvollmonds morgens vor zehn Uhr eine Handvoll Kirschblüten vom Baum pflücken und zum Trocknen flach ausbreiten. Die getrockneten Blüten mit den Rosen- und Lindenblüten zu gleichen Teilen mischen. Zwei Esslöffel der Blütenmischung mit einem halben Liter siedendem Wasser übergießen, zehn Minuten ziehen lassen und abgießen. Nehmen Sie Ihr aphrodisisches Getränk etwa eine Stunde vor dem Ausgehen mit einem Esslöffel Honig gesüßt ein.

Zu diesem Rezept: Dieser Tee hat einen ganz besonderen Zauber: Beim Trinken gehen die Düfte der Blüten in den Schweiß über. Die Frau parfümiert sich damit sozusagen von innen heraus und strömt einen für Männer unwiderstehlichen Duft aus … Es wäre schade, wenn dieser betörende Eigengeruch durch synthetische Duftstoffe übertönt würde. Vielleicht verzichten Sie an diesem Abend einmal auf Deodorants und Parfüm.

Pariser Hexentee

Dies ist ein äußerst wirkungsvolles Rezept zum Verhexen von Männern. Der Effekt ist ebenso unerklärlich wie spektakulär: Eine Frau, die den Tee getrunken hat, kann jeden Mann um den Finger wickeln!

Man braucht dazu ein geheimnisvolles Liebeskraut mit dem botanischen Namen *Circea lutetiana*, das übersetzt Pariser Hexe bedeutet. Dieses Nachtkerzengewächs kommt in vielen unserer deutschen Mischwälder vor. Erkennbar ist die *Circea lutetiana* an ihren herzförmigen Blättern und den kleinen weißen Blüten, die sich später zu kleinen Klettfrüchten entwickeln. Alle drei Sorten, die kleine, die mittlere und die große, sind gleich wirksam. Zu kaufen gibt es die Pariser Hexe nicht, eine Frau muss sie schon selbst sammeln: An einem Abend bei zunehmendem oder Vollmond wird die Pflanze ohne Wurzel von Hand gepflückt. Lassen Sie aber immer einige Pflanzen stehen, pflücken Sie nur jede zweite oder dritte, und hängen Sie sie im Bündel zehn bis 14 Tage lang zum Trocknen auf.

getrocknete oder frische Blätter der Pariser Hexe

Zubereitung und Anwendung: Von dem getrockneten oder frischen Kraut pro Tasse die Menge nehmen, die man mit Daumen, Mittel- und Zeigefinger greifen kann. Mit siedendem Wasser überbrühen und fünf bis zehn Minuten ziehen lassen. Leicht süßen. Trinken Sie vor wichtigen Ereignissen jeweils eine Tasse dieses Tees.

Zu diesem Rezept: Eine Frau, die gern einen Partner finden möchte, kann mit Hilfe dieses die Anziehungskraft stärkenden Tees ganz gezielt auf Männerfang gehen. Aber Vorsicht! Sie zieht damit alle möglichen Typen an – auch solche, die lästig werden können. Hervorragend bewährt hat sich der Pariser Hexentee in Situationen, in denen eine Frau einem Mann gegenüber etwas Bestimmtes erreichen will – zum Beispiel eine Gehaltserhöhung, ein Geschenk oder eine Zusage für ein Projekt. Das Kraut ist absolut ungiftig. Viele Frauen, die den Effekt der Pariser Hexe noch verstärken wollen, tragen das Kraut in gewissen Situationen auch direkt am Körper. Man kann es zum Beispiel in die Jackentasche einnähen oder sich ein wenig davon in die Schuhe schieben …

Wegen der verblüffenden Wirksamkeit dieses magischen Hexenkrauts ist eine umsichtige Handhabung ratsam: Beim gleichen Geschlecht ruft die Anwenderin des Pariser Hexentees zum Beispiel deutliche Aggressionen hervor. Wenn also bei einer Konferenz auch Frauen anwesend sind, sollte man tunlichst die Finger davon lassen. Auch sollte man sich davor hüten, die Sekretärin des Chefs um den Finger wickeln zu wollen. Der Versuch wird scheitern!

Tee für den Geburtszauber

Dieses Rezept aus »guten« Hexenkräutern hat seit dem Mittelalter schon Millionen von Frauen bei der Geburt geholfen. Heute wird es als Geheimtipp unter kräuterkundigen Hebammen gehandelt.

Eisenkraut
Frauenmantelkraut
Himbeerblätter

Zubereitung und Anwendung: Alle Kräuter zu gleichen Teilen mischen und pro Tasse einen Teelöffel der Mischung heiß überbrühen. Vier Wochen vor dem Geburtstermin mit einer Tasse täglich beginnen. Wenn es so weit ist, bis zu einen Liter am Tag davon trinken.

Zu diesem Rezept: Naturheilkundlich arbeitende Hebammen wissen, dass ein Tee mit Himbeerblättern einen Dammriss verhindern kann. Der Frauenmantel wirkt hormonell regulierend und blutreinigend. Man sagt, dass so mancher Ehemann und so manches Kind seine Ehefrau oder Mutter noch besäße, wenn sie bei der Geburt mehr Frauenmanteltee getrunken hätte.

Dieses wichtige Kraut sollte nicht nur vor und während, sondern auch noch ein paar Tage nach der Geburt getrunken werden, denn es hilft, Wochenbettinfektionen zu verhindern. Zusätzlich fördert es die Straffung und Rückbildung des Gewebes.

Zusatztipp: Wenn die Wehen beginnen, sollte jede Frau ein Bad aus Lavendel oder Rosmarin zur Geburtserleichterung nehmen. Wenn Sie eine Erstgebärende sind, sollten Sie zu Lavendel greifen, weil dieses Kraut beruhigend wirkt. Einer Frau, die schon geboren hat, nutzt eher die energiespendende Kraft des Rosmarin, um die Geburtsarbeit zu beschleunigen.

Geben Sie jeweils etwa acht Tropfen ätherisches Öl dieser Pflanzen mit einem Teelöffel Honig vermischt ins einlaufende Badewasser. Wenn Sie die Wehen anregen wollen, können Sie zusätzlich etwas Tee aus Eisenkraut hinzugeben.

Alchimie – die Mutter aller Wissenschaften

Von den Alchimisten wissen die meisten Menschen heute nur noch vage, dass sie versuchten, Stein oder Metall in Gold zu verwandeln. Damit tut man der Zunft aber großes Unrecht. All die Magier und Zauberkünstler nämlich, die ihre Kunst tatsächlich für solche Ziele einsetzten, sind kläglich gescheitert. Die wirklichen Alchimisten jedoch waren Menschen mit höherem Bewusstsein. Sie erkannten, dass die physikalischen und chemischen Prozesse, die im Labor stattfanden, nur formale Symbole waren für etwas anderes von viel größerer Bedeutung: Es ging um das kosmische Grundmuster, die Urinformation des Lebens. Doch nur der könne den Stein der Weisen finden, der ihn zuvor in sich bereitet hat.

Der Mensch muss den Weg der Veredlung mitgehen

Zwar ist die Grundidee der Alchimie in der Tat die »Veredlung oder Vollendung der Gesteine in der Richtung auf das Gold«, schrieb der kürzlich verstorbene Alchimist Marino Lazzeroni, doch um dies zu erreichen, müsse der Mensch den Weg der Veredlung mitgehen. Dies aber bedeute »eine seelische Veränderung von wissenschaftlich-psychologisch kaum nachvollziehbarer Größe«.

Die echten Alchimisten waren also stets große Philosophen und Gelehrte. »Diese Wissenschaft ist nur wenigen gegeben, denn niemand versteht sie, dem nicht Gott oder ein Meister das Verständnis geöffnet hat«, sagt die zeitgenössische Ärztin Dagmar Lanninger-Bolling. Auch dürfe man die gewonnene Erkenntnis nicht anderen vermitteln, wenn diese solchen Wissens nicht würdig sind: »Da alle wesentlichen Dinge in Metaphern ausgedrückt sind, geht die Mitteilung nur an jene, welche die Gabe haben zu verstehen. Die Dummen aber lassen sich durch Wörtlichnehmen von Rezepten verblenden und gehen in die Irre.«

Diese Kommentare zeigen auf, worum es der Alchimie wirklich ging: Um das Aufbrechen des »allzu engen Horizonts rationalen Bewusstseins« und um den Eintritt in die »weiten Hallen analoger Denkmuster, mit denen der Mensch die Weisheit der kosmischen Ordnung verstehen lernt«.

Einfacher ausgedrückt, muss der Alchimist für seine hehren Ziele beide Gehirnhälften benutzen – die analytische und die intuitive, die ihm Zugang zu seiner Seele verschafft.

Paracelsus – ein großer Alchimist

Einer der wichtigsten Alchimisten war der Arzt Paracelsus (1493–1541). Der in der Schweiz geborene Arztsohn, dessen wirklicher Name Theophrastus Bombastus von Hohenheim war, galt als der revolutionäre Vordenker einer ganzheitlich ausgerichteten Naturwissenschaft und Begründer der Medizin der Neuzeit. Bei Paracelsus tauchte erstmals der Begriff »Spagyrik« auf. Heute ist dies der Teil der Alchimie, der sich mit der Heilkunst befasst. Das Wort entstammt dem griechischen *spao* (trennen) und *gyrein* (vereinigen). Gemeint ist die

Trennung der Stoffe in ihre Urelemente und die Schaffung einer neuen Verbindung nach den drei Grundprinzipien:

Trennung (*seperatio*)
Reinigung (*purificatio*)
Wiedervereinigung (*cohabatio*)

Wiederbelebung in der Neuzeit

Dass die Spagyrik heute wieder lebendig ist, verdanken wir zwei großen Alchimisten des 20. Jahrhunderts: dem mystischen Dichter und Denker Alexander von Bernus (1880–1965) und seinem geistigen Erben Marino Lazzeroni (1937–1996). Baron von Bernus, den man «den letzten Magier« nennt, war ein philosophisch-mystischer Dichter, in ständiger Verbindung mit den großen Geistern seiner Zeit, unter anderem ein enger Freund von Rudolf Steiner. Schon zu seiner Zeit erkannte Bernus die Grenzen des (heute stark kritisierten) linearen Denkens der Schulmedizin. Dies sei die Wissenschaft, die sich eigenwillig darauf beschränkt, nur das Untere einseitig zu erforschen und damit zwangsläufig nur zu Stückhaftem, zu Teilergebnissen gelange. Nur in der Technik, in der Chirurgie werde sie imstande sein, Vollkommenes zu leisten. Die Heilung schwerer innerer Krankheiten jedoch sei nur mit einer vergeistigten, die kosmophysischen Zusammenhänge beurteilenden Naturerkenntnis möglich.

Bernus war im Besitz alter alchimistischer Rezepturen von Paracelsus und wollte diese in eine zeitgemäße Form bringen. 1921 gründete er die Heilmittelfirma Laboratorium Soluna, und bald darauf stellte er in seinem Schloss Donaumünster bei Donauwörth spagyrische Tinkturen her. Mit Erfolg: »Die Heilerfolge der Spagyrik grenzen an das Unglaubhafte; unglaubhaft allerdings nur für denjenigen, der mit den Voraussetzungen und Vorurteilen der zeitgenössischen, materialistisch eingestellten Naturwissenschaft daran herangeht.«

Anfang der achtziger Jahre kam der damalige Journalist Marino Lazzeroni nach Schloss Donaumünster und begann mit Genehmigung von Bernus' Witwe, in den Rezepten zu stöbern. Schnell erkannte Lazzeroni seine Berufung. »Was Bernus in fünfundsechzig Jahren gemacht hat, brauchen wir heute ganz dringend«, sagte er. Achtzehn Jahre nach dem Tod des großen Meisters investierte Lazzeroni sehr viel Geld und nahm ein halbes Dutzend Leute unter Vertrag, um das geistige Erbe des Alexander von Bernus weiterzuentwickeln.

Auch heute noch werden im Laboratorium Soluna alle Heilmittel streng nach den alten Rezepturen hergestellt. Die reifende Arznei wird bei Sonnenaufgang in einer entsprechenden Rhythmik bewegt und in einer bestimmten Drehrichtung dynamisiert und abends bei Mondaufgang in entgegengesetzter Drehrichtung in einem dem Mond analogen Rhythmus aufgerührt. Diese rhythmische Verarbeitung der spagyrischen Mittel erregt inzwischen zunehmendes Interesse. Von allen Kontinenten pilgern heute Ärzte in den kleinen Ort.

Auch die pflanzlichen Rohstoffe entsprechen höchsten Ansprüchen. Sie werden entweder aus Wildwuchs geerntet oder mit äußerster Sorgfalt und streng nach den biologischen Rhythmen von Sonne und Mond gesät, angebaut und geerntet. Heute verordnen mehr und mehr Heilpraktiker und Naturmediziner spagyrische Arzneimittel.

So funktioniert die Spagyrik

Die Trennungsverfahren, Lösungs- und Reinigungsprozeduren der spagyrischen Arzneimittelherstellung sind vollkommen der Natur abgeschaut. Doch während sich die Wandlungen der Mineralien, Metalle und Pflanzen in der Natur in großen Rhythmen vollziehen, ahmt die Spagyrik diese Prozesse im Kleinen im Labor nach und beschleunigt sie: mit verschiedenen Gerätschaften und Hitze – durch Destillation, Sublimation und Calcination.

Ziel dieser aufwendigen Verfahren ist es, die Wirksamkeit der ihr innewohnenden Lebenskraft einer Pflanze oder eines Minerals zu erhöhen. Dies geschieht durch wiederholte Destillationen. Bis zu dreiunddreißigmal wird das Destillat innerhalb eines geschlossenen Systems mit dem Rückstand wieder vereint und anschließend erneut destilliert. Auf diese Weise entstehen durch den ständigen Wechsel der Aggregatzustände Veränderungen: Die molekulare Energie wird gesteigert, die Wirkkraft dynamisiert und gleichzeitig ein hoher Reinheitsgrad der Destillate erreicht.

Am Schluss sind die eigentlichen Wirkkräfte von ihrer materiellen Struktur vollständig getrennt. Sie sind also chemisch nicht mehr nachweisbar und können nur noch an ihren Heilwirkungen erkannt werden. Es heilt also nicht mehr der Wirkstoff, sondern seine Information – als die reine, von der Materie unberührte Urformel des Lebens.

In einer Zeit, in der ganzheitliche, auf Körper, Seele und Geist abgestimmte Arzneimittel wieder zu Ehren kommen, gewinnt auch die Spagyrik neue Bedeutung. So sagt die Ärztin Dagmar Lanninger-Bolling: »Schön, dass es eine Arznei gibt, die das Geheimnis der Ausgewogenheit der Kräfte und der sie formenden Strukturen in sich trägt.«

Die spagyrischen Kräutertinkturen

Um die Heilkunst der Alchimisten an praktischen Beispielen aufzuzeigen, stellen wir hier anstelle von Pflanzen verschiedene spagyrische Tinkturen vor. Sämtliche Mittel sind apotheken-, aber nicht rezeptpflichtig. Sie können also über jede Apotheke bestellt werden und sind frei verkäuflich. Trotzdem ist es ratsam, wegen der Dosierung einen Heilkundigen zu befragen, der sich mit solchen Mitteln auskennt. Wie bei vielen Arzneien gilt auch hier: »Das ganze Geheimnis des Erfolgs liegt in der Dosierung.«

Achtung: Alle hier aufgeführten spagyrischen Tinkturen enthalten bis zu 65-prozentigen Alkohol. Wenn Sie Alkohol meiden müssen, sollten Sie sich vor einer Eigenbehandlung mit Ihrem Arzt beraten.

Nr. 2 Aquavit

Zusammensetzung: Spagyrischer Auszug aus Angelikawurzel, Anis, Chinarinde, Colasamen, Cubebenfrüchten, Dostenkraut, Galgantwurzelstock, Ingwerwurzel, Johanniskraut, Koriander, Kümmel, Lavendelblüten, Majorankraut, Meisterwurzwurzelstock, Melissenblättern, Muskatsamen, Rosmarinblättern, Salbeiblättern, schwarzen Pfefferfrüchten, Tausendgüldenkraut, Wacholderbeeren, weißen Pfefferfrüchten, Ysopkraut und Zimt. Zusätzlich Goldsalz (*Aurum chloratum*) und ein wässriges Destillat aus allen genannten Drogen.

Aquavit ist ein klassisches Lebenselixier, das Geist und Körper vitalisieren und den gesamten Organismus aktivieren soll. Diese lebensanregende Wirkung kommt nach Ansicht der Spagyriker von einer speziellen Zutat: Aquavit enthält Gold. Paracelsus sagt: »Das Gold hat die Natur des Feuers. Es trägt die Sonnenenergie, befeuert den Lebensgeist, kräftigt Herz und Geblüt, fördert das Wachstum und verleiht Größe und Stärke. Gold trägt auch die Wärme, die alles reifen macht.« Im Aquavit werden die vitalisierenden Kräfte des Goldsalzes mit den spagyrischen Auszügen von 24 Heilpflanzen vermischt, die ebenfalls den Stoffwechsel beleben. Doch nicht nur körperlich wirkt sich Aquavit aus – dieses Stärkungsmittel hat auch eine starke positive Wirkung auf das Seelenleben. Es kann schwarze Gedanken vertreiben und bringt Sonne in das Gemüt, weshalb es im folgenden Rezeptteil im »Lebensfreudetee« Verwendung findet. Dieses Tonikum ist bei allen Schwächezuständen zu empfehlen, zum Beispiel nach einer Krankheit oder Operation, in Stresszeiten, bei Mutlosigkeit, oder wenn man ganz allgemein das Gefühl hat, alt und energielos zu sein. Falls nicht anders verordnet, nimmt man zwei- bis viermal am Tag fünf bis zehn Tropfen auf Zucker in einem Likörglas Wein oder in Kräutertee ein.

Nr. 3 Azinat N

Zusammensetzung: Flüssiger Eisenzucker, kolloidale Kieselsäure, Destillat aus *Stibium sulfuratum nigrum* in Ethanol, *Stibium sulfuratum nigrum* und Natriumnitrat in gereinigtem Wasser, *Tartarus stibiatus D3 aquos*, gereinigtes Wasser.

Azinat ist ein spagyrisches Grundmittel, das die Körperabwehr mobilisiert. Seit mehr als sechzig Jahren wird damit ärztliche Erfahrung gesammelt, und besonders eindrucksvoll sollen die Erfolge bei allen akuten, entzündlichen Prozessen sein. Azinat hilft dem Organismus, auf von außen eindringende Krankheitserreger optimal zu reagieren. Klassisches Anwendungsgebiet sind vor allem Erkältungskrankheiten mit und ohne Fieber. Auch Gelenkrheumatismus sowie Probleme im Atmungs-, Drüsen- und Hautsystem gehören zu dem sehr umfassenden Wirkungskreis dieses Komplexmittels. Bei den ersten Anzeichen einer Erkältung nimmt man am besten sofort 30 Tropfen Azinat in einer Tasse Schafgarben- oder Zinnkrauttee, danach alle zwei Stunden im Wechsel je zehn Tropfen Azinat und Epidemik über 18 bis 24 Stunden hinweg. In den folgenden drei bis sechs Tagen sollen die Zeitabstände je nach Verlauf der Krankheit größer werden. Nehmen Sie das Mittel noch ein paar Tage weiter, nachdem die Symptome verschwunden sind.

Nr. 6 Dyscrasin A

Zusammensetzung: Spagyrische Essenz aus Destillat von *Stibium sulfuratum nigrum* mit Ethanol, Antimonjodid D4 in Ethanol, ätherisches Öl aus Cajeput, Zedernholz und Terpentin, *Terebinthinae sulf. aeth.*

Der Name dieses Mittels leitet sich von einem von Hippokrates gebildeten medizinischen Begriff ab: Dyskrasie, die fehlerhafte Zusammensetzung der Körpersäfte. Gemeint ist ein Symptomenkomplex, den ein moderner Mediziner heute als

»allergische, exsudativ-lymphatische Diathese« bezeichnen würde, auf Deutsch als ererbte oder erworbene Veranlagung zu krankhaften Reaktionen an bestimmten Organen oder Organsystemen. Dyskratische Erscheinungen sind zum Beispiel neurodermitische Ekzeme, Schuppenflechte oder Akne. All diesen Hautkrankheiten liegen immer tiefgreifende Stoffwechselstörungen zugrunde. Dyscrasin zielt nun auf eine direkte Entgiftung der betroffenen Organe und -systeme ab, wobei die Schadstoffe über die Haut ausgeleitet werden. Bei Akne, Ekzemen und Skrofulose nimmt man normalerweise zwei- bis dreimal am Tag je fünf bis acht Tropfen. Es lohnt sich aber, wegen individueller Unterschiede bei der Dosierung und auch wegen der oft nötigen Dosissteigerung einen Fachmann um Rat zu fragen.

Nr. 7 Epidemik

Zusammensetzung: Kolloid. Kieselsäure, *Stibium sulfuratum nigrum* in Ethanol, *Stibium sulfuratum nigrum* und Natriumnitrat in gereinigtem Wasser, *Tartarus stibiatus D3 aquos*, gereinigtes Wasser.

Anhänger der Spagyrik behaupten, mit diesem Mittel verfüge der Arzt über ein sehr wirksames Probiotikum gegen Leiden, die heute meist mit Antibiotika behandelt werden. Gemeint sind alle akuten und subakuten Infektionskrankheiten mit und ohne Fieber. Bei akuten Infektionen, wie zum Beispiel einer fieberhaften Grippe, wirkt Epidemik als großes Fiebergegenmittel. Dabei entfaltet es seine antiinfektiöse Wirkung durch eine Stärkung humoraler und zellulöser Faktoren. Das

Fieber wird dabei also nicht wie in der allopathischen Medizin unterdrückt, sondern die Infektabwehr wird so erfolgreich unterstützt, dass der Organismus die Krankheit schneller überwinden kann. Auch bei subakut bis chronisch verlaufenden Infektionskrankheiten, bei denen die Entzündung vor sich hin schwelt, hat sich die immunstärkende Wirkung von Epidemik bewährt. Gerade Kinder stecken oft jahrelang in solchen halbakuten, entzündlichen Prozessen – typisch die ewigen Rotznasen oder der ständige Husten. Solche Phasen sind immer Hinweise auf eine beginnende Abwehrschwäche. Das immunaufbauende Epidemik ergänzt sich sehr gut mit dem Mittel Azinat und sollte im Wechsel damit genommen werden. Die Dosierung erfolgt nach Angaben des Therapeuten.

Nr. 8 Hepatik

Zusammensetzung: Spagyrischer Auszug aus Ackergauchheilkraut, Kapaloe, Bitterholz, Leberkraut, Löwenzahn-Ganzpflanze, Mariendistelfrüchten, Odermenningkraut, Schöllkraut, Schöllkrautwurzel, Wegwartenblättern, Wegwartenwurzel und Zinkacetat, dazu ein wässriges Destillat aus allen genannten Drogen.

Wie der Name schon andeutet, handelt es sich um ein Heilmittel für unser wichtigstes Entgiftungsorgan, die Leber. Hepatik hat drei große Heileigenschaften, die es bei allen Problemen des Leber-Galle-Systems einsetzbar machen: Es entstaut, hemmt Entzündungsprozesse und unterstützt die Regenerationsfähigkeit der Leber. Das Anwendungsspektrum von Hepatik ist entsprechend groß. Bei beginnenden Funktionsstörungen wird es ebenso empfohlen wie bei bereits manifesten Organschäden bis hin zu Gallensteinen, Entzündungen im Gallensystem und allen Formen von Leberentzündung. Doch auch als vorbeugender Leberschutz eignet sich dieses spagyrische Komplexmittel.

Die neun verwendeten Heilpflanzen werden in der Erfahrungsheilkunde schon seit Menschengedenken bei Leberleiden eingesetzt. Sie helfen bei der Entstauung des Säftestroms und scheiden die durch den Stau angesammelten Schlacken aus. Ein sehr wichtiger Bestandteil in dieser Tinktur ist das spagyrisch aufbereitete Zink. Dass dieses Spurenelement sehr eng mit dem Organ Leber und seiner Funktion zusammenhängt, ist inzwischen wissenschaftlich bestätigt. Heute weiß man, dass Zink die entgiftenden und immunologischen Aufgaben der Leber katalysiert.

Der Spagyriker Paracelsus hat dies damals mehr intuitiv erkannt. Auch in der taoistischen und anthroposophischen Medizin weiß man von dieser Verknüpfung. Zur Dosierung von Hepatik sollte man unbedingt einen Heilkundigen befragen, weil hier die individuelle Reaktion des Einzelnen besonders zu beachten ist und mit niedriger Dosierung begonnen werden sollte, die dann langsam gesteigert wird. Empfehlenswert ist es, die Tropfen in einer Tasse Wegwartetee zu trinken.

Nr. 9 Lymphatik N

Zusammensetzung: Spagyrische Essenz aus Guajakholz, rotem Sandelholz, Sarsaparillenwurzel, Thujakraut, Walnussblättern und einem wässrigen Destillat aus diesen Pflanzen und Pflanzenteilen.

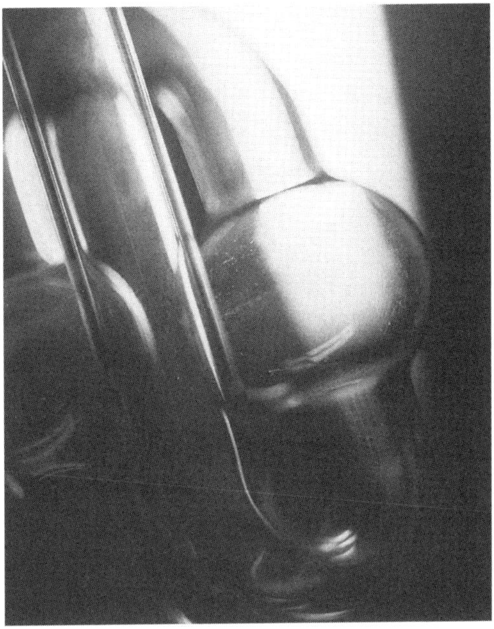

Die klassischen Anwendungsgebiete für Lymphatik N sind Probleme der Lymphdrüsen, Hautkrankheiten und Stoffwechselstörungen. Das Mittel wirkt regulierend auf den gesamten Lymphkreislauf. Es wird zusammen mit Dyscrasin N verordnet, wenn es sich um Krankheiten der so genannten »lymphatischen Diathese« handelt, was ja sehr häufig bei Hautleiden der Fall ist. Die in der Zusammensetzung genannten Pflanzenmittel fördern die Ausscheidung aus dem Bindegewebe mit all seinen lymphatischen Organen und den angrenzenden Haut- und Schleimhäuten. Insgesamt kann Lymphatik N die Versorgung des Gewebes verbessern. Durch die damit verbundene allgemeine Reinigung und Erneuerung der Haut ergeben sich oft erfreuliche kosmetische Verbesserungen des Hautbildes. Zur Unterstützung der Wirkung kann man die Lymphatik-N-Tropfen in einem Blutreinigungstee nehmen. Es empfehlen sich ein- bis zweimal täglich vier bis acht Tropfen. Bei anlagebedingten Hautkrankheiten sollte dieses Mittel mit Dyscrasin kombiniert werden. Fragen Sie einen Therapeuten nach der für Sie geeigneten Dosierung.

Nr. 10 Matrigen I aktivierend

Zusammensetzung: Frauenmantelkraut, Kamillenblüten, Schachtelhalmkraut, Taubnesselkraut, Calciumacetat.

Dieses Frauen- und Funktionsmittel hilft bei häufig ausbleibender oder zu schwacher Menstruation und bei Krämpfen während der Monatsblutung.

Frauenmantelkraut hat in der Volksmedizin eine lange Tradition als Frauenmittel, vor allem bei Beschwerden im Klimakterium, bei unregelmäßigen Blutungen und so genannten »Erschlaffungszuständen« des Unterleibs. Im Jahr 1928 hat der Schweizer Kräuterpfarrer Johann Künzle dazu geschrieben: »Das Frauenmänteli stärkt die Muskeln der Frauen in geradezu auffallender Weise. Einer Frau im Glarnerland, welche schon zehn Geburten durchgemacht hatte, wobei die letzten drei sie zwischen Leben und Tod brachten, prophezeiten die Ärzte, die elfte Geburt werde ihr den sicheren Tod bringen. Diese elfte Geburt kam wirklich, brachte jedoch keineswegs den Tod, war auch keine Fehlgeburt, sondern die leichteste und beste von allen elfen, und das Kind war das schönste und stärkste von allen.

Wie war dies nun gekommen? Die Frau hatte vom dritten Monat an täglich eine Tasse Frauenmänteli getrunken.«

Von Kamillenblüten weiß man, dass sie nervenberuhigend, schmerzlindernd und krampfstillend wirken und leicht menstruationsfördernd sind. Auch Schachtelhalm ist ein volksmedizinisches Frauenmittel, das gern bei Wassereinlagerungen vor der Menstruation oder in den Wechseljahren verordnet wird.

Die Taubnessel hat Tradition bei Wechseljahrsbeschwerden und Problemen des Urogenitaltrakts, auch bei unregelmäßigen, zu kurzen oder zu langen Monatszyklen.

Calciumacetat versorgt den Körper mit Kalzium, das beim Aufbau von Knochen, Knorpeln und Zähnen unerlässlich ist. Das Mineral ist aber auch bei der Übertragung von Nervensignalen wichtig, bei der Blutgerinnung und der Stabilisierung der Zellmembran. Bis heute wird es gegen Osteoporose und Muskelkrämpfe eingesetzt. Als Dosierung helfen erfahrungsgemäß zwei- bis dreimal täglich fünf bis zehn Tropfen.

Nr. 11 Matrigen II retardierend

Zusammensetzung: Eichenrinde, Frauenmantelkraut, Hirtentäschelkraut, Schafgarbenkraut, Taubnesselkraut, Calciumacetat.

Auch hier handelt es sich um ein klassisches Frauenmittel. Es wird speziell bei der Anlage zu starker Menstruationsblutung und der Tendenz zu verkürzten Monatszyklen verordnet. Die Wirkung des Frauenmantels, der Taubnessel und des Calciumacetats entnehmen Sie bitte der Beschreibung von Matrigen I. Dem Hirteltäschel wird in der Volksmedizin eine blutstillende Wirkung nachgesagt, auch bei Durchfall und Blut im Harn. Es ist ein vorzügliches Mittel bei Nieren- und Blasensteinen und wirkt gegen zu starke Menstruation. Vom Schafgarbenkraut weiß man, dass es ähnlich wie die Kamille zur Entspannung bei kolikartigen Schmerzen eingesetzt wird.

Es wird empfohlen, zwei- bis dreimal am Tag fünf bis zehn Tropfen einzunehmen. Für Spülungen eignet sich Matrigen II wie folgt: 40 Tropfen auf einen Liter Schafgarbentee.

Nr. 19 Stomachik

Zusammensetzung: Spagyrischer Auszug aus Angelikawurzel, Beifußkraut, Enzianwurzel, Galgantwurzelstock, Kalmuswurzelstock, Meisterwurzwurzelstock, Melissenblättern, Pfefferminzblättern, Pomeranzenschale, Rosmarinblätter, Tausendgüldenkraut, Wacholderbeeren, Wermutkraut und ein wässriges Destillat aus all diesen Pflanzen und Pflanzenteilen.

Dieses Magenmittel hilft bei allen nichtentzündlichen Verdauungsbeschwerden – hauptsächlich bei Magendruck, Aufstoßen, Übelkeit, Blähungen und nervösen Magen- und Darmbeschwerden. Die spagyrisch destillierten Pflanzenteile der 13 Arzneipflanzen, von denen viele klassische Magenkräuter sind, wirken »additiv«, sie summieren sich also in ihrer Wirkung. Bei diesem vielseitigen Angebot an Heilmitteln kann die treffendste Pflanzenarznei greifen. Die anderen Pflanzen ergänzen die Wirkung und erhöhen damit die Effizienz der Heiltinktur. Alles in allem entkrampft Stomachik den gesamten Verdauungsbereich bis hinunter zur Gallenblase, regt die Magensaftproduktion an und behebt die Beschwerden eines »sauren« Magens. Sinnvoll ist die Einnahme nach den Mahlzeiten: Je fünf bis zehn Tropfen auf einen Teelöffel Tee, Wein oder Zucker.

Alchimistische Heilrezepte für alltägliche Beschwerden

Die folgenden Rezepte wurden von der Münchner Heilpraktikerin Anna-Elisabeth Röcker entwickelt, die seit vielen Jahren erfolgreich mit spagyrischen Mitteln arbeitet.

Lebensfreudetee

Wenn es einem an Lebensfreude mangelt, ist im Sinne der Spagyrik das Sonnenprinzip gestört. Mit anderen Worten, es kommt zu depressiver Verstimmung, die alle Probleme und Lebensthemen schwerer erscheinen lässt, als sie wirklich sind. Menschen in dieser Seelenlage machen sich ständig Sorgen und grübeln vor sich hin. Die beste Therapie in solchen Fällen ist Licht – in allen Formen und auf allen Ebenen. Auch die Pflanzen gegen Stimmungstiefs symbolisieren das eingefangene Licht. Astrologisch sind alle der Sonne zugeordnet. Bestes Beispiel: Johanniskraut. Es steht zur Sommersonnenwende in Blüte und wird nur in diesen lichtreichsten Tagen des Jahres gesammelt. Johanniskraut ist eines der bekanntesten und bestuntersuchten Pflanzenmittel gegen Winterdepression. Die generelle, den gesamten Organismus vitalisierende Wirkung der Aquavit-Tropfen wird hauptsächlich auf die enthaltene Goldtinktur zurückgeführt. Es handelt sich um eine spagyrische Zubereitung von echtem Gold, das die Sonne in unser Gemüt zurückbringen soll. Grundsätzlich können Sie dieses Lebenselixier immer anwenden, wenn Sie sich seelisch in düsterer Stimmung oder auch körperlich geschwächt und energielos fühlen – zum Beispiel nach einer Operation oder Geburt.

20 g Holunderblüten
50 g Johanniskraut
30 g Königskerzenblüten
30 g Kornblumen
20 g Echtes Labkraut
50 g Honigklee
etwa 200 ml Wasser
1 Fläschchen Aquavit-Tinktur

Zubereitung und Anwendung: Die Teekräuter gut miteinander vermischen. Von der Mischung zwei Teelöffel in einer Kanne mit etwa 200 Milliliter siedendem Wasser übergießen und den Tee zugedeckt etwa fünf Minuten ziehen lassen. Danach abseihen. Von diesem Tee trinken Sie zweimal täglich eine große Tasse, die Sie mit etwas Honig süßen können. Vor dem Trinken geben Sie jeweils zehn Tropfen Aquavit-Tinktur in die Tasse, macht also insgesamt 20 Tropfen am Tag. Ihre Lebensfreudeteekur sollten Sie etwa sechs Wochen lang durchhalten. Den Tee müssen Sie dabei täglich frisch zubereiten!

Zu diesem Rezept: Wenn Sie unter niedrigem Blutdruck leiden, empfiehlt sich statt des Aquavit das Mittel Sanguisol,

das neben dem spagyrisch aufbereiteten Gold auch herz- und kreislaufanregende Substanzen enthält.

Achtung: Bei echten Depressionen ist dieses Lebensfreuderezept als alleinige Behandlung nicht geeignet. Sie können es aber unterstützend zu ihrer ärztlichen Therapie anwenden. Sinnvolle Begleitmaßnahmen bei wenig Lebensfreude sind Bewegung und eine spezielle Yogaübung, die als »Sonnengruß« bezeichnet wird.

Verdauungstee

Bei den meisten Menschen ist der Verdauungsapparat stark überfordert – durch zu häufiges, zu üppiges sowie zu viel verschiedenes und falsches Essen und Trinken. Da der Mensch eine geistig-seelisch-körperliche Einheit bildet, wirken sich auch nervliche oder seelische Überforderung negativ auf die Verdauung aus. Klassische Symptome sind Sodbrennen, Aufstoßen, Magendruck, Blähungen nach dem Essen und die Neigung zu Durchfall und/oder Verstopfung.

20 g Engelwurz
20 g Kalmus
10 g Melissenblätter
10 g Erdbeerblätter
¼ l Wasser
1 Fläschchen Stomachik-1-Tinktur oder
1 Fläschchen Hepatik-Tinktur

Zubereitung und Anwendung: Einen gehäuften Esslöffel dieser Mischung mit einem Viertelliter kochendem Wasser übergießen und 15 Minuten zugedeckt ziehen lassen. Nach dem Mittag- und Abendessen je eine Tasse, in die Sie eine der beiden folgenden Tropfen-Tinkturen geben, trinken:

- Wenn Ihnen die Nervosität auf den Magen schlägt und Sie zu den typisch nervösen Beschwerden wie Aufstoßen, Übelkeit und unangenehmem Druck im Magen neigen, geben Sie in jede Tasse Tee sieben bis zehn Tropfen Stomachik 1. Beide Tees nach dem Essen trinken.
- Wenn Sie vor allem zu Blähungen oder Verstopfung neigen, empfiehlt sich das auf Leber und Galle wirkende Mittel Hepatik.

Sie können mit zehn Tropfen pro Tasse beginnen und bis zu 15 Tropfen steigern. Wenn Sie häufig Abführmittel nehmen, müssen Sie höher dosieren. Auch für diese Verdauungskur gilt: nicht länger als sechs Wochen anwenden und den Tee täglich frisch zubereiten.

Zu diesem Rezept: Wenn Sie zu Beschwerden im Verdauungsapparat neigen, sollten Sie es sich angewöhnen, morgens auf nüchternen Magen ein Glas abgekochtes, heißes Wasser zu trinken. Ruhe und Erholung gönnen Sie Magen und Darm auch mit eintöniger Kost – zum Beispiel können Sie immer wieder Tage einlegen, an denen Sie nur Kartoffeln, Reis oder Obst essen und nach Großmutters Art vor dem Essen ein Likörgläschen Bittertinktur oder Magenwein trinken.

Bei Magen- und Darmkatarrhen sollten Sie es einmal mit Ulcussan A probieren, einem spagyrisch zubereiteten Pulver. Lösen Sie zwei- bis dreimal täglich nach dem Essen einen Teelöffel Pulver in einer halben bis ganzen Tasse gezuckertem Kräutertee auf.

Spagyrische Entschlackungskur für Leib und Seele

Sind Sie häufig müde und schlapp, leiden Sie unter Gelenkbeschwerden, Allergien oder Hauterkrankungen, schleppen Sie zuviel Eigengewicht mit sich herum, haben Sie öfter schlechte Laune, und neigen Sie dazu, alles schwarzzusehen? Alle diese Symptome deuten darauf hin, dass Ihr Körper verschlackt ist. Durch Umweltbelastungen, Spritz-, Dünge- und Zusatzmittel in unserer Nahrung nehmen wir täglich Gifte in uns auf und speichern sie an vielen Stellen im Organismus. Um davon nicht ernstlich krank zu werden, sollte eigentlich jeder Erwachsene ein- oder zweimal im Jahr (im Frühjahr und Herbst) eine Ausleitungskur machen. Das hier vorliegende Entgiftungsrezept hilft dem Körper, schädliche Stoffwechselprodukte loszuwerden. Wenn man sechs Wochen lang durchhält, fühlt man sich danach wie neugeboren: vital, unbeschwert, frei von körperlichen und seelischen Belastungen. Selbst düstere Stimmungen und schwarze Gedanken sind wie weggeblasen. Besonders tief greifend wirkt diese spagyrische Tee-Entgiftung in Verbindung mit einer Fastenkur (Tee- oder Saftfasten) oder einer Heildiät (z. B. der F. X.-Mayr-Kur). Selbstverständlich ist sie auch ohne zusätzliche Begleitmaßnahme in Ordnung. In diesem Fall sollten Sie sich währenddessen aber bewusst und gesund ernähren und auf Alkohol und Kaffee verzichten.

20 g Brennnessel
20 g Löwenzahnwurzel mit Kraut
10 g Schachtelhalm
5 g Birkenblätter
5 g Hagebutten mit Samen
½ l Wasser
1 Fläschchen Hepatik (zur Leberentlastung)
1 Fläschchen Lymphatik N
(für die innere Lymphdrainage)
1 Fläschchen Renalin
(zur Entgiftung der Nieren)

Zubereitung und Anwendung: Nehmen Sie von der Teemischung vier gehäufte Teelöffel auf einen halben Liter Wasser, lassen Sie alles zugedeckt 15 Minuten ziehen; dann abseihen und in eine Thermoskanne abfüllen. Dies ist Ihre tägliche Menge Tee und zugleich die Basis für Ihre drei spagyrischen

Ausleitungstinkturen. Die Dosis der Tinkturen hängt davon ab, ob Sie zusätzlich eine Fastenkur machen oder nicht.

- Wenn Sie nicht fasten, trinken Sie eine Tasse morgens nüchtern, eine mittags und eine abends vor dem Essen. In die morgendliche Tasse Tee geben Sie 15 Tropfen Lymphatik, in die mittägliche Tasse 15 Tropfen Renalin und in die abendliche 15 Tropfen Hepatik.
- Wenn Sie fasten, müssen Sie die Tropfen stark verdünnen, da sie Alkohol enthalten. Geben Sie die folgende Tagesdosis Ihrer Tropfen in die Thermoskanne, und trinken Sie den Tee über den Tag verteilt.
  Dosis für den ersten Tag: 20 Tropfen Lymphatik
  Dosis für den zweiten Tag: 20 Tropfen Renalin
  Dosis für den dritten Tag: 20 Tropfen Hepatik
  Am vierten Tag verfahren Sie wie am ersten, am fünften wie am zweiten und so weiter.

Zu diesem Rezept: Wenn Sie Fertigteemischungen lieber mögen, ist der »Blutreinigungstee Kräutertee Nr. 7« von der Firma Salus eine gute Alternative. Es gibt ihn auch als Teebeutel.

Antierkältungsrezeptur

Häufig wiederkehrende Erkältungen sind in jedem Fall ein Zeichen dafür, dass das Immunsystem geschwächt ist, denn ein gesunder Körper wird mit den allgegenwärtigen Erregern von allein fertig. Die Übergangszeiten im Frühjahr und Herbst sind für den Körper allerdings immer eine besondere Belastung und machen ihn anfälliger. Die im Folgenden beschriebene Rezeptur gilt in abgeänderter Form sowohl für eine sich ankündigende als auch für eine bereits ausgebrochene Erkältung.

Teemischung zu gleichen Teilen aus:
Lungenkraut
Huflattich
Salbei
200 ml Wasser
1 Fläschchen Azinat
(bei nahender Erkältung)
oder 1 Fläschchen Pulmonik und
1 Fläschchen Epidemik
(bei bereits ausgebrochener Erkältung)

Zubereitung und Anwendung: Übergießen Sie drei Teelöffel der Kräutermischung mit dem Wasser, und lassen Sie sie etwa zehn Minuten ziehen. Trinken Sie davon drei Tassen Tee über den Tag verteilt. Zum Vorbeugen und bei den allerersten Anzeichen einer drohenden Erkältung geben Sie in jede Tasse etwa fünf Tropfen Acinat. Diese Tinktur stärkt die Körperabwehr und hilft dem Organismus, besser mit Krankheitserregern fertig zu werden.

Wenn bereits Fieber und die typischen Symptome wie Schnupfen, Husten und Bronchienbeschwerden aufgetreten sind, gibt man in jede Tasse je fünf bis zehn Tropfen Pulmonik und Epidemik. Ergänzend empfehlen sich allgemeine Maßnahmen wie Quarkwickel: Auf die Brust kommt ein dünnes Tuch, darauf eine dicke Schicht kalter Quark. So lange liegen lassen, bis der Quark warm ist. Bei Bedarf wiederholen.

Zu diesem Rezept: Die angegebene Teemischung können Sie ohne weiteres auch durch den fertigen »Brust-Husten-Tee Kräutertee Nr. 9« von Salus ersetzen.

Hautelixier mit Stiefmütterchen

Dieses variable Rezept hilft Menschen mit Hautproblemen jedweder Art – allen voran jenen, die sich mit Akne, unreiner und fettiger Haut herumschlagen müssen. Sehr zu empfehlen ist das Elixier aber auch bei anderen Hauterkrankungen wie Schuppenflechte, Ekzemen, Haut- und Fußpilz. Bei Fußpilz lohnen sich zusätzlich Fußbäder im Teeabsud. Man kann auch Teebaumöl und Grapefruitkernextrakt unverdünnt auf die befallenen Stellen tupfen.

3 TL getrocknetes Stiefmütterchenkraut
½ l Wasser
1 Fläschchen Lymphatik
1 Fläschchen Dyscrasin

Zubereitung und Anwendung: Das Kraut mit einem halben Liter heißem (nicht kochendem!) Wasser übergießen und vor dem Abseihen zehn Minuten ziehen lassen. Ihre tägliche Dosis sind drei Tassen, und in jede Tasse geben Sie fünf Tropfen Lymphatik und drei Tropfen Dyscrasin. Wenn Sie die Trinkkur acht Wochen lang durchhalten, werden Sie sich über ein neues Hautbild freuen können.

Zu diesem Rezept: Um die Wirkung der Trinkkur zu unterstützen, können Sie sich immer wieder Umschläge oder feuchte Gesichtspackungen aus Stiefmütterchentee machen.

Vor dem Umschlag eventuell die Haut mit dem Innern einer durchgeschnittenen Zitrone abreiben, dann ein Tuch in den lauwarmen Tee tauchen und aufs Gesicht legen. Für die Gesichtspackung mischen Sie etwas Quark, Zitronensaft und Tee und tragen dies als Maske auf.

Spagyrischer Hitzewallungstee

Auch wenn ein Großteil der Frauen zwischen 45 und 55 kaum Probleme mit den Wechseljahren hat – manchmal beeinträchtigen die Hitzewallungen und Stimmungsschwankungen eben doch ein wenig das Wohlgefühl. Ein sanfter Helfer für solche Fälle ist dieser spagyrisch angereicherte Hitzewallungstee mit seinen im Salbei enthaltenen Pflanzenöstrogenen.

20 g Salbeiblätter
50 ml Wasser
1 Fläschchen Matrigen II
1 Fläschchen Aquavit
1 Fläschchen Cerebretik

Zubereitung und Anwendung: Die angegebene Menge an Wasser und Salbeiblättern reicht für eine Tasse Tee, die Sie sich morgens und abends immer frisch zubereiten sollten. Ihren Morgentee reichern Sie an mit zehn Tropfen Matrigen-II-Tinktur und 15 Tropfen Aquavit-Tinktur, in den Abendtee geben Sie zehn Tropfen Matrigen II und zehn bis 15 Tropfen Cerebretik.

Zu diesem Rezept: Statt des Salbeitees dürfen Sie ohne weiteres auch andere, fertig gemischte Wechseljahrstees nehmen. Achten Sie aber darauf, dass die Mischungen Kräuter mit sanft regulierenden pflanzlichen Hormonen enthalten. Zu diesen Pflanzen gehören außer Salbei auch Keuschlamm (Mönchspfeffer), Falsches Einkorn, Wilde Yamswurzel, Hopfen oder Süßholz. Unterstützen können Sie die Kräuterwirkung, wenn Sie möglichst wenig Kaffee und Alkohol trinken. Hilfreich sind auch Basenpulvermischungen und eine möglichst salzarme Ernährung.

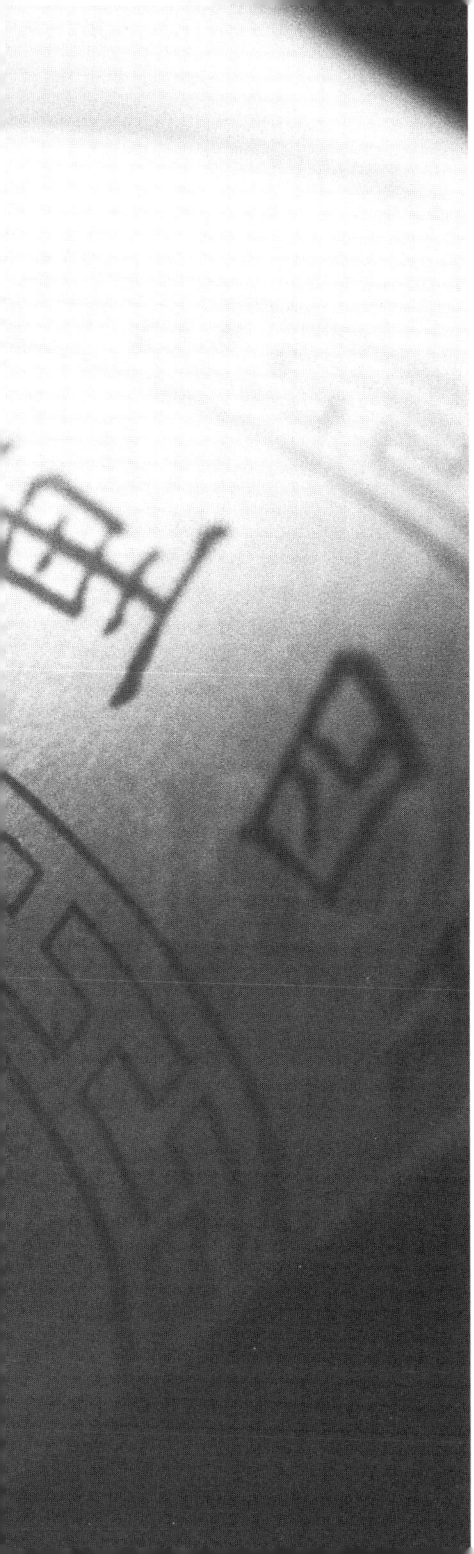

Adressen, Quellen-verzeichnis, Register

Adressen

Kräuter zum Kaufen und Bestellen

Wenn Sie die genannten Rezepte nachvollziehen wollen, haben Sie zwei Möglichkeiten: Sie können die Kräuter direkt in einem Kräuterladen oder in einer Apotheke kaufen oder über einen Kräuterversand bestellen. Kräutergeschäfte gibt es inzwischen in jeder größeren Stadt. Im Zweifelsfall fragen Sie einen Heilpraktiker oder schauen im Branchenbuch nach. Bei den folgenden Adressen handelt es sich hauptsächlich um Versandadressen.

Ausgefallene Teekräuter aus fernen Ländern gibt es beim Alraun-Kräuterversand. Hier finden Sie ein breites Sortiment an exotischen Kräutern aus der ayurvedischen, chinesischen und indianischen Medizin. Versand auch ins Ausland.

Alraun-Kräuterversand
Margaretenstr. 13 a
D-42651 Solingen
Tel. 0211/7888817
www.alraun.com

Saatgut und lebendes Pflanzenmaterial für exotische Kräuter aus Ländern wie Mexiko, Vietnam, Indonesien, Surinam, China, Tibet, Japan, Indien und Arabien finden Sie in der Gärtnerei von Daniel Rühlemann. Er verschickt an Interessenten in ganz Europa.

Rühlemann's Kräuter & Duftpflanzen
Auf dem Berg 2
D-27367 Horstedt
Tel. 04288/928558
Fax 04288/928559
www.salbeiblatt.de

Chinesische Teeinformationen

Für Deutschland, Österreich und die Schweiz

Die **Ning Hong Tees** und die drei **Grüntee-Spezialitäten** können Sie als Teebeutel bestellen bei:

CNP – China Natur Produkte Handels GmbH
Friedrichstädter Straße 24
D-24768 Rendsburg
Tel. 04331/46280
Fax 04331/469983
Produkte werden in jedes europäische Land verschickt.

Der **Jinhuan-Jasmintee**, der **Jia Gu Lan Tee** und alle in den Teerezepten von Prof. Kummer erwähnten **chinesischen Fertigarzneimittel** sowie Produkte der **taoistischen Klostermedizin** sind frei erhältlich über:

China Arzneimittel-Agentur
D-95326 Kulmbach
Tel. 09221/84111
Fax 09221/84114
E-Mail: info@china-arzneimittel-agentur.de
www.china-arzneimittel-agentur.de
Die Agentur verschickt ihre Produkte auch an Interessenten in Österreich und in der Schweiz.

Die in den Teerezepten genannten **chinesischen Einzelkräuter** sind teilweise über Apotheken zu beziehen oder bei den auf Seite 296 genannten Versandadressen.

Allgemeine Informationen über **TCM** vermittelt:
Gesellschaft zur Förderung der
TCM in Europa mbH
Gildenstr. 16
D-47119 Duisburg
Tel. 0203/8788891
Fax 0203/8788938
E-Mail: info@traditional-chinese-medicine.com
www.traditional-chinese-medicine.com

Anschriften von in Deutschland ansässigen **TCM-Therapeuten**, die im Sinn der Traditionellen Chinesischen Medizin behandeln, von **TCM-Kliniken**, aber auch Ausbildungen für TCM bekommt man über:

Chinesische Naturheilkunde Akademie e.V.
Hans-Dill-Straße 9
D-95326 Kulmbach/Bayern
Tel. 09221/84100
Fax 09221/84114
www.chinesische-naturheilkunde.de
E-Mail: info@chinesische-naturheilkunde.de
Eine Liste von Adressen in Wohnortnähe kann kostenlos angefordert werden (Rückporto beilegen).

Fertigtees aus dem Ayurveda

Der klassische **Yogitee** von Yogi Bhajan ist inzwischen in fast allen Reformhäusern und Naturkostläden erhältlich. Yogi Bhajan lässt inzwischen auch eine Reihe anderer ayurvedischer Fertigtees nach seinen Rezepten herstellen und vertreiben, zum Beispiel einen Männer- und einen Frauentee, einen Kur-, einen Regenwetter- oder Abendtee, außerdem Tees für einen klaren Geist, einen Glückstee u.v.m.

Japanische Teespezialitäten

Kombucha-Produkte: Den Kombucha-Pilz, fertigen Kombucha-Tee und Kombucha-Tropfen für Diabetiker nach Dr. Sklenar kann man in Reformhäusern und Naturkostläden kaufen oder bestellen.

Die trinkfertigen Dr.-Sklenar-Kombucha-Produkte sind auch direkt über die Herstellerfirma zu beziehen. Sie liefert innerhalb Deutschlands, aber auch nach Österreich und in die Schweiz:

Dr. med Sklenar Bio-Produkte GmbH
Josef-Baumann-Straße 39
D-44805 Bochum
Tel. 02 34/89 16 60
www.originalkombucha.de

Eine weitere Bestelladresse für Kombucha-Pilzkulturen zum Selbstansatz:

Neues Leben, Fachversand für Naturheilmittel,
Adelheid Stutz
Neuffener Straße 26
D-72584 Hülben
Tel. 0 71 25/63 29
Fax 0 71 25/63 24

Grünteespezialitäten und den japanischen **Mu-Tee** nach Dr. Oshawa gibt es in allen Teeläden, Japangeschäften und Asienshops, außerdem in Reformhäusern und in Naturkostläden. Biologisch angebauten Grüntee erhält man in Reformhäusern und Naturkostläden.

Eine große Auswahl an Grüntees bieten außerdem folgende Versandfirmen:

DEUTSCHLAND

Bennys Tee- und Gewürzstube
Marktplatz 9
D-79539 Lörrach
Tel. 07621/46449
Hier können Sie unter 120 Grüntees wählen, auch Mu-Tee gibt es vorrätig. Verschickt wird innerhalb Deutschlands und in die Schweiz.

Der Teeladen, Gebrüder Gschwendner GmbH
Heidestraße 26
D-53340 Meckenheim
Tel. 02225/92140
Fax 02225/921420
www.teegschwendner.de
(Grün-, Schwarz- und Kräutertees aus China, Indien, Japan, Taiwan, Indien, Afrika)

Teeblätter-Versand, Grüntee Raritäten
Roland Gehweiler
Am Maisenbühl 6
D-78333 Wahlwies
Tel. 07771/920177
Fax 07771/920178
www.teeblaetter.de
Verschickt wird innerhalb Deutschlands, nach Österreich und in die Schweiz.

ÖSTERREICH

Der Teeladen
Dr. Karl-Lueger-Platz 2
A-1010 Wien
Tel. 0043/1/5136815
www.teegschwendner.de

Tibetische Medizin und Teeadressen

Tibetische Teeziegel findet man in jedem Asienladen. In manchen Geschäften wird das gleiche Produkt auch unter dem Namen Asiatischer Schwarztee-Ziegel geführt.

Der **Sorig Tibetan Herbal Tea** ist von der Niederländischen Stiftung für tibetische Medizin in Amsterdam, der NSTG, zu beziehen. Die NSTG arbeitet eng mit dem Men-tsee-Khang in Dharamsala zusammen und betreibt unter anderem Forschungen über die Wirksamkeit tibetischer Medizin. Die NSTG unterhält eine Apotheke für tibetische Medikamente und eine Klinik, in der ein permanent residierender tibetischer Arzt arbeitet.

NSTG (Niederländische Stiftung für Tibetische Medizin)
Prinsengracht 200
NL-1016 HD Amsterdam
Tel. 0031/20/6254138
Fax 0031/20/6242810

Standardisierte **tibetische Kräuterpillen** werden seit vielen Jahren in der Schweiz hergestellt. Die bewährtesten und wissenschaftlich am besten untersuchten sind zwei Produkte namens Padma 28 und Padma Lax, beides typische tibetische Vielstoffpräparate. Während Padma 28 bei peripherer arterieller Verschlusskrankheit und Stresszuständen des Immunsystems angezeigt ist, wird Padma Lax als Abführmittel eingesetzt. Weitere Informationen erhalten Sie über:

Padma AG
Wiesenstraße 5
CH-8603 Schwerzenbach
Tel. 0041/43/3434444
www.padma.ch

Allgemeine internationale Anlaufstellen für tibetische Medizin

DEUTSCHLAND

Sorig Institut
Kirchbergweg 13
64287 Darmstadt
Tel. 06151/4296123
E-Mail: info@sorig.de

DANA e.V. Gesellschaft zur Erhaltung tibetischer Kultur und Medizin
Haimhauser Str. 3
80802 München
Tel./Fax 089/36105000
www.dana-ev.de

Institut für Ost-West-Medizin
Louisenstr. 15–17/Löwengasse 1
D-61348 Bad Homburg
Tel. 06172/998111
E-Mail: info@ostwestmedizin.de

Kailash-Institut für Traditionelle Tibetische Medizin
Wallstr. 8
D-79098 Freiburg i. Br.
Tel./Fax 0761/66848

ÖSTERREICH

Informationszentrum für tibetische Medizin
Franz-Stockmayer-Str. 30a
A-6410 Telfs
Tel. 0043/5262/61111
www.tibetischemedizin.org

SCHWEIZ

Tibet Institut Rikon, Sekretariat
Wildbergstraße
CH-8486 Rikon
Tel. 0041/52/383/1729
www.tibet-institut.ch

Praxiszentrum östlicher Naturheilverfahren, Dr. Kalsang Shak
Aarbachstr. 56
CH-6340 Baar
Tel./Fax 0041/41/7608135
www.ig-tibetische-medizin.ch

HOLLAND

Siehe NSTG-Adresse unter Sorig-Tee (S. 301).

INDIEN

Men-tsee-Khang, Gangchen Kyishong
Dharamsala 176215
H.P./India
Tel. 0091/1892/23113
Fax 0091/1892/24116
www.men-tsee-khang.org

Kontaktadresse für **Tee-Exporte**:
Men-tsee-Khang Exports, Tibetan Medical and Astrological Institute
PT62/5 Kalkaji Extension
New Delhi 110019/India
Tel. 0091/11/6214897
Fax 0091/11/6211738

Regenwaldtee

CoD-Immuntee – Tee der Schamanen zu bestellen bei:

Dr. David CoD-Vertrieb
Montag bis Freitag von 8 bis 18 Uhr
unter folgenden Rufnummern:
aus Deutschland, Italien, Schweiz: 0043/5285/60022
aus Österreich: 05285/60022

CoD-Regenwaldpflanzen Forschungs- und Vertriebs GmbH
Traungasse 12/5. St
A-1030 Wien

Lapachotee

Magic Colors
Postfach 1103
D-34303 Niedenstein
Tel. 05624/925389
Fax 05624/925395

Anita Paulus Naturprodukte
Mühlbachstraße 34
D-52385 Nideggen-Abenden
Tel. 02427/8439

Ansgar Schulz-Mittenzwei, Südasien IMEXPO
Schwanthalerstraße 54 H
D-60596 Frankfurt/Main
Tel. 069/628644 oder 069/613948
Fax 069/6032290

Amazonas
Kolpingstraße 15
D-68723 Schwetzingen
Tel. 0 62 02/31 88
Fax 0 62 02/40 28

Tierra Verde
Postfach 8128
D-72742 Reutlingen
Tel. 0 71 21/47 81 90
Fax 0 71 21/47 81 99

BRIGITTE Versand
Johannesstraße 118
D-73614 Schorndorf
Tel. 0 71 81/7 32 92
Fax 0 71 81/7 50 33

Karina Menzlin
Weinbergstraße 15
D-77971 Kippenheim-Schmieheim
Tel. 0 78 25/26 99
Fax 0 78 25/53 18

Gebhard-Drogerie
St.-Gebhard-Platz 5
D-78467 Konstanz
Tel. 0 75 31/6 31 68
Fax 0 75 31/5 22 40

Löffinger Heilkräuterstüble, Peter Spiegel
Am Maienländer Tor
D-79843 Löffingen
Tel. 0 76 54/16 60
Fax 0 76 54/86 10
(Hier gibt es auch Catuaba-Tee!)

BILLER Naturmittel-Teefabrik
Postfach 31
D-92250 Schnaittenbach
Tel. 0 96 22/44 68
Fax 0 96 22/58 82

ÖSTERREICH

Horst Mayr
Moosweg 17
A-4810 Gmunden
Tel./Fax 00 43/76 12/7 73 31

Essiac-Bezugsquellen

Magic Colors
Postfach 1103
D-34303 Niedenstein
Tel. 0 56 24/92 53 89
Fax 0 56 24/92 53 95

Hygiene Klein
Holderbuschweg 45
D-74193 Schwaigern-Massenbach
Tel. 0 71 38/9 74 10

Löffinger Heilkräuterstüble, Peter Spiegel
Am Maienländer Tor
D-79843 Löffingen
Tel. 0 76 54/16 60
Fax 0 76 54/86 10

SCHWEIZ

Chrüter-Drogerie Egger
Unterstadt 28
CH-8200 Schaffhausen
Tel. 0041/52/6245030
Fax 0041/52/6246457

Schwerzmann Diät- und Gesundheitsprodukte
Postfach 539
CH-3800 Interlaken
Tel./Fax 0041/33/8227728

Heilkräuterversand

Kräuterei
Alexanderstraße 29a
D-26121 Oldenburg
Tel. 0441/882368

Kräuterzauber
Auf dem Berg 166
D-27367 Horstedt
Tel. 04288/928558
Fax 04288/928559

Otzberg Kräuter
Erich-Ollenhauer-Straße 87a
65187 Wiesbaden
Tel. 0611/8120545
Fax 0611/8460558

Alraun-Kräuterversand siehe Seite 296

Per Luftpost verschickt ein Gewürzhändler direkt von den Hängen der legendären Kardamom Hills frisch geerntete Muskatblüten, schwarzen, weißen oder grünen Pfeffer, die feinste Vanille, edelsten Safran, Nelken, getrockneten Ingwer, jede Art von Curry und duftenden Kardamom, Tee und Kaffee. Vollständiges Angebot und Preise auf Anfrage:

K.S. Chacko, Kerala Spices Centre
Thekkady Road
Kumily 685509
Kerala/South India
Tel. 04869/22201

Schwarzteeversandhandel:
Teehandelskontor Bremen
Jan-Weber-Straße 2
D-27726 Worpswede
Tel. 04792/932930

Guarana über:
Alraun-Kräuterversand
siehe Seite 296
oder
Sidroga GmbH
Mumpferfährstraße 68
D-79713 Bad Säckingen
Tel. 07761/939760

Deutsches Teebüro
Gotenstraße 21
D-20097 Hamburg
Tel. 040/23601634
Fax 040/23601611

Weiterführende Infos über:
Arbeitsgemeinschaft Ethnomedizin
Melusinenstr. 2
D-81671 München
Fax 089/49 38 31

Vanilletee, Ingwertee, Schokovanilletee, Gingko-Kräutertee, Lapacho-Teemischungen und ayurvedische Kräutermischungen, persisches Dattelgebäck bei:
Paul Schrader & Co
D-28182 Bremen
Tel. 01 80/5 25 15 25

Schadstoffarmer Tee:
Projektwerkstatt Teekampagne
Pasteurstr. 6–7
D-14482 Potsdam
Tel. 03 31/74 74 74
Fax 03 31/7 47 47 17

Mehr über die Hexentees und die Rezepte der Hildegard von Bingen

Die in beiden Kapiteln genannten Kräuter kann man zum großen Teil selbst suchen – oder bei einem Kräuterversand bestellen. Bestelladressen für europäische Kräuter:

Kräuterhaus Kühne
Selerweg 43–45
Postfach 410980
D-12169 Berlin
Tel. 030/25 32 60 10
Fax 030/25 32 60 11
www.kraeuter-kuehne.de

(Ausschließlich getrocknete Kräuter.) Das Kräuterhaus Kühne besitzt in vielen deutschen Städten Filialen, in denen man Kräuter nicht nur bestellen, sondern direkt kaufen kann. Adressen in Wohnortnähe erfahren Sie im Haupthaus in Berlin.

Frische Heilkräuterpflanzen für den eigenen Kräutergarten gibt es bei:
Naturlandversand Ökol. Anbau
Rainer Engler und Sabine Frisch
Augsburger Straße 62
D-86956 Schongau
Tel. 08861/7373
Fax 08861/1272
www.blumenschule.de
Ein Tip für alle, die sich für Heilkräuter interessieren: Die Besitzer dieses Naturlandversands veranstalten das ganze Jahr über Heilpflanzenseminare mit namhaften Referenten.

Alchimistisch-spagyrische Tinkturen

Alle in diesem Kapitel genannten Kräutertees sind über Apotheken oder über den Kräuterversandhandel zu beziehen (siehe unter »Hexentees« oder unter »Kräuter zum Kaufen und Bestellen«).
Die genannten spagyrischen Tinkturen sind ebenfalls über Apotheken zu beziehen. Mehr Informationen erhalten Sie direkt vom Hersteller:

Soluna Heilmittel GmbH
Artur-Proeller-Straße 9
D-86609 Donauwörth
Tel. 0906/706060
Fax 0906/7060678
www.soluna.de

Quellenverzeichnis

Allgeier, Kurt: *Die ältesten Heilrezepte der Menschheit – Gesundheitslehren der Bibel,* Ariston, Kreuzlingen 1996

Arcier, Micheline: *Die Wohltat der Düfte,* Mosaik, München 1990

Arvigo, Rosita; Michael Balick: *Die Medizin des Regenwaldes,* Windpferd, Aitrang 1984

Balick, Michael; Paul Alan Cox: *Drogen, Kräuter und Kulturen – Pflanzen und die Geschichte der Menschen,* Spektrum, Akademischer Verlag, Heidelberg 1997

Bauer, R; H. Wagner: *Echinacea – Handbuch für Ärzte, Apotheker und andere Naturwissenschaftler,* Wissenschaftl. Verlagsgesellschaft, Stuttgart 1990

Beckmann, Barbara und Dieter: *Das geheime Wissen der Kräuterhexen,* dtv, München 1997

Bernau, Lutz (Hrsg.): *Urgroßmutters alchymistische Haus- und Kräuterapotheke, die Heilkraft der Naturkräfte rühmend und beweisend,* Edition SV International, Jena 1980

Bewährte Arzneikräuter und ihre Anwendung, Standardzulassungen, Natur und Gesundheit, Bruckmühl 1990

Bradford, Nikki: *Handbuch der Naturmedizin,* Verlag Gesundheit, Berlin 1997

Braun, Rainer; Martin Schulz: *Selbstbehandlung/Beratung in der Apotheke,* Bundesapothekenkammer im Govi Verlag, Frankfurt a. M. 1994

Breindl, Ellen: *Heilige Hildegard – das große Gesundheitsbuch,* Pattloch, Augsburg 1992

Buzzi, Gerhard: *Indianische Heilgeheimnisse,* Bastei Lübbe, Bergisch Gladbach 1997

David, Thomas: *Medizin der Schamanen,* vgs, Köln 1996

Dörfler, Hans-Peter; Gerhard Roselt: *Heilpflanzen,* dtv, München, 1984

Drury, Susan: *Die Geheimnisse des Teebaums,* Windpferd, Aitrang 1996

Der duftende Garten des Scheich Nefzaui, Heyne, München 1991

Goetz, Adolf: *Teegebräuche,* Verlag für Wissenschaft und Bildung, Berlin 1989

Grethlein, Thomas: *Heilkunst der Indianer,* Pattloch, Augsburg 1996

Hoffmann, David: *Das Findhorn-Kräuter-Heilbuch,* Heyne, München 1985

Kulturen des Alten Orients – Spektrum der Weltgeschichte 1500 bis 600 v. Chr., Time-Life, Amsterdam 1989

Kushi, Michio: *Die makrobiotische Hausapotheke*, Ost-West Bund, Rehlingen 1985

Liebes Düfte, Orbis, München 1994

Lübeck, Walter: *Heilen mit Lapacho-Tee*, Windpferd, Aitrang 1997

Madejski, Margret; Olaf Rippe: *Heilmittel Sonne*, Peter Erd, München 1997

Menßen, H.G.: *Phytotherapeutische Welt*, pmi, Frankfurt a. M. 1983

Meyer, Ferdinand (Hrsg.): *Orientalische Medizin*, Paul Haupt, Bern 1997

Minker, Margaret: *Echinacea*, dtv, München 1998

Müller, Irmgard: *Die pflanzlichen Heilmittel bei Hildegard von Bingen*, Herder, Freiburg i. Br. 1993

Ody, Penelope: *Naturmedizin Heilkräuter*, BLV 1996

Olsen, Cynthia B.: *Essiac – das geheimnisvolle Elixier*, Windpferd, Aitrang 1997

Pelt, Jean-Marie: *Pflanzenmedizin – Heilkraft aus der Natur*, Econ, Düsseldorf 1983

Plotkin, Mark J.: *Heilung aus dem Regenwald – Das geheime Wissen der Amazonas-Schamanen*, Knaur, München 1997

Pütz, Jean; Christine Niklas: *Gesundheit mit Kräutern und Essenzen*, vgs, Köln 1994

Qusar, Namgyal; Jean-Claude Sergent: *Tibetische Medizin und Ernährung*, Knaur, München 1997

Rätsch, Christian: *Heilkräuter der Antike*, Diederichs Gelbe Reihe, München 1994

Rätsch, Christian: *Pflanzen der Liebe*, AT Verlag, Aarau 1995

Rätsch, Christian: *Indianische Heilkräuter – Tradition und Anwendung*, Diederichs Gelbe Reihe, München 1996

Rätsch, Christian: *Medizin aus dem Regenwald*, Natura Med/Hampp, Stuttgart 1997

Reichle, Franz: *Das Wissen vom Heilen*, Paul Haupt, Bern 1997

Schleicher, Peter; Mohammed Saleh: *Natürlich heilen mit Schwarzkümmel*, Südwest, München 1996

Schrott, Ernst: *Die köstliche Küche des Ayurveda*, Mosaik, München 1997

Schwarz, Aljoscha; Ronald Schweppe: *Heilen mit Gewürzen – Die Heilkraft heimischer und orientalischer Gewürze gezielt einsetzen*, Delphi, München 1997

Stammel, Heinz J.: *Die Apotheke Manitous*, Wunderlich, Reinbek 1986
Storl, Wolf-Dieter: *Heilkräuter und Zauberpflanzen zwischen Haustür und Gartentor*, AT Verlag, Aarau 1995
Storl, Wolf-Dieter: *Pflanzendevas – Die Göttin und ihre Pflanzenengel, Heilkunde, Kulturgeschichte, Mythologie und Religion der Völker*, AT Verlag, Aarau 1997
Strassmann, René Anton: *Heilpflanzen*, I. und II. Teil, Renatus, Wilen 1981
Teufl, Cornelia: *Tee – die kleine Schule*, Zabert Sandmann, München 1997
Unesco Kurier: *Neuentdeckung der Heilkräuter*, 7 (79)
Urtel, Peter Martin: *Die Kunst Tee zu trinken*, BLV, München 1987
Werner, Monika: *Ätherische Öle*, Gräfe & Unzer, München 1993
Westendorf, Wolfhart: *Erwachen der Heilkunst – Die Medizin im alten Ägypten*, Artemis & Winkler, Zürich 1992
Wichtl, Max: *Teedrogen – Ein Handbuch für die Praxis auf wissenschaftlicher Grundlage*, Wissenschaftliche Verlagsgesellschaft, Stuttgart 1989
Xokonoschtletl; Birgit Frohn; Heiner Uber: *Medizin der Mutter Erde – Die alten Heilweisen der Indianer*, Mosaik, München 1996
Yi, Sabina; Jacques Jumeau-Lafond; Michel Walsh: *Die Welt in einer Tasse Himmelstau*, Neff-Brevier, München 1984

Register

Rezeptverzeichnis